Философические письма

철학 서한

〈지식을만드는지식 고전선집〉은
인류의 유산으로 남을 만한 작품만을 선정합니다.
읽을 수 없는 고전이 없도록 세상의 모든 고전을 출판합니다.
오랜 시간 그 작품을 연구한 전문가가
정확한 번역, 전문적인 해설, 풍부한 작가 소개, 친절한 주석을
제공합니다.

Философические письма

철학 서한

표트르 차다예프(Пётр Я. Чаадаев) 지음

안동진 옮김

대한민국, 서울, 지식을만드는지식, 2026

편집자 일러두기

- 이 책은 1991년 나우카(Наука) 출판사에서 나온 《П. Я. 차다예프 : 작품 전집과 서한선》(전 2권)을 기준으로 삼고, 1935년 출간된 《문학 유산》 22~24권과 레이먼드 맥널리(Raymond T. Mcnally)가 편집한 영어 번역본 《PHILOSOPHICAL WORKS OF PETER CHAADAEV》(1991)를 참고해 번역했습니다.
- 차다예프는 원문에서 강조할 곳에 이탤릭체로 표기하기도 하고, 문장기호를 사용하기도 했습니다. 본문의 고딕체와 작은따옴표는 이렇게 차다예프가 직접 강조한 곳을 표시한 것입니다.
- 논문, 책 속의 한 장(章) 등 짧은 글은 〈 〉로, 단행본, 잡지, 신문 등은 《 》로 표시했습니다.
- 주석 중 차다예프가 단 것에는 (지은이 주)로 표시했습니다. 이 외 주석은 모두 옮긴이가 단 것으로 지은이 주와 함께 있어 구분이 필요한 곳에만 (옮긴이 주)로 표시했습니다. 따로 표시되지 않은 주석은 모두 옮긴이 주입니다. 지은이 주는 본문과 일관되게 합쇼체를 사용했고, 옮긴이 주는 해라체를 사용했습니다.
- 외래어 표기는 현행 한글 어문 규범의 외래어 표기법을 따랐습니다.

차 례

제1서한

Adveniat r egnum tuum.

주의 나라가 임하소서.[1)]

부인,

당신은 좋은 품성을 많이 가지고 계십니다. 그 가운데 저는 당신의 진솔함과 진지함을 사랑하고 높이 평가합니다. 제가 당신의 편지[2)]를 받고 얼마나 놀랐을지 상상해 보십시오. 당신의 이러한 상냥한 자질은 당신을 만난 순간부터 저를 사로잡았습니다. 종교에 대해 당신과 이야기를 나눠 보라고 사람들이 저를 부추기더군요. 그런데 당신을 둘러싸고 있는 모든 것이 저를 침묵하도록 만들었습니다.

---

1) 〈마태복음〉 6장 10절의 일부다. 전체 내용은 다음과 같다. "나라가 임하시오며 뜻이 하늘에서 이루어진 것같이 땅에서도 이루어지이다."

2) 1829년 E. Д. 파노바가 차다예프에게 보낸 편지를 가리킨다. 편지의 내용을 정리하면 다음과 같다. '망설이다가 마침내 편지를 보낸다. 이 편지가 당신에게 보내는 마지막 편지가 될 것이다. 종교를 공부하고자 하는 내 마음을 당신은 거짓이라 여기지만 그렇지 않다. 가톨릭에 대한 관심을 내 양심이 허락하지 않는다. 심신이 허약해졌다. 가식 없이 당신을 대했다. 당신의 답장을 기다린다.'

그러니 당신의 편지를 받았을 때 제가 얼마나 놀랐을지 다시 한번 상상해 보십시오. 부인, 이것이 당신의 품성에 대해 제가 내린 판단을 표현할 수 있는 전부입니다. 이에 대해서 더는 이야기하지 않겠습니다. 당신이 보내 주신 편지의 중요 부분으로 즉시 넘어가 보도록 하겠습니다.

무엇보다 당신의 지성을 흔들어 놓은 그러한 혼란은 어디에서 온 겁니까? 그것 때문에 당신은 흥분되고 피곤하며, 당신의 말씀에 따르면, 건강도 좋지 않으시다고요. 혹시 그것은 우리 대화가 낳은 불행한 결과입니까? 새롭게 깨어난 감정이 당신의 마음에 고요와 평화를 가져다주어야 했는데 오히려 그것이 당신에게 불안과 의심, 양심의 가책을 불러일으킨 것 같습니다. 그런데 저도 그것에 놀라야 합니까? 그것은 우리 나라의 모든 마음과 정신을 잠식하는 그 비참한 상태가 빚어낸 자연스러운 결과입니다. 당신은 사회의 가장 높은 계층에서부터 주인의 쾌락만을 위해 존재하는 노예에 이르기까지 모든 것을 지배하고 있는 세력의 영향에 단지 굴복했을 뿐입니다.

그렇습니다. 어떻게 당신이 그것을 거절할 수 있겠습니까? 군중으로부터 당신을 갈라 놓은 그러한 특성들 때문에 당신은 주변 공기의 해로움에 더욱 취약해진 것입니다. 당신에게 말해도 된다고 제게 허락된 그리 많지 않은 것들이 당신을 둘러싼 모든 것들을 뚫고 당신의 생각에 안정을 가져다줄 수 있겠습니까? 숨 쉬는 대기를 제가 정화할 수 있겠습니까? 저는 결과를 예상했어야만 했습니다. 그리고 저는 그것을 예상했습니다. 그것이 제가 자주 침묵할 수밖에 없었던 이유입니다. 그리고 침묵은 당신의 영혼 안으로 꿇고 들어갈 수 있다는 확신을 방해했으며, 그 결과 당신은 오해할 수밖에 없었겠죠. 게다가 당신의 마음에 어떤 괴로움을 줄지라도 조금이나마 깨어난 종교적 감정이 완전한 무기력보다 훨씬 낫다는 것을 확신하지 못했다면 저는 열심히 당신을 일깨우려 했던 저의 성실함을 후회할 수밖에 없었을 것입니다. 오늘 당신의 하늘을 덮고 있는 이 구름이 언젠가는 흩어져서 당신의 마음에 뿌려져 있던 씨앗을 틔울 구원의 이슬이 되기를 바랍니다. 변변치 않은 몇 마디의 말들이 당신에게 끼친 영향이 저에게는, 당신 자신의 지적 작업이 미래에 반드시 더 큰 결실를 거둘 것이라는 확실한 보증입니다. 부인, 종교 사상이 당신 안에 불러일으키는 감정에 두려움 없이 스스로를 맡기십시오. 이 순수한 근원에서만 순수한 감정이 흘러나올 수 있는 겁니다.

외적 조건에 관해서 현재로서는 당신은 이렇게만 아시면 충분합니다. 최고의 일치 원리와 진리의 직접적 전달이 그 사역자들의 끊임없는 계승 속에서 보존된다는 가르침만이 진정한 종교의 정신과 가장 합치할 수 있다는 것

말입니다. 왜냐하면 이 정신은 세상에 얼마나 많은 사람이 있다 하더라도 그들 모두를 하나로 묶어 낼 수 있고, 모든 도덕률을 하나의 이념으로 융합할 수 있으며, 사회적 체계, 곧 교회를 세워 사람들 사이에 반드시 진리의 왕국을 점진적으로 구축할 수 있다는 통합의 정신이기 때문입니다. 이 외 다른 모든 가르침은 태초의 가르침, "아버지여, 우리가 하나인 것같이 그들도 하나가 되게 하소서"[3]라는 구세주의 숭고한 간구에서 스스로 벗어나 있는 것이며, 이 땅 위에 하느님의 왕국이 세워지기를 바라지 않는 것입니다. 그러나 이것으로부터 당신이 세상 앞에서 이 진리를 고백해야 한다는 논리가 도출되는 것은 아닙니다. 그것은 당신의 직분이 아님은 분명합니다. 반대로 이 진리가 도출되는 원리 그 자체는, 이 세상에서 차지하는 당신 자신의 위치에서, 그리고 진리 안에서, 당신이 가지고 있는 믿음의 내적인 불빛을 스스로 보도록 하는 것입니다. 그 이상은 아닙니다. 저는 당신이 종교에 관심을 가지도록 생각을 바꾸는 데 조금이라도 보탬이 된 것을 행운이

---

3) 〈요한복음〉 17장 11절의 일부다. 전체 내용은 다음과 같다. "나는 세상에 더 있지 아니하오나 그들은 세상에 있사옵고 나는 아버지께로 가옵나니 거룩하신 아버지여 내게 주신 아버지의 이름으로 그들을 보전하사 우리와 같이 그들도 하나가 되게 하옵소서."

라고 여깁니다. 그러나 동시에, 부인, 저는 저 자신을 불행하다고 여기기도 합니다. 제가 당신의 의식을 혼란스럽게 하여 결국 당신의 믿음이 식어 버릴 수도 있을 테니까요.

종교적 감정을 유지하는 가장 좋은 방법은 교회가 규정한 모든 관행을 준수하는 것이라고 한번 말씀드린 적이 있습니다. 이러한 복종 훈련은 흔히 사람들이 생각하는 것보다 훨씬 더 중요합니다. 가장 위대한 정신들이 깊이 생각하여 자신들에게 의식적으로 부과했던 복종 훈련은 하느님께 바친 참된 예배입니다. 자신에게 부과된 모든 의무를 엄격하게 준수하는 것만큼 신앙 안에서 정신을 강화하는 것은 아무것도 없습니다. 게다가 최고 이성에서 비롯된 기독교 예식의 대부분은 그 안에 담긴 진리를 꿰뚫어 볼 수 있는 모든 사람에게 진정으로 생명을 주는 힘입니다. 무조건적 성격을 갖는 이런 규칙에 오직 단 한 가지 예외가 있습니다. 그것은 최고 질서에 대한 믿음, 다시 말해서 대중들이 따르는 믿음이자, 영혼을 모든 확신이 흘러나오는 원천 그 자체로 이끌어 가는 믿음이고, 대중의 믿음과 모순되는 믿음이 아니라 대중들의 믿음을 확고하게 만들어 주는 믿음을 얻게 되었을 때뿐입니다. 이런 경우에만 좀 더 중요한 과업에 스스로를 좀 더 자유롭게 바치기 위해 외적 의례 준수를 소홀히 하는 것이 허용됩니다. 그러나 자만심의 환상과 이성의 속임수를 보편 규칙에서

면제되는 비범한 계시로 착각하는 자에게는 화가 있을지어다. 부인, 성 역할에 맞춰 겸손의 옷을 입는 것이 당신에게 가장 좋지 않습니까? 저를 믿으십시오. 이것이 당신의 영혼이 마주한 혼란을 진정시키고 당신의 존재에 평화를 가져다주는 가장 좋은 방법입니다.

그렇습니다. 세속적 관점에서 보더라도, 과학적 탐구와 진지한 성찰에서 기쁨을 찾을 수 있는 계발된 정신이 종교적 사고와 수행에 몰두하는 집중된 삶보다 여성에게 더 자연스러운 것일 수 있으리라 당신은 확언할 수 있습니까? 책을 읽을 때면, 해 질 녘 아름다운 시골처럼, 골똘히 생각에 잠긴 평화로운 존재의 풍경이 마음에 평화를 가져다주고 고통스러운 무채색의 현실을 잠시나마 잊게 해 준다고 당신은 이야기하십니다. 글쎄요, 이것이 허구적인 풍경은 물론 아닐 것입니다. 이들 매력적인 생각 중 하나라도 실현될 수 있는지는 전적으로 당신에게 달린 것이겠지요. 당신은 이를 위해 꼭 필요한 모든 것을 다 가지고 계십니다. 당신도 아시다시피, 제가 당신에게 지나치게 엄격한 도덕을 설교하는 것은 아닙니다. 저는 당신의 영혼에 평화를 가져다줄 수 있는 것을 당신의 취향 안에서, 당신이 상상하는 가장 달콤한 꿈속에서 찾고 있습니다.

인간의 삶에는 육체적 존재와 무관하지만, 정신적 존재와 관련된 어떤 측면이 있습니다. 그것들을 무시해서는 안 됩니다. 몸을 위한 음식이 있는 것처럼 영혼을 위한 음식도 있습니다. 그것에 복종하는 법을 배워야 합니다. 저는 그것이 켜켜이 묵은 진리임을 압니다. 그럼에도 불구하고 그 켜켜이 묵은 진리가 우리 나라에서는 혁신의 모든 장점을 지니고 있음을 믿습니다. 우리만의 고유한 문명에서 가장 한탄스러운 특성 중 하나는 다른 나라, 심지어는 우리보다 훨씬 낙후되어 있다고 여겨지는 민족들조차 진부하다고 여기는 진리를 우리 모두가 여전히 찾아내고 있다는 것입니다. 문제는 우리가 다른 민족과 함께 걸어간 적이 없다는 것입니다. 우리는 인류의 유명한 흐름 중 어느 하나에도 참가한 적이 없습니다. 서양에도 동양에도 속하지 않습니다. 우리는 어느 쪽의 전통이든 가지고 있지 않습니다. 말하자면 우리는 시간의 밖에 서 있는 것이죠. 인류의 보편적인 교육은 우리에게 와 닿지 못했습니다. 한 세대에서 다음 세대로 이어진 인간 정신의 놀라운 연결, 그리고 전 세계를 거쳐 인간의 정신을 현재 상태로 이끈 역사는 우리에게 어떤 영향도 주지 못했습니다. 게다가 아주 오래전부터 사회와 개별 인간의 삶에서 가장 본질적인 측면을 구성했던 것들이 우리에게는 이론이자 하나의 지적 관점일 뿐입니다. 그리고 예를 들어, 부인, 당신은 세상의 모든 선한 것과 참된 것을 지각할 수 있는 재능을 행운처럼 타고나셨습니다. 당신은 가장 달콤하고 깨끗한 영혼의 기쁨을 경험하기 위해 창조되었습니다. 그럼, 묻겠습니다. 이 모든 장점을 통해 당신을 무엇을 얻으셨습니까? 당신은 당신의 삶을 채울 무언가가 아니라 그저 당신의 흘러가는 하루를 채울 뭔가를 여전히 찾고 계십니다. 게다가 당신은 일상의 일들을 자연스럽게 포함하는, 꼭 필요한 삶의 틀을 잃어버렸습니다. 만약 그것이 없다면 도덕적으로 건강한 존재는 불가능할 것입니다. 마치 신선한 공기가 없다면 건강한 육체 상태가 불가능한 것처럼 말입니다. 당신도 이해하시겠지만, 지금 하는 이야기는 도덕적 원칙이나 철학적 명제에 대한 것이 아닙니다. 편안한 삶과 습관, 그리고 인식의 일상적 반응에 대한 것입니다.

주위를 둘러보십시오. 과연 무엇이 단단하게 자리를 잡고 서 있나요? 모든 세계가 가변적이라고 말할 수 있겠습니다. 어느 누구도 명확한 활동 영역을 가지고 있지 않습니다. 좋은 습관이나 뭔가를 위한 규칙, 그리고 심지어는 집의 아궁이도 가지고 있지 않습니다. 당신의 동정심과 당신의 사랑을 끌어당기고 자극할 만한 것도 없습니다. 어떤 확고한 것도, 어떤 항구적인 것도 없습니다. 모든 것은 흐르고, 모든 것은 사라집니다. 당신의 내부에도, 그리고 외부에도 어떤 흔적도 남기지 않습니다. 우리네 집은 마치 야영장 같습니다. 가족은 낯선 사람들처럼 보입니다. 도시에서 우리는 유목민처럼 보입니다. 우리의 상태는 초원에서 가축 무리를 방목하는 유목민보다 훨씬 더 나빠 보입니다. 왜냐하면 광야에 대한 그들의 애착이 도시에 대한 우리의 애착보다 더 크기 때문입니다. 이것을 하찮다고 생각해서는 안 됩니다. 우리의 불쌍한 영혼들이여! 자기 자신에 대한 거짓된 관념을 우리의 불행 목록에 덧붙이지는 않겠습니다. 우리는 영적인 순수한 삶을 살려고 노력하지 않습니다. 오히려 주어진 현실 상황에 영리하게 대처하며 사는 법을 배우고 있습니다. 하지만 먼저 우리 나라에 대해 좀 더 이야기해 보겠습니다. 우리는 설정한 주제에서 벗어나지는 않을 것입니다. 이 서문이 없다면 제가 당신에게 하고 싶은 말이 무엇인지 당신은 이해할 수 없을 것입니다.

모든 국가에는 거친 동란의 시대가 있습니다. 불안으로 들떠 있던 시기와 명확하게 의도하지 않고 움직이는 행동의 시기가 있습니다. 이 시기에 사람들은 세상을 떠돌고, 그들의 영혼은 방황합니다. 지금은 위대한 동기, 위대한 완수, 위대한 열정의 시대입니다. 사람들은 뚜렷한 이유 없이 맹렬하게 날뛰고 있습니다. 그렇다고 미래 세대를 위한 이익이 전혀 없는 것은 아닙니다. 모든 사회는 가장 생생한 기억, 자신들만의 기적, 자신들만의 시, 자신들만의 가장 강력하고 유용한 사고를 만들어 내는 그런 시기를 거쳤습니다. 이것이 필요불가결한 사회적 기반이 됩니다. 이것이 없다면 사회는 애정을 쏟을 만한 어떤 것, 애착을 느낄 만한 어떤 것도 자신의 기억 속에 보존할 수 없을 것입니다. 단지 땅 위를 구르는 흙먼지에 집착할 뿐이겠죠. 여러 민족의 역사에서 매혹적인 시대는 그들의 청년기입니다. 그들의 능력이 가장 강력하게 발달하는 순간이며, 그것을 기억하는 것이 노년의 기쁨이자 교훈이 됩니다. 반면에 우리는 그와 유사한 어떤 것도 가지고 있지 않습니다. 처음에는 잔혹한 야만성의 시대, 다음에는 조악한 미신의 시대, 그 후에는 이방인들에 의한 잔인하고 굴욕적인 지배의 시기가 이어집니다. 나중에 러시아 민족국가가 이 이방인의 정신을 이어받았습니다. 바로 이것이 우리 청년기의 슬픈 역사입니다. 활동이 저 경계를 넘어 뛰어가던 시기, 민중의 도덕적 힘이 들끓듯이 뛰놀던 시기, 이런 시기와 유사한 어떤 것도 우리는 경험하지 못했습니다. 활력도 없고 에너지도 없는 둔하고 암울한 존재들로 가득 차 있는, 오직 사악한 행동에만 반응하고 노예적 굴종에 익숙해진 존재들만 가득 차 있는 시기, 이것이 우리 사회가 살아가는 삶의 연령대입니다. 우리의 기억 속에는 매력적인 추억도 매혹적인 형상도 없으며, 국가 전통에서 효과적인 교육 수단도 찾아볼 수 없습니다. 우리가 살았던 모든 세기, 우리가 차지한 모든 공간에 시선을 던져 보십시오. 그렇다 하더라도 당신은 우리의 과거를 이야기해 주고 우리의 과거를 생생하게 그림처럼 그려 내는 존경할 만한 기념물 하나, 기억에 붙들어 맬 만한 그 어떤 것도 발견하지 못할 것입니다. 우리는 그저 과거도 없고 미래도 없이 무난하게 침체된 상태에서 좁디좁은 현재만을 살고 있습니다. 만약 우리가 격동의 상태에 빠져든다면, 그것은 희망이나 어떤 공동선에 대한 열망이 아니라, 유모가 보여 주는 딸랑이 쪽으로 몸을 일으켜 손을 뻗는 아이의 유치한 경솔함 때문입니다.

삶이 최초 시기의 불확실함 속에서보다 더 질서 잡히고 더 용이하고 더 수긍할 만한 것이 되기 전에는 사회 내에서 인간 존재의 진정한 발전이 시작되었다고 볼 수 없습니다. 사회가 신념도 없고 규칙도 없이, 심지어 일상생활을 영유하는 데에서조차 앞뒤로 흔들리는 상황에서 그리고 삶이 전혀 질서 잡히지 않은 상황에서 어떻게 선의 씨앗이 그곳에 뿌리내리기를 기대할 수 있겠습니까? 우리의 행성이 오늘날과 같은 현재 상태의 모습으로 있기 이전, 지구의 역사에 있었던 대격변[4]과 마찬가지로, 현재 우리

---

4) 차다예프가 И. Д. 야쿠시킨에게 보낸 편지에서 이야기했던, 조르주 퀴비에의 천변지이설, 또는 격변설로 알려진 내용이다. 퀴비에는 천변지이가 일어나면 이전 시대의 모든 종이 거의 절멸한다고 주장했

가 머물러 있는 도덕의 세계는 카오스적 혼돈 상태에 있습니다.

움직이지 않는 야만적인 삶을 살았던 우리의 최초 시기는 우리의 지성에 어떤 흔적도 남기지 않았으며, 우리 생각이 의지할 수 있는, 개인적으로 우리에게 내재된 어떤 것도 우리 안에는 없습니다. 운명의 이상한 장난으로 인류의 보편적인 움직임에서 떨어져 나온 우리는 인간의 전통적인 관념조차도 받아들이지 못했습니다. 그러나 민중의 삶은 바로 이 관념 위에 기반을 두고 있는 것입니다. 사람들의 미래가 펼쳐지고 도덕적으로 발전할 수 있는 것은 이러한 관념이 있기에 가능합니다. 만약 우리가 다른 문명화된 민족들과 동일한 면면을 갖추고자 한다면 즉각 인류 전체의 교육을 새로이 반복해야 합니다. 이를 위해 우리는 제 민족의 역사와 우리보다 선행했던 수 세기의 결과를 가지고 있습니다. 의심의 여지 없이 이 과업은 어렵습니다. 한 인간이 이 방대한 대상을 감당한다는 것은 불가능할 것입니다. 그러나 무엇보다도 문제의 본질이 무엇인지를 이해해야 합니다. 인류의 교육이란 무엇이며, 보편 질서에서 우리가 차지하는 위치는 어디인지를 이해해야

다.

합니다.

사람들은 과거가 그들의 마음에 남긴 강한 인상과 다른 사람들과의 접촉에 의해서만 살아갑니다. 이런 식으로 모든 개별 인간은 전체 인류와 자신이 연결되어 있음을 느낍니다.

"만약 흘러간 시간에 대한 기억이 현재와 과거를 연결하는 데 성공하지 못한다면 인간의 삶은 어떤 가치가 있는가?"라고 키케로는 묻습니다. 마치 불법적인 자식처럼 이 세상에 나타난 우리는 선조들과의 연결 고리도 없이, 유산 하나 없이, 우리가 나타나던 때까지 남아 있던 수많은 교훈 가운데 그 어떤 것도 가슴에 보존하지 않은 채 그저 땅 위에 서 있습니다. 우리는 모두 각자 끊어진 혈연적 연결성을 복구하려고 노력해야만 합니다. 다른 민족들에게는 단순한 습관이자 본능인 것들이지만, 우리는 그것들을 우리 머리 안에 망치로 박아 넣듯이 집어넣어야 합니다. 우리의 기억은 어제를 벗어나지 못합니다. 우리는 어떤 면에서 우리 자신에게 이방인입니다. 우리는 시간 속에서 너무나 놀라울 정도로 빠르게 걸어가기 때문에 앞으로 나아갈수록 우리가 경험한 것은 돌이킬 수 없이 사라져 갑니다. 이것이 전적으로 차용과 모방에 근거한 문화가 경험하는 자연스러운 결과입니다. 우리에게는 내적인 발전이나 자연스러운 진보가 없습니다. 과거의 생각들이 새로운 생각들에 의해 쓸려 나가 버립니다. 왜냐하면 최근에 부상한 생각들이 최초의 생각들부터 나온 것이 아니라 우리도 알지 못하는 어딘가에서 출몰한 것이기 때문입니다. 우리는 오직 이미 만들어진 사상만을 채택합니다. 그래서 지성 안에 사고가 연속적으로 발전할 수 있는 힘을 주고, 지적인 힘을 만들어 내는 이 지울 수 없는 흔적마저도 우리의 인식에 감명을 주지 못합니다. 우리는 자라납니다. 그러나 성숙해지지는 않습니다. 우리는 목표에는 이를 수 없는 비스듬히 기울어진 노선을 따라 앞으로 나아갑니다. 우리는 스스로 판단하기를 배운 적 없는 아이들과 같습니다. 그래서 어른이 되어서도 자신의 것은 아무것도 없습니다. 모든 지식은 피상적이고, 영혼도 안이 아니라 바깥을 떠돕니다. 이것이 우리들의 자화상입니다.

민족은 개별 인격들과 마찬가지로 도덕적 존재입니다. 사람을 교육하는 데 몇 년이 걸리는 것처럼 민족을 교육하는 데도 수 세기가 걸립니다. 어떤 의미에서 우리는 예외적인 민족이라고 말할 수 있겠습니다. 우리는 인류의 필수적인 구성원이 아니라 오직 세계에 위대한 교훈을 주기 위해서만 존재합니다. 물론 우리가 전해야 할 운명의 교훈이 흔적도 남지 않고 사라지지는 않을 것입니다. 그런데 우리가 인류 가운데 스스로를 다시 새롭게 획득하는 날이 올 것인지, 우리에게 주어진 운명을 우리가 완수할 때까지 얼마나 많은 고난을 겪을지 어느 누가 알겠습니까?

유럽의 제 민족은 같은 얼굴, 가족과 같은 유사성을 갖고 있습니다. 라틴 민족이나 튜턴 민족, 남부 민족이나 북부 민족 등으로 그들을 나누고 있음에도 그들을 하나의 전체로 묶어 주는 공통의 연결 고리가 있습니다. 그들 공통의 역사를 깊게 연구한 사람이라면 이 연결 고리가 너무나 분명하게 보입니다. 당신도 알고 있듯이, 얼마 전까지만 해도 유럽 전체가 기독교 세계라는 명칭을 가지고 있었으며, 이 단어는 공법(公法, public law)[5]에 버젓이 자리 잡고 있었습니다. 이 일반적인 특성과 나란히 유럽의 모든 민족은 각자 자신만의 독특한 특징을 가지고 있습니다. 그러나 그 특징은 각자의 역사와 전통에 국한됩니다. 이들 전통과 역사가 모여 유럽 제 민족의 사상적 유산을 형성합니다. 유럽에서 모든 개별 인간은 공통의 유산에서 각자 자신의 몫을 가지고 있으며, 살면서 그리 힘들이지 않고 자연스럽게 사회 내에 여기저기 흩어져 있는 지식을 모아 활용합니다. 반면 우리는 어떠한지 유럽과 나란히 놓아 보십시오. 그리고 일상에서 끌어와 삶을 운영하기

---

5) 법학에서 개인의 의무와 권리를 규정하는 사법에 대응되는 개념이다. 사법이 개인의 의무와 권리를 규정한다면 공법은 국가의 조직이나 국가, 공공 단체와 국민 간의 권력 관계를 규정하는 법률이다.

위해 이렇게 저렇게 사용해 볼 수 있는 기본적인 생각들에 어떤 것이 있는지 스스로 판단해 보십시오. 그리고 당신도 눈치를 채셨겠지만, 여기서 논의되고 있는 것은 학습에 대한 것도 아니고 독서에 대한 것도 아니며 문학과 과학에 대한 것도 아니라 그저 단순히 인식의 접촉에 대한 것입니다. 요람에 아이를 누이고 장난감으로 요람을 둘러싼 다음 상냥한 아이의 엄마가 아이에게 속삭이는 생각, 아이가 숨 쉬는 공기와 함께 여러 감정의 형태로 아이의 골수까지 스며드는 생각, 아이가 세상에 나오기 전에 아이가 사회에 등장하기 전에 아이의 도덕적 본성을 형성해 주는 그런 생각들에 대한 것입니다. 이 생각이 무엇인지 알고 싶습니까? 그것은 의무, 정의, 법, 질서에 대한 생각입니다. 그런 생각들은 바로 서구 사회를 형성한 사건들에서 비롯된 것이며 그 나라들의 사회적 체계를 구성하는 본질적인 요소들입니다. 이것이 서구의 분위기입니다. 그것은 역사와 심리를 넘어서는 그 어떤 것입니다. 이것이 유럽인의 생리입니다. 자. 그럼 당신은 우리에게서 무엇을 보십니까?

지금 이야기한 것으로부터 논쟁이 필요 없을 만큼 전적으로 확실한 어떤 것을 도출할 수 있는지, 그리하여 그 위에 보편적인 입장을 구축할 수 있을지 저도 잘 모르겠습니다. 그러나 분명한 것은, 조금씩 조금씩 하나에서 하나가 흘러나오며 점차 사회 내로 퍼져 가는 사고에 민중이 자기 생각을 집중할 힘이 전혀 없을 때, 인간 이성의 보편적 움직임에 적극적으로 참여하려는 민중의 노력이 다른 민족에 대한 맹목적이고 피상적이며 종종 무의미한 모방에 불과한 것으로 축소될 때, 바로 그와 같은 이상한 상황이 민중 한 사람 한 사람의 정신에 강력한 영향력을 행사할 수밖에 없다는 것입니다. 바로 이것이, 당신께서도 이해하실 수 있겠지만, 우리 모두에게 자신감, 지적 연속성, 논리적 사고방식이 부족한 이유입니다. 서양의 삼단논법은 우리에게 익숙하지 않습니다. 우리가 가장 훌륭하다고 생각하는 지성들에게도 경박함보다도 더 나쁜 뭔가가 있습니다. 가장 훌륭한 사고는 연결 고리와의 연속성을 잃어버렸고, 아무런 열매도 맺지 못하는 잘못된 생각이 우리의 머릿속을 떠돌고 있는 것 같습니다. 인간의 본성은 그 이전에 왔던 것과 그의 뒤에 올 것을 연결할 방법을 찾지 못할 때 길을 잃습니다. 그러면 그는 모든 견고함과 모든 확신을 상실합니다. 끊어지지 않는 연속성의 느낌에 인도되지 않는 인간은 스스로를 세상에서 길을 잃고 떠돌고 있는 자로 느끼게 됩니다. 이러한 존재의 상실감은 세계 어느 나라에나 있습니다. 그러나 우리 나라에서는 이것이 모두의 공통된 특징입니다. 이것은 한때 사람들이 프랑스인들을 비난했던 그런 정신의 가벼움, 즉 경박함이 아닙니다. 지적인 심오함이나 폭을 배제하지 않으면서도 사물을 손쉽게 이해할 수 있는, 인간사에 무한한 우아함과 매력을 부여했던 단순한 현실 이해 방식으로서 경박함이 아닌 것입니다. 그것은 경험도 없고 예측도 없는 삶의 무관심입니다. 자신의 환경과 분리된 환영 같은 개인적 존재 그 이상의 어떤 것도 아니며, 명예도 고려하지 않고, 관념과 관심을 하나로 합쳐 어떤 성공을 이끌어 낼 것인지도 고려하지 않으며, 가족의 혈연적 유산도 고려하지 않고, 심지어는 과거에 대한 기억과 미래에 대한 불안에 떨고 있는 사회 체제 내에서 공적인 삶과 사적인 삶을 규정해 주는 어떤 처방전과 관점도 고려하지 않습니다. 우리 머릿속에는 보편적인 것이 전혀 없습니다. 모든 것이 개별적이고 불안정하며 불완전합니다. 사회적 사다리의 가장 낮은 단계에 있는 사람들에게서 흔히 보는 특징들인 기이할 만큼의 모호함, 냉담함, 불확실함 등이 우리의 시선에도 들어 있음을 보게 됩니다. 다른 지역, 특히 남부 지방 사람들은 생기가 넘치고 표현이 풍부합니다. 저는 여러 번 그 지방 사람들의 얼굴과 우리 동포들의 얼굴을 비교하면서 우리의 얼굴에 나타난 음울함에 충격을 받고는 했습니다.

외국인들은 일종의 무모한 용기, 하층민들 사이에서 특히 두드러지는 무모한 용기를 우리의 공훈처럼 간주합니다. 그러나 우리가 가진 민족적 특성의 일부분만을 관찰할 수밖에 없으므로 그들은 우리의 민족성을 전체적으로 온전히 판단할 수는 없는 것입니다. 그들은 때때로 우리를 그토록 용기 있게 만드는 토대 그 자체가 우리의 깊이와 단단함을 무너뜨리는 것임을 알아차리지 못했습니다. 그들은 우리를 삶의 변화에 무관심하도록 몰아붙이는 속성이 선과 악, 모든 진실, 모든 거짓에 무관심하도록 만들었으며, 이것이 우리를 개선의 길로 나아가도록 만드는 강력한 자극을 소멸시키고 있음을 알아차리지 못했습니다. 그들은 우리 나라의 상류 계층이 슬프게도 다른 나라의 가장 낮은 계급에 특징적으로 나타나는 결함으로부터 자유롭지 못한 이유가 바로 게으른 무모한 용기 때문임을 알아차리지 못했습니다. 마지막으로 그들은 우리가 문명화에 뒤떨어진 젊은 민족들에게 나타나는 몇몇 장점을 가지고 있지만, 성숙한 민족, 문화적으로 발달한 민족이 가진 장점은 하나도 지니지 못했음을 알아차리지 못했습니다. 물론 저는 우리에게 악덕만이 있고 유럽 사람들에게는 미덕만 있다고 주장하는 것은 아닙니다. 신이여, 저희를 구원하소서. 저는 지금 민족에 대해 따져 보기 위해서는 그 민족의 본질을 구성하는 공통 정신을 연구해 보아야 한다고 말하고 있는 것입니다. 왜냐하면 이 공통 정신만이 민족을 보다 완전한 도덕적 상태로 끌어올리고 항구적 발전으로 이끌 수 있기 때문입니다. 이 공통 정신을 제외한 이런저런 특징들은 결코 이 과업을 해낼 수 없습니다.

대중은 사회의 정상을 차지하고 있는 잘 알려진 힘에 종속되어 있습니다. 그들은 스스로 생각하지 않습니다. 그들 중에는 그들을 위해 생각하고, 민족의 집단의식을 자극하여 민족을 앞으로 나아가게 만드는 사상가들이 있습니다. 소수는 명상하고 나머지는 느끼지요. 그 결과 일반적인 움직임이 나타납니다. 이것은 인간의 본성 가운데 오직 외적인 측면만을 보존했던 일부 야만적인 종족만을 제외하고 이 지상에 존재하는 모든 국가에 다 적용됩니다. 원시 유럽 민족들인 켈트족, 스칸디나비아인, 게르만족에게는 드루이드,[6] 스칼드,[7] 바르드[8]가 있었는데 이들은 나름대로 강력한 사상가였습니다. 미국의 물질 문명이

---

6) 드루이드는 켈트 문화권, 특히 아일랜드, 웨일스, 스코틀랜드에서 신의 의사를 전하는 존재로서 정치와 입법, 종교, 의술, 무속, 시가 등을 행한 자를 가리킨다.

7) 스칼드는 고대 노르드어에서 나온 말로 '시인'을 뜻한다. 바이킹 시대의 궁정 문화에서 왕과 귀족의 후원으로 시를 지었던 궁정 시인이자 서사 전승자를 가리킨다.

8) 켈트 문화권에서 드루이드가 종교적, 법적 권위를 가진 성직자라면, 바르드는 예술적, 서사적 전통의 담당자였다. 주로 왕과 귀족의 궁전에서 봉사했다. 사회적으로 높은 지위를 지녔다.

그토록 열심히 파괴하려는 북아메리카의 제 민족들을 생각해보십시오. 그들 중에도 놀랍도록 심오한 사람들이 있습니다. 지금 저는 당신에 묻습니다. 우리의 현자는 어디에 있습니까? 우리의 사상가는 어디에 있습니까? 오늘날 누가 우리를 위해 생각합니까?

그러나 세계를 크게 두 부분으로 양분하고 있는 동양과 서양 사이에 위치하여, 한쪽 팔꿈치는 중국, 다른 쪽 팔꿈치는 독일에 기대고 있는 우리는 우리 자신 안에 지성의 위대한 두 토대인 상상력과 이성을 통합하고, 전 지구의 모든 역사를 하나로 묶어 냈어야 했습니다. 그러나 섭리가 우리에게 부여한 역할은 이것이 아니었습니다. 이와는 반대로 섭리는 우리의 운명에 전혀 관심이 없는 것 같습니다. 섭리는 우리가 인류의 이성에 선한 영향력을 줄 수 있음을 인정하지 않았습니다. 섭리는 전적으로 우리 일은 우리 스스로 하라고 맡기면서, 우리 일에 간섭하기를 원하지 않았고, 우리에게 아무것도 가르치기를 원하지 않았습니다. 우리에게 역사의 경험은 존재하지 않습니다. 시간과 세대는 우리에게 아무런 열매도 남기지 않고 흘러갔습니다. 우리를 보고 있노라면, 인류의 보편적 법칙이 우리에게는 아무런 효력을 발휘하지 않았다고 말할 수 있습니다. 세상에서 유일하게 우리는 세상에 아무것도 주지 않았고, 세상에서 아무것도 취하지 않았으며, 인류 사상의 덩어리에 어떤 하나의 생각도 더하지 않았고, 인간 이성의 진보에 아무 기여도 하지 않았습니다. 인류의 진보로부터 얻은 모든 것을 우리는 왜곡했습니다. 우리의 사회적 존재가 출현하던 바로 그 첫 순간부터 인간의 공동선을 위해 유용한 어떤 것도 우리에게서 나온 것은 없습니다. 열매를 맺지 못하는 우리 조국의 메마른 토양에서는 유용한 생각이 하나도 싹트지 않았습니다. 위대한 진리 역시 단 하나도 우리의 환경에서 출현하지 못했습니다. 우리는 상상력의 영역에서 뭔가를 창조하려는 노력을 스스로에게 부여하지 않았으며, 다른 사람들이 상상력을 빌려 창조한 것들에서 우리는 거짓된 겉치레와 쓸모없는 사치만을 차용했습니다.

놀라운 일입니다! 모든 것을 포용하는 과학의 영역에서도 우리의 역사는 그 무엇과도 연결되지 않고, 그 무엇도 설명하지 않으며, 그 무엇도 증명하지 않습니다. 세계를 뒤흔든 야만인의 무리가 서구를 침략하기 이전에 먼저 우리 나라를 지나가지 않았다면, 우리는 세계사에서 한 페이지도 차지하지 못했을 것입니다. 우리 자신을 알기 위해서 우리는 베링 해협에서 오드라강[9]까지 뻗어 나가야

---

9) 독일과 폴란드의 접경을 이루는 강으로, 중세 이후 슬라브족과 게르

만 했습니다. 옛날 옛적 어느 위대한 인간[10]이 우리를 문명화하기로 결정하고는 우리에게 깨달음을 주기 위해 문명의 망토를 들어 올렸습니다. 그런데 우리는 망토를 걸쳤지만 계몽에 이르지는 못했습니다. 또 어떤 때는 또 다른 위대한 군주[11]가 우리의 영광스러운 사명을 언급하면서 유럽의 한쪽 끝에서 다른 쪽 끝까지 우리를 승리로 이끌었습니다.[12] 세계에서 가장 계몽된 나라들을 통과하며 승리의 행진을 펼치면서 집으로 돌아왔을 때, 우리는 나쁜 생각과 파멸의 망상만을 가져왔고, 그 결과 우리는 반세기

만족의 경계선 역할을 해 왔다. 체코 동부에서 발원하며 길이는 약 854킬로미터 정도다.

10) 표트르 대제(재위 1682~1725)를 가리킨다. 표트르 대제는 러시아에 제정 시대를 열었으며, 강력한 서구화 정책을 통해 러시아를 변혁하려 했던 개혁 군주다.

11) 알렉산드르 1세(재위 1801~1825)를 가리킨다. 아버지 파벨 1세가 쿠데타로 살해된 뒤 제위에 올랐다. 1812~1815년 나폴레옹과의 조국 전쟁에서 승리했다. 그는 통치 초기 개혁적 성향을 보였으나 후기에는 보수주의로 전환했다.

12) 1813~1814년 사이 러시아군의 유럽 원정을 의미한다. 1812년 러시아를 침공한 나폴레옹 군은 보로디노 전투 이후 겨울 추위와 원활하지 못한 보급 문제로 퇴각을 결정한다. 그러자 알렉산드르 1세는 전선을 프랑스 영토로 확대하고자 했다. 뤼첸 전투와 바우첸 전투를 거쳐 라이프치히 전투에서 프랑스 군에 결정적 타격을 입힌다. 1814년 3월 31일 러시아군은 파리에 입성한다.

전으로 후퇴하는 측량할 길 없는 재앙[13]에 직면했습니다. 우리의 피에는 모든 참된 진보를 거부하는 뭔가가 흐르고 있습니다. 한마디로 말해서 우리가 살아 왔고, 살아가는 이유는 어떤 위대한 교훈을 멀리 떨어진 후손들, 우리가 전해 준 교훈을 이해할 후손들에게 전달하기 위해서입니다. 지금까지 사람들이 뭐라 말하든 우리는 지적 질서 가운데 조그만 하나의 틈새를 메우고 있을 뿐입니다. 저는 이 공허함, 우리의 사회적 존재의 이 엄혹한 고립에 놀라움을 금치 못합니다. 이것은 어쩌면 우리의 이해할 수 없는 운명 때문이겠지요. 그러나 여기에는 도덕적 세계에서 일어나는 모든 일처럼, 분명히 인간의 참여와 책임의 몫도 존재합니다. 다시 역사를 소환해 보겠습니다. 왜냐하면 역사가 제 민족을 설명해 주기 때문입니다.

북방 민족들이 무시무시한 야만성과 드높은 종교 사상 사이의 투쟁을 통해 현대 문명의 건축물을 세우고 있을 때 우리는 무엇을 했습니까? 숙명적인 운명에 이끌려 우리는

---

13) 1825년 데카브리스트 반란을 가리킨다. 젊은 귀족 장교들, 특히 조국전쟁과 유럽 원정을 경험했던 인물들이 중심이 되어 전제 정치와 농노제를 타파하고 입헌주의와 자유주의에 입각한 러시아를 세우려 했던 최초의 근대적 정치 혁명이었다. 그러나 니콜라이 1세에 의해 당일로 진압되었다.

여러 민족이 멸시해 마지않는 대상인 비참한 비잔티움에서 우리 교육의 근간이 되는 도덕규범을 찾기 시작했습니다. 직전에 어느 야심만만한 정신[14]이 이 기독교 가족을 보편적 형제애에서 빼 버렸습니다. 우리는 이렇듯 인간의 열정 때문에 왜곡되어 버린 사상을 받아들였습니다. 당시 유럽에서는 생명을 틔워 내는 단결의 원칙이 모든 것에 활력을 불어넣고 있었습니다. 모든 것이 단결의 원칙에서 나왔고 모든 것이 단결의 원칙 안으로 수렴되었습니다. 그 시대의 모든 지적 운동은 오로지 인간 사상의 통일성을 확보하는 데 맞춰져 있었고, 영감을 주는 새로운 시대의 세계 사상을 찾고자 하는 절박한 욕구에서 모든 충동이 생겨났습니다. 이 놀라운 원리에 낯설었던 우리는 정복의 먹잇감이 되었습니다. 이후 우리가 이방인의 압제에서 해방되었을 때, 공동의 가족에서 분리되어 있지 않았더라면, 우리는 당시 서구 형제들 사이에서 꽃을 피우던 여러 사상을 충분히 활용할 수도 있었을 것입니다. 그러나 우리는 노예 상태에 빠져 버렸습니다. 아니 어쩌면 더 힘든 상태에 빠졌던 것인지도 모릅니다. 왜냐하면 해방이라는

---

14) 콘스탄티노폴리스 세계 총 대주교 포티오스 1세(820?~893?)를 가리킨다. 차다예프는 포티오스가 서방 교회로부터 동방 교회를 분리하는 데 주도적인 역할을 한 인물이라고 평가한다.

사실 자체가 너무나 거룩한 것이 되어 버렸으니까요.

빛나는 광선들이 당시 마치 유럽을 뒤덮고 있는 것처럼 보이던 어둠을 뚫고 얼마나 많이 쏟아져 나왔는지요! 오늘날 인간의 정신이 자랑스러워하는 지식의 많은 부분이 이미 모습을 갖추기 시작했고, 새로운 사회의 성격이 이미 형성되었습니다. 그리고 기독교 세계는 이교적 고대 세계에 관심을 기울여 아직은 부족했던 아름다움의 형태를 재발견했습니다. 그러나 분열 속에 고립되어 있던 우리에게는 유럽에서 일어나는 어떤 일도 도달하지 못했습니다. 우리는 세상의 위대한 일과 어떤 연관도 없었습니다. 종교가 현대인에게 부여한 뛰어난 자질은, 상식의 눈으로 보더라도, 현대인들을 고대인들보다 훨씬 더 높은 곳에, 그리고 호텐토트[15]나 라플란데츠[16]보다 훨씬 더 높은 곳에 자리매김합니다. 종교가 인간의 지성을 풍부하게 만드는 데 활용한 새로운 힘, 그리고 이전에는 무척이나 잔

---

15) 네덜란드 식민 지배자들이 남아프리카 원주민 코이코이족을 지칭할 때 쓰는 말로 조롱의 의미를 담고 있다. 호텐토트는 비하적 표현으로 오늘날에는 사용이 금지된 말이다.

16) 노르웨이, 스웨덴, 핀란드 북부와 러시아 콜라반도 등 라플란드에 사는 소수 민족인 사미인을 가리키는 말이다. 라플란드인이라고도 한다. 그런데 라플란테츠는 식민지적이고 차별적인 뉘앙스를 지닌다. 따라서 사미인이라는 표현이 적절하겠다.

인했지만 평화로운 권력에 순종한 결과로 부드럽고 온화해진 관습, 이 모든 것이 우리 곁을 스쳐 지나갔습니다. 신성한 창시자가 지시한 길을 따라 기독교가 장엄하게 전진하고 있던 바로 그때, 우리가 지녔던 기독교인이라는 이름에도 불구하고, 우리는 꿈쩍도 하지 않았습니다. 전 세계가 완전히 새롭게 재건되었습니다. 그런데 우리에게는 아무 일도 일어나지 않았습니다. 우리는 예전처럼 나뭇가지와 짚으로 이은 오두막집에서 쪼그리고 앉아 있었습니다. 한마디로 말해서 인류의 새로운 운명은 우리 땅에서 이루어지지 않았습니다. 우리는 기독교인이지만 기독교의 열매가 우리에게는 익지 않았던 것입니다.

저는 당신에게 묻습니다. 유럽인들이 거둔 진보가 지나치게 천천히 이루어졌고 게다가 단결된 도덕적 힘이 직접적이고 뚜렷하게 영향력을 행사하면서 진행되었다고 한다면, 우리는 이 진보가 어떻게 이루어졌는지를 어렵지 않게 알아차릴 수 있으므로 즉각 우리 것으로 만들 수도 있지 않을까 하는, 우리 사이에 만연한 가정이 터무니없다고 볼 수는 없지 않을까요?

순수하게 역사적인 측면에서 기독교를 인식하지 못하는 사람들은 기독교에서 어떤 것도 이해하지 못하는 사람들입니다. 왜냐하면 기독교의 역사적 측면은 사람들을 위해 행해진 일과 미래에 사람들을 위해 해야 할 일을 드러냄으로써 교리의 본질적인 부분을 어느 정도 포함하고 있으며, 기독교 철학 전체를 일정 부분 함유하고 있기 때문입니다. 이런 의미에서 종교로서의 기독교는 인간 이성의 일시적 형태로 인식되는 도덕 체계처럼 보이기도 하고, 가시적으로 나타나 우리에게 영원한 교훈이 되는, 정신세계에서 보편적으로 작용하는 영원하고 신성한 힘으로 계시되기도 합니다. 이것이 단일 보편 교회(единая вселенская церковь)에 대한 믿음을 상징적으로 표현[17]한 신앙 교리의 고유한 의미입니다.

기독교 세계에서는 모든 것이 필연적으로 지상에 완전한 질서를 확립하는 방향으로 이어져야 합니다. 그리고 실제로 이런 방향으로 인도되고 있습니다. 만약 반대라면 일어나는 일들은 구세주의 말씀을 부정하는 것이 될 것입니다. 그분이 세상의 마지막 날까지 그분의 교회와 함께 계시지 않을 것이기 때문입니다. 새 질서, 곧 그리스도의 속죄를 통해 이루어질 하느님의 왕국이 옛 질서, 곧 그리

---

17) '믿음의 상징(Creed 혹은 credo)'은 초기 기독교에서 신자들의 핵심 신앙을 간결하게 요약하고 공동체적 믿음을 고백하기 위해 사용한 공식적인 신앙고백문을 뜻한다. 이 용어는 '나는 믿습니다'라는 뜻의 라틴어 '크레도(credo)'에서 유래했다. 대표적인 크리드(신앙고백)로는 사도신경이 있다.

스도의 속죄로 뿌리까지 근절되어야 하는 악의 왕국과 다르지 않다면, 우리는 철학이 꿈꾸었고, 역사의 페이지마다 이야기되었던, 변함없는 완전함이라는 허상 속에서만 머물게 될 것입니다. 그것은 물질적 존재의 필요성만을 충족하는 헛된 흥분일 뿐이며, 설령 사람을 어느 정도 들어 올렸다 싶다가도 더 깊은 나락으로 떨어뜨릴 뿐입니다.

자, 당신이 이야기해 주십시오. 우리는 기독교인이 아니란 말입니까? 유럽식 모델이 아니면 우리는 문명화될 수 없다는 말입니까? 그렇습니다. 우리는 한 톨의 의심 없이 기독교인입니다. 그럼 아비시니아인[18]은 어떻습니까, 기독교인이 아니란 말입니까? 확실히 인간은 유럽과 다른 방식으로 문명화될 수도 있습니다. 우리 동포 가운데 한 사람[19]의 증언을 믿는다면, 일본은 러시아보다 훨씬 더

---

18) 에티오피아 지역의 고유 민족 집단을 가리킨다. 하베샤인(Habesha人)이라고도 한다. 아비시니아 제국은 4세기경 기독교 국가로 개종했으며, 국민 대다수는 에티오피아 정교회를 믿는다.

19) 1816년 상트페테르부르크에서 출간된 《일본인에게 포로로 잡혀 경험한 모험에 대한 기록》으로 당시 러시아에서 인기를 끌었던 B. M. 골로브닌을 가리킨다. 그의 책은 당시 자료들 가운데 일본에 대한 기록을 가장 풍성하게 담고 있었다. 골로브닌은 3년 동안 포로로 붙잡혀 있었으며, 이 경험을 통해 일본에 대한 상세한 기록을 남길 수 있었다. 일

문명화되었다 하지 않았습니까? 그런데 아비시니아인의 기독교와 일본의 문명에 제가 지금 이야기하고 있는 사물의 질서, 인류의 궁극적인 임무를 규정하는 그 사물의 질서가 실현되어 있다고 당신은 정말로 그리 생각하십니까? 신의 진리와 인간의 진리로부터 벗어난 이러한 이탈들이 하늘을 이 땅 위에 내려오게 할 것이라고 당신은 믿는 것입니까?

기독교는 두 가지 매우 뚜렷한 기능을 가집니다. 하나는 개인에 대한 행동이고, 다른 하나는 보편적 인식에 대한 행동입니다. 이 두 가지는 지고의 이성 안에서 자연스럽게 합쳐져 필연적으로 같은 목표로 나아갑니다. 그러나 우리의 제한된 관점에서는 신성한 지혜의 영원한 계획이 실현되는 모든 시간을 이해할 수 없습니다. 우리는 무한 속에서만 나타나는 신의 행동과 인간의 삶 속 주어진 시간에 나타나는 신의 행동을 구별해야만 합니다. 마침내 그리스도의 속죄의 사역이 완성되는 날, 모든 마음과 생각이 오직 하나의 감정과 오직 하나의 생각으로 모일 것이며, 사람과 신앙을 갈라 놓았던 모든 장벽이 허물어질 것입니

본이 어떤 나라인지 러시아에 소개하는 데 중요한 시각을 제공했다. 물론 일본의 입장에서도 골로브닌의 시각은 유의미하다. 그의 저작은 유럽의 모든 언어로 번역되었으며, 1825년에는 일본어로 번역되기도 했다.

다. 그러나 현재 각 개인은 기독교인의 소명이라는 일반 구조 안에서 자신의 위치를 아는 것, 다시 말해서 모든 인간 사회 전체 앞에 주어진 목적을 달성하는 데 협력하기 위해 자신 안에서 그리고 자신의 주위에서 발견할 수 있는 수단들이 어떤 것들이 있는지 아는 것이 대단히 중요합니다.

따라서 이러한 목적이 실현되는 사회에서는, 다시 말해서 계시의 관념이 성숙하여 완전히 충만하게 이루어지는 사회에서는 생각이 발효할 수 있는 특별한 관념의 고리가 반드시 존재합니다. 이러한 관념의 고리, 이 도덕적 영역은 필연적으로 특별한 삶의 방식과 특별한 삶의 관점을 결정합니다. 이 방식과 관점은 여러 민족 사이에서 정확하게 일치하지 않을 수 있을지라도, 다른 모든 비(非)유럽 민족들과의 관계에서처럼 우리와의 관계에서도 모든 열정, 모든 관심, 모든 고통, 모든 상상, 모든 이성의 노력이 참여한 18세기 동안의 거대한 정신 작업의 결과로서 행동에 동일한 특성을 만들어 냈습니다.

모든 유럽의 제 민족은 수 세기 동안 함께 발전하면서 손에 손을 맞잡았습니다. 그들 각자가 나름의 방식으로 지금 무엇을 하든, 그들은 항상 같은 길 위에 있습니다. 이들 민족의 발전 노정에서 발견되는 가족 유사성을 이해하기 위해서 굳이 역사를 연구할 필요는 없습니다. 타소[20]를 읽어 보면 됩니다. 모든 민족이 예루살렘 성벽 아래 엎

드려 있는 모습을 보게 될 겁니다. 그들은 1500년 동안 신과 교류할 때 쓰는 오직 하나의 언어, 오직 하나의 도덕적 권위, 오직 하나의 종교적 신념을 가지고 있었음을 당신은 기억해야 합니다. 같은 해, 같은 날, 같은 시간에, 같은 표현으로, 1500년 동안 그들은 최고의 존재에게 자신의 목소리를 높여, 그분의 선행 가운데 가장 위대한 선행을 통해 그분의 영광을 경축하고 있음을 당신은 기억하셔야 합니다. 물리적 세계의 그 어떤 조화로움보다 몇천 배 더 숭고한 놀라운 화음입니다. 이를 보고 나면, 유럽인들의 삶의 영역이자 인류를 최종 목적지로 인도할 수 있는 유일한 하나의 영역이 종교가 그들에게 불러일으킨 영향의 결과임은 분명합니다. 그리고 만약 기독교 사회의 이념이 발전하고 점점 더 명확한 표현을 구축해 가는 보편적인 움직임에서 벗어나서 우리가 서 있다면, 그것은 우리의 신심이 약하고 우리의 교리가 불완전하다는 의미이자, 오직 간접적으로만 그것도 너무 늦게 기독교의 영향을 이용하게 운명 지워진 그런 민족에 우리가 속해 있음을 의미합니다. 우리의 믿음과 우리의 참된 기독교적 각성에

---

20) 이탈리아 시인 토르콰토 타소(1544~1595)는 르네상스 문학의 마지막 시인으로 인정되며, 그의 최대의 걸작 〈해방된 예루살렘〉은 후기 르네상스 정신을 완전히 종합한 것으로 평가된다.

다시금 생기를 불어넣어 줄 모든 수단을 찾아야 합니다. 왜냐하면 그곳에서는 오직 기독교만이 모든 것을 완성하기 때문입니다. 우리 나라에서 인성 교육을 처음부터 다시 시작해야 한다고 말씀드린 것은 바로 그런 의미였습니다.

새로운 사회의 모든 역사는 신념의 토대 위에서 일어나고 있습니다. 이를테면, 이것이 진정한 교육이지요. 처음부터 이러한 기초 위에 자리 잡은 새로운 사회는 오직 사고를 통해서만 발전했습니다. 새로운 사회에 대한 관심은 이상의 뒤를 이어 출현했지, 결코 이상을 선행하지는 않았습니다. 이 사회에서는 신념으로부터 관심이 만들어졌지, 관심이 신념을 불러일으키지는 않았습니다. 그곳에서 모든 정치 혁명은 그 본질상 도덕 혁명이었습니다. 사람들은 진리를 추구했고 자유와 행복을 찾았습니다. 새로운 사회와 그 문명이 출현할 수 있었던 이유는 오직 이렇게 설명됩니다. 다른 방식으로는 결코 이해할 수 없을 것입니다.

종교적 박해, 순교, 기독교의 전파, 이단, 공의회(소보르) 등이 처음 100년을 채운 사건입니다. 야만인의 침략을 포함하여 이 시대에 달성된 모든 업적은 새로운 시대의 활력과 전적으로 연결되어 있습니다. 위계질서의 형성, 영적 권력의 중앙집중화, 북방 여러 나라로의 종교의 지속적인 전파, 이것이 두 번째 시대를 채웠습니다. 최고조에 이른 종교 감정이 환희에 차서 고양되는 시기와 영적 권력이 공고화되는 시대가 뒤를 이었습니다. 지성의 철학적, 문학적 발전과 종교의 영향 아래서 흘러가는 도덕적 삶의 문화는 과거 선민의 역사와 마찬가지로 신성하다고 부를 수 있는 이 역사를 완성했습니다. 마지막으로 현대 사회는 종교적 반작용, 즉 종교가 인간 정신에 부여한 새로운 자극에 의해 그 형태가 결정되고 있습니다. 이렇듯 새로운 민족들의 유일무이한 관심사는 오직 믿음에 집중되어 있습니다. 모든 물질적, 현실적, 개인적 관심사는 전부 이 관심 속에 흡수되어 버렸습니다.

인간 본성이 가능성 있는 완전함을 향해 불타오른 엄청난 열정을 숭배하는 대신에 사람들은 오히려 이를 광신이나 미신이라고 불렀음을 저는 알고 있습니다. 하지만 그들이 무슨 말을 하더라도 스스로 판단해 보십시오. 선이든 악이든 전적으로 하나의 감정에 의해 야기된 사회 발전이 이 사람들의 성격에 얼마나 깊은 인상을 남겨 놓았는지 말입니다. 어느 피상적인 철학이 종교 전쟁이나 불관용이라는 이름으로 피워 올린 화형대의 불길에 대해 뭐라고 시끄럽게 떠들어 대든 내버려두십시오. 우리에게 중요한 것은 다른 것입니다. 우리는 오히려 신념의 충돌, 진실을 수호하기 위한 이 피비린내 나는 전투에서, 상상조차

할 수 없는, 우리가 주장하듯이 온몸과 온 마음을 다해 그곳에 다가가려 해도 결코 옮겨 갈 수 없는, 그런 관념의 세계를 만들어 낸 민족들의 운명을 그저 부러워할 뿐입니다.

다시 한번 반복합니다만, 유럽의 모든 나라가 이성과 미덕 그리고 종교로 충만해 있다는 뜻은 아닙니다. 그러나 그곳에서는 수 세기 동안 중단 없이 다스려 온 힘이 모든 것을 비밀스럽게 지배하고 있습니다. 모든 것은 현 상태의 사회를 낳은 행동과 관념이 오랜 기간 연쇄 반응을 하며 만들어 온 결과입니다. 그리고 여기에 그 증거가 있습니다. 영국인이죠. 영국인은 그 개성이 다른 어떤 민족과 비교해도 분명하며, 모든 제도가 언제나 항상 새로운 정신을 반영합니다. 그런 영국은, 특별히 강조하여 말하지만, 교회의 역사 그 외에는 어떤 역사도 갖고 있지 않습니다. 그들이 자유와 번영을 누릴 수 있게 해 주었던 마지막 혁명,[21] 그리고 이 혁명을 가능케 했던, 헨리 8세 치세 이후 일어난 일련의 사건은 종교 발전 바로 그것입니다. 이 시기에 관심사, 특히 정치적 관심사는 부차적인 것일

---

21) 1640년 영국의 부르주아혁명, 다른 말로 영국혁명, 청교도혁명을 가리킨다. 절대왕정에서 시민-부르주아 중심의 근대 사회로 전환하는 결정적 사건으로 평가된다.

뿐이었습니다. 그것은 완전히 사라지거나 종교적 신념에 씻겨 나갔죠. 제가 이 글을 쓰고 있는 동안[22]에도 이 선택된 나라에는 종교 문제가 다시금 들썩이고 있습니다.[23] 사실상 유럽의 어떤 민족이라도, 자기 민족의 의식을 주의 깊게 들여다본다면, 그 사회적 존재의 전 과정에서 끊임없이 생명을 불어넣어 온 영혼이자 마치 성스러운 유산과도 같은 이 특별한 특징을 어찌 발견하지 못할 리가 있겠습니까?

인간 영혼에 미치는 기독교의 영향은 단순히 직접적 방식으로만 이루어지는 것도 아니고, 제한된 시간으로 한정되는 것도 아닙니다. 종교는 수많은 도덕적, 지적, 사회적 관계 안에서 수행됩니다. 그리고 그 관계들 안에서 인간의 자유는 그 무한한 영역을 필연적으로 발견해 냅니다. 이것은 그렇게 되도록 설계된 것입니다. 이렇듯 우리 시대의 첫날, 좀 더 정확하게는 세상의 구주께서 제자들에게 "가서 모든 피조물에게 복음을 전하라"[24]라고 말씀하

---

22) 1829년이다.

23) 1829년 영국의 가톨릭 해방령을 가리킨다. 1829년 영국 의회에서 통과된 법으로 로마 가톨릭 신자에게 부과되던 주요 공직, 의회 진출의 법적 제한을 대부분 철폐한 법안이다.

24) 〈마가복음〉 16장 15절의 일부다. 15절 전문은 다음과 같다. "또 이

신 그 순간 이후로 행해진 모든 일은 그것이 기독교를 향한 공격과 반대를 포함한다 하더라도, 결국 하나의 공통된 사상, 곧 기독교가 세상에 미친 영향이라는 위대한 사상 안에 모두 포괄됩니다. 그리스도의 예언이 이루어짐을 확신하기 위해서는 의식적이든 무의식적이든, 자발적이든 의지에 반하든, 마음속에 그리스도가 다스리심을 온전히 세우는 것을 관찰하는 것으로도 충분합니다. 그러므로 유럽 사회가 지금 불완전하고, 뒤틀려 있고, 죄악으로 물들어 있다 하더라도 어떤 의미에서는 하느님의 왕국이 그 안에서 실현되고 있는 것입니다. 왜냐하면 유럽 사회는 끝없는 진보의 토대를 그 자체 안에 포함하고 있기 때문이며, 미래에 지상에서 최종적으로 확립하는 데 필요한 모든 요소를 잉태하고 있기 때문입니다.

부인, 종교가 사회에 미치는 영향에 대한 이러한 성찰을 마치기 전에, 저는 당신이 잘 모르는 어떤 저작에서 종교에 관해 말한 것을 여기서 다시 반복하겠습니다.

"앞서 썼듯이, 인간의 생각이 기독교와 충돌하는 곳, 그것도 오직 투쟁을 목적으로 하여 충돌하는 곳에서는 기독교의 영향력을 알아차리지 못한다. 그것은 의심의 여지

르시되 너희는 온 천하에 다니며 만민에게 복음을 전파하라."

없이 기독교에 대한 분명한 생각이 없다는 뜻이다. 그리스도의 이름이 말해지는 곳마다 그것만으로도, 사람들은 아무것도 하지 않았음에도 불구하고, 그리스도의 이름으로 뭐라 형언할 수 없는 감동을 받는다. 이 종교의 신성한 기원을 이 종교 안에 내재된 절대적 보편성이라는 특징만큼 잘 보여 주는 것은 없다. 그 결과 기독교는 모든 수단을 동원해 인간의 영혼에 뿌리를 내리고, 이성의 인도 없이도 영혼을 지배하며, 영혼이 강력하게 저항할 때조차도 그 영혼을 단숨에 굴복시킨다. 지금까지 몰랐던 낯선 진리를 의식 속에 부어 넣어 주며, 마음이 지금까지 경험하지 못했던 인상을 생생하게 느끼게 만들고, 보편적 체계 안에 자리를 잡도록 자연스럽게 이끌어 가는 감정을 우리 안에 심어 줄 것이다. 이런 식으로 기독교는 한 사람 한 사람의 행동을 결정하고, 모든 사람을 하나의 목표를 향해 나아가도록 한다. 기독교를 이런 관점에서 생각해 보면 그리스도의 예언은 하나하나가 확실하게 드러나는 진리다. 인간의 자유를 침해하지 않고, 인간의 타고난 자연스러운 힘 중 어느 하나도 속박하지 않고, 반대로 인간의 가장 높은 긴장감을 불러일으키고, 인간이 가지고 있는 힘을 무한으로 끌어올리면서 인간을 정해진 운명으로 인도하기 위해, 그리스도의 전능하신 오른손이 지렛대를 움직이고 있음을 뚜렷하게 본다. 이 새로운 질서에서는 어떤 도덕적 요소도 움직임 하나 없는 상태로 있지 않다. 모든 것은 그 안에서 적절한 자신의 공간을 가진다. 가장 활동적인 지적 재능, 뜨거운 감정의 분출, 강력한 영혼의 영웅주의, 순종하는 정신의 헌신 등은 모두 동등하게 각자의 자리를 차지하고 있다. 모든 의식 있는 창조물에게 허용된, 심장의 박동과 결합하여 심장을 뛰게 만드는 계시의 사상은 모든 것을 장악하면서, 자신의 노정 위에서 어떤 장애물에 직면하더라도 스스로 성장하고 강해진다. 천재들과 함께 계시의 사상은 필연적으로 죽을 운명에 처한 나머지 인류에게는 허용되지 않은 저 높은 곳으로 올라간다. 그리고 소심한 정신에서 계시의 사상은 땅에 바짝 웅크려 한 걸음 한 걸음 앞으로 나아간다. 명상하는 마음에서 계시의 사상은 절대적이고 심오하다. 상상력이 풍부한 영혼에서 계시의 사상은 에테르 속을 떠돌며 이미지로 충만하다. 부드럽고 사랑스러운 마음에서 계시의 사상은 자애와 사랑으로 나아간다. 계시의 사상은 자기에게 맡겨진 모든 의식을 따뜻함과 힘, 그리고 빛으로 충만케 하면서 그것들과 나란히 걸어간다. 이렇듯 계시의 사상은 그 특성이 얼마나 풍성하고 그 힘이 얼마나 다양한가! 얼마나 다양한 능력들을 하나로 결합하는지, 얼마나 다른 가슴들을 하나의 같은 목적을 위해 달려가게 만드는지 보라! 그런데 사회 전반에 대한 기독교의 영향력은 훨씬 더 감탄할 만하다. 새로운 사회에서 전체적으로 발전의 과정을 그려 보면 기독교가 어떻게 한 사람 한 사람의 이익을 기독교에 부합하는 것으로 변형하고, 세상의 어떤 곳이든 물질적 필요를 도덕적 필요로 대체하고, 사상의 영역에서 역사상 유례를 찾아볼 수 없는 큰 논쟁을 불러일으키는지 보게 될 것이다. 민중의 삶을 위대한 관념이자 모든 것을 포용하는 감정으로 바꾸는 물러설 수 없는 투쟁, 어떤 시대에도 어떤 사회에서도 신념들 사이에 그런 혹독한 투쟁이 일어난 적은 없었다. 그리고 또 당신은 기독교 안에서 오직 그 안에서만 모든 문제, 예를 들어 개인의 생활과 공적 생활, 가족과 조국, 과학과 시, 이성과 상상력, 기억과 희망, 기쁨과 고통 등의 문제가 해결됨을 보게 될 것이다. 하느님께서 친히 세상에 전하신 이 위대한 운동 안에서, 자신이 만들어 내는 결과를 마음속으로 깊이 깨닫는 사람들은 행복할 것이다. 그러나 우리가 모두 이러한 움직임의 능동적인 도구가 되는 것은 아니며, 모두가 의식적으로 행동하는 것도 아니다. 대중은 영혼 없는 원자들, 생기 없는 덩어리처럼 어리석게 행동한다. 그들은 자신들을 움직임 안으로 끌어들이는 그 힘을 알지 못하고, 자신들이 향하는 목적지를 알아차리지 못한다."

부인, 이제 다시금 당신 이야기를 해 보겠습니다. 이런 폭넓은 전망에서 저 자신을 분리해 내기가 어렵습니다.

저 높은 곳에서 제 눈앞에 펼쳐진 풍경이 위안을 줍니다. 저를 둘러싼 슬픈 현실의 멍에 아래에서 좀 더 신선한 공기를 마시고, 좀 더 깨끗한 하늘을 볼 필요성을 느낄 때, 신에게 다가가는 사람들은 축복받을 것이라는 달콤한 희망 안에서 피난처를 찾습니다. 그러나 제가 당신의 시간을 쓸모없이 낭비했다고는 생각하지 않습니다. 기독교 세계를 어떻게 보아야 하는지, 그리고 그 세계에서 우리는 무엇을 해야 하는지를 당신에게 설명할 필요가 있었습니다. 조국에 대한 저의 이야기가 당신에게는 신랄하게 보였을 게 분명합니다. 그러나 저는 오직 진실만을 이야기했습니다. 물론 모든 진실을 다 이야기한 것은 아닙니다. 기독교적 인식은 어떤 종류의 맹목성도 용납하지 않으며, 아주 사소한 민족적 편견도 용납하지 않습니다. 왜냐하면 그것이 다른 그 무엇보다 사람들을 분열시키기 때문입니다.

편지가 너무 길어졌습니다, 부인. 우리 둘 다 휴식이 필요하다고 봅니다. 처음에는 제기된 문제를 몇 마디로 당신에게 전달할 수 있으리라 여겼습니다. 그런데 곰곰이 생각해 보니 책 한 권 분량의 자료가 있더군요. 괜찮을까요, 부인? 어떻게 할지 알려 주십시오. 그러나 당신의 대답이 무엇이든, 당신은 두 번째 편지를 피할 수 없을 것입니다. 왜냐하면 우리는 문제의 본질에 이제 막 다가가기 시작했을 뿐이기 때문입니다. 이 긴 첫 번째 편지를 어쩔 수 없이 기다려야만 했던 기나긴 시간에 대한 보상이라고 생각해 주시면 좋겠습니다. 저는 당신의 편지를 받은 바로 그날에 펜을 들었습니다. 그 후 슬프고도 고통스러운 걱정이 저를 집어삼켰습니다. 이 중요한 문제에 대한 대담을 시작하기 전에 이로부터 완전히 벗어나야만 했습니다. 그 후 저는 절대 해독할 수 없는 낙서를 다시 써야만 했습니다. 이번에는 오래 기다리지 않아도 됩니다. 늦어도 내일까지는 다시 펜을 잡겠습니다.

네크로폴리스,[25] 1829년 12월 1일.[26]

---

25) 그리스어로 네크로폴리스란 '사자(死者)의 도시'를 가리킨다. 여기서는 모스크바의 비유로 쓰였다.

26) 첫 번째 편지는 1828년, 늦어도 1829년 초에 쓰였을 것이라고 많은 연구자가 판단한다.

제2서한[27)]

만약 좀 더 시간이 흐른 다음에 제 생각을 제대로 전달했다면, 당신은 제가 우리에게 단순히 지식이 부족하다고 생각하는 것이 아님을 분명히 이해했을 것입니다. 솔직히 말하면, 그렇다고 우리에게 지식이 그렇게 풍부한 것은 아닙니다. 다른 나라에서 수 세기 동안 축적된, 사람들이 마음대로 활용할 수 있는 폭넓은 정신적 보고(寶庫) 없이 우리는 지금의 시간을 통과해야 합니다. 우리 앞에는 다른 과제가 놓여 있습니다. 나아가 배움과 사색을 통해 여전히 필요한 지식을 우리가 얻을 수 있다고 해 보죠. 그렇다면 대체 어디에서 우리는 강력한 전통, 광범위한 경험, 과거에 대한 깊은 인식, 견고한 지적 습관을 얻을 수 있습니까? 이 모든 것은 인간이 자신이 가진 모든 능력을 한껏 쥐

---

27) 〈제2서한〉은 〈제1서한〉과 밀접한 상관성을 갖는다. 왜냐하면 〈제1서한〉의 마지막이 '오래 기다리지 않아도 된다는 것, 늦어도 내일까지는 다시 펜을 잡겠다는 것'이었으며, 〈제2서한〉의 도입에 '좀 더 시간이 흐른 다음 생각을 전달했으면 좋았을 것'이라고 되어 있음을 볼 때, 결국 〈제2서한〉은 〈제1서한〉이 쓰인 후 곧바로 서술되었음을 의미하기 때문이다.

어째서 얻어 낸 결과물이며, 유럽인들의 도덕적 특성을 형성하는 것이자, 그들에게 진정한 우월성을 부여하는 것입니다. 따라서 이제 우리의 과제는 관념의 범위를 늘리는 것이 아니라 우리가 소유한 관념을 수정하여 새로운 방향으로 전환하는 것입니다. 친애하는 부인, 당신의 이성 속에 우연히 피어난 신선한 생각, 이 생각이 당신의 가슴속에 만들어 낸 새로이 필요한 것들, 이 필요성이 당신의 영혼에 미친 영향으로 생겨난 감정 등이 실제로 적용될 수 있는 존재의 영역이 당신에게는 무엇보다 필요합니다. 당신이 사는 세계가 낯선 것이 되었으므로 이제 당신은 당신 자신을 위해 독자적인 세계를 만들어야만 합니다.

영혼을 아무리 숭고하게 여긴다 해도 그것은 주변 환경에 얽매여 있는 것입니다. 이런 이유로 당신이 설정한 삶과 관념을 당신의 감정과 조화시키기 위해, 가족 관계를 당신의 감정과 조화시키기 위해, 당신이 설정한 믿음과 당신을 둘러싼 사람들의 믿음을 조화시키기 위해, 사회와 가정 내 당신이 차지하고 있는 위치에서 무엇을 할 수 있는지를 제대로 파악해야만 합니다…. 실제로 우리 생각 저 깊은 곳에서 일어나는 일과 사회적 조건에 복종해야 한다는 필연성이 격렬하게 분리되면서 많은 악이 발생합니다. 당신은 수도에서 편안하게 지낼 수 있는 적절한 수단이 없다고 말씀하십니다. 글쎄요. 당신에게는 매력적인 영지가 있습니다. 그런데 왜 당신은 하루 일과가 끝날 때까지 그 곳에 안전하게 계시지 않는 것입니까? 이것은 행복의 필수품입니다. 가장 교훈적인 철학의 가르침이 당신에게 안겨 줄 수 있는 모든 이익을 그것으로부터 끄집어낼 수 있는지는 당신에게 달려 있습니다. 당신의 쉼터를 가능한 한 매력적으로 만드세요. 그리고 아름답게 장식하고 치장하십시오. 거기에 약간의 세련미와 우아함도 가미하면 좋지 않겠습니까? 그것은 관능적인 세련미의 문제가 아닙니다. 당신의 노력은 천박한 만족을 목표로 하지 않습니다. 오히려 당신이 당신의 내면의 삶에 전적으로 집중하도록 해 줄 것입니다. 이러한 외적인 세부 사항을 소홀히 하지 마십시오.[28] 우리는 이상적인 것을 밖으로 표현하는 데 너무 취약한 나라에 살고 있어, 가정에서 시와 좋은 취향으로 자신을 둘러싸지 않으면 세심한 감정이나 말쑥함의 개념을 쉽게 잃을 수 있습니다. 우리의 고유 문명이 가진 가장 놀라운 특징 중 하나는 삶의 안락과 기쁨을 무시한다는 것입니다. 심지어 혹독한 기후에 맞서 성심껏 자신을 보호할 생각조차 하지 않습니다. 과연 이것이 이성을 가

---

28) 그리스 정교는 로마 가톨릭에 비해 일상적, 전례적 측면에서 금욕주의 측면이 강한데, 이를 차다예프가 부정적으로 바라보았음을 알 수 있다.

진 존재가 살아가도록 운명 지워진 삶의 방식인지 의문을 던지지 않을 수 없습니다. 언젠가 우리가 이 잔혹한 기후 안에 무모하게 정착했었다면 적어도 지금은 그 혹독함을 조금은 잊을 수 있게끔 만들어 봅시다.

당신이 매우 만족스럽게 플라톤을 읽던 모습을 기억합니다. 고대 세계의 위대한 현인 가운데 가장 이상적이고 가장 숭고한 현인이 자신의 철학적 드라마의 등장인물을 삶의 모든 선한 것으로 얼마나 조심스럽게 둘러싸고 있는지 기억하시는지요. 그들은 일리소스[29]의 멋진 강변을 따라 천천히 산책하거나, 크노소스[30]의 사이프러스 가로수 길을 걷거나, 늙은 플라타너스의 시원한 그늘을 찾거나, 꽃이 만발한 풀밭에서 달콤한 휴식의 시간을 즐깁니다. 그들은 한낮의 열기가 사그라들기를 기다린 다음 아티카[31]에서 향기로운 공기와 밤의 고요함, 서늘함을 즐깁니다. 아니면 꽃으로 치장을 하고는 손에 잔을 들고 편안한

---

29) 그리스 아테네에 있던 작은 강이다. 고대에는 아크로폴리스 동쪽을 따라 흘렀다.

30) 그리스 크레타섬 북쪽에 있는 도시로 미노스 문명의 중심지다.

31) 그리스 전설에 따르면 찬란한 문화를 지녔으나 지진으로 멸망했다고 전해진다. 플라톤은《파이드로스》에서 섬의 자연 풍경을 잘 재현해 냈다.

자세로 잘 차려진 식탁 주위에 누워 있습니다.[32] 플라톤은 그들을 이 지상 위에서 아름답게 만들어 낸 다음, 자신이 그토록 머물고 싶어 했던 달 너머의 광활한 공간으로 들어 올립니다. 가장 엄격한 교회 교부들의 작품에서도, 성 요한 크리소스토모스, 나지안조의 성 그레고리오스, 성 바실리에게서도 평온과 고귀한 영감이 기거하는 거처로서의 고독, 신앙의 빛으로 꾸며진 고독이 멋들어지게 묘사되고 있음을 당신이 볼 수 있었으면 합니다. 이 성스러운 사람들은 삶의 많은 부분을 차지하는 물질적인 문제에 어느 정도 주의를 기울인다고 하여 자신의 존엄성이 훼손된다고는 생각하지 않았습니다. 그러나 오늘날 우리 가운데 일부가 자랑으로 여기는 세속적 행복에 대한 무관심 속에는, 실은 참으로 냉소적인 태도가 엿보입니다. 우리의 진보를 지체시키는 주요한 원인 중 하나는 가정생활에 멋스러움이라고는 전혀 찾아볼 수 없다는 것입니다.

그러므로 당신이 될 수 있는 한 아름답게 꾸민 이 피난처에서 단조로우나 체계적인 삶의 방식을 만들었으면 하고 저는 바랍니다. 우리는 모두 질서의 감각, 체계의 감각

---

32) 플라톤의 《향연》 첫 장면에서 그려지는 '철학적 연회(심포지움)'의 전통적인 풍경과 연결된다.

이 부족합니다. 이 단점을 고쳐 보면 어떻겠습니까. 질서 정연한 삶이 많은 장점을 지닌다고 하는, 이미 입증된 논리를 여기서 다시 반복하지는 않겠습니다. 어떤 경우든 특정 규칙에 꾸준히 순종하는 것만으로도 우리 본성의 가장 높은 법칙에 쉽게 순종하는 법을 배울 수 있습니다. 그런데 정해진 질서를 정확하게 준수하기 위해서는 방해하는 모든 것을 제거해야 합니다. 하루의 첫 시간부터 염두에 두었던 활동의 범위를 벗어나면 주의가 산만해져 종종 하루가 엉망이 됩니다. 우리가 경험하는 첫인상, 하루와 다른 날을 구분하는, 죽음과도 같은 상태 직후에 떠오르는 첫 생각보다 중요한 것은 없습니다. 이러한 인상과 생각은 으레 하루 내내 우리 영혼의 상태를 결정합니다. 예를 들어, 하루가 가족들 간의 다툼으로 시작되면 그 하루는 돌이킬 수 없는 실수로 끝납니다. 그러므로 하루의 첫 시간을 가능한 한 의미 있고 엄숙하게 만들도록 자신을 훈련하십시오. 그리고 즉각 가능한 한 가장 높은 곳까지 영혼을 들어 올리고, 이 시간을 완전한 고독 속에서 보내려고 노력하십시오. 지나치게 흥분시키고 지나치게 흔들어 놓는 모든 것을 제거하십시오. 그러한 준비를 하면, 다른 때 같으면 승리하리라는 희망 하나 없는 계속된 투쟁 상태로 당신의 전 존재를 몰고 갈 그 불쾌한 인상도 고통 없이 대면할 수 있을 것입니다. 사람이 이 고독과 집중된 생각의 시간을 소홀히 하면 다시는 되돌릴 수 없다는 사실을 더불어 유념할 필요가 있습니다. 인생은 즐겁기도 하고 또 때로는 지루하기도 한 수많은 걱정으로 당신을 집어삼킬 것입니다. 당신은 삶이 만들어 내는 끝없는 사소한 것들의 수레바퀴 아래 깔리게 될 것입니다. 그러므로 우리는 우리 자신에게 주어진 유일무이한 시간이 쓸데없이 지나가도록 내버려두어서는 안 됩니다.

매일매일 영혼을 집중하고 바로잡아야 할 필요성에는 실로 커다란 의미가 있다고 저는 말하고 있는 것입니다. 이 외에는 주변 사물이 가해 오는 압박에서 자신을 지키는 다른 수단은 없다고 확신합니다. 물론 당신은 그게 다가 아님을 알고 계십니다. 당신의 전 생애를 관통하고 있는 하나의 관념이 당신 앞에 놓여 있어야 하고, 그것이 온종일 밝은 촛불처럼 당신 앞에서 빛나고 있어야 한다고 여깁니다. 그런데 우리는 도덕적 선에 대한 막연한 본능을 가지고 세상에 옵니다. 전 생애를 살아가면서 이 본능에서 자라나는 보다 완전한 관념 속에서만 그 도덕적 선을 온전히 인식할 수 있습니다. 이러한 내적인 작업이 가능하기 위해서는 모든 것을 희생해야 합니다. 당신은 삶의 모든 질서를 이것에 맞춰 바로 세울 필요가 있습니다. 그러나 이 모든 것은 진심 어린 침묵 속에서 흘러가야 합니다. 왜냐하면 세상은 어떠한 심오한 것에도 공감하지 않기 때문입니다. 세상은 위대한 신념에서 눈을 돌려 버립니다. 심오한 관념은 세상을 피곤하게 합니다. 사람들의 이런저런 의견에 휘둘리지 않고, 확실하게 당신을 목적으로 인도하는, 자신만의 고유한 믿음의 감정과 집중된 생각이 당신에게는 반드시 있어야 합니다. 관능적인 쾌락을 위해 사회를 부러워하지 마십시오. 당신은 관능적인 쾌락이 결코 알 수 없는 즐거움을 고독 속에서 발견할 것입니다. 그런 존재 상태가 안겨 주는 밝은 분위기에 익숙해지고 나면, 자신의 거처에 있으면서도 세상이 어떻게 동요하고 그것이 어떻게 사라지는지 당신은 침착하게 응시하면서 영혼의 안식을 누리게 될 것이라고 저는 믿어 의심하지 않습니다. 그러는 동안에 당신은 새로운 삶의 방식을 좋아하여 취향으로 삼아야 하고, 이를 습관처럼 길들여야 합니다. 어리석게도 인생을 낭비하게 하고 망가뜨리는 온갖 헛된 호기심에서 벗어나야 합니다. 무엇보다 먼저 새로운 흥밋거리를 찾아 헤매는 마음, 일상의 악을 추구하고 그리하여 항상 탐욕스럽게 내일을 기다리는 마음을 뿌리째 뽑아내야만 합니다. 그러지 않으면 당신은 평화도 행복도 얻을 수 없을 것입니다. 오직 혐오와 환멸만이 당신에게 있을 뿐입니다. 세상의 흐름이 당신이 사는 평화로운 방 안으로 들어오지 못하고 문지방에 걸려 끊어지기를 설마 원하시는 것입니까? 만약 아니시라면 사교계의 이런저런 사건에서 야기된 이 모든 불안한 열정, 그날그날의 소식에서 야기된 이 모든 불안한 감정을 영혼에서 몰아내십시오. 사교계의 모든 소음과 메아리로부터 문을 닫으십시오. 결단을 내려 모든 가벼운 읽을거리도 피하십시오. 왜냐하면 그것은 글로 쓰인 것일 뿐 실제로는 소음에 불과한 것이기 때문입니다. 제 생각에는 새로운 것을 읽고 싶은 갈증만큼 정돈된 지적 운동과 양립할 수 없는 것은 없습니다. 우리는 진지하게 생각하지 못하고 그리하여 깊이 있게 느끼지 못하는 사람들을 도처에서 만나게 됩니다. 모든 것을 다루면서도 깊이라고는 하나도 없고, 모든 것을 약속해 놓고 이룬 것은 하나도 없는, 그저 모든 것이 의심과 거짓의 색깔로 칠해져서는 읽고 나면 공허함과 흐릿함만 남게 되는, 단기간에 뚝딱 하고 써 낸 글들만이 그들의 유일한 양식입니다. 당신이 스스로 선택한 삶의 방식에서 만족을 찾고자 하신다면 어떤 형태의 새로움에도 가치를 부여해서는 안 됩니다.

취향과 성향을 이러한 생활 방식에 더 많이 맞추면 맞출수록 당신이 더 잘 느낄 수 있다는 것은 의심의 여지가 없습니다. 당신이 외부와 내부, 보이는 것과 보이지 않는 것을 조화시키면 시킬수록, 당신 앞에 놓여 있는 길이 좀 더 즐거운 길이 될 것입니다. 그러나 당신을 기다리고 있는 어려움에 눈을 감아서는 안 됩니다. 우리 나라에는 어려움이 너무 많아 일일이 다 헤아릴 수 없을 정도입니다. 이미 나 있는 길을 따라 삶의 수레바퀴가 굴러가는 잘 다져진 길이 우리 나라에는 없습니다. 가시를 뚫고 덤불을 넘어 싸워 가야 하는 길입니다. 유럽의 오래된 문명에는 오랫동안 확실한 생활 방식이 존재했습니다. 그래서 그곳에서는 사람들이 삶의 모습을 바꾸겠다고 결정할 때, 그저 옮겨 가기로 희망한 새로운 상황을 선택하기만 하면 됩니다. 장소는 이전에 이미 준비되어 있어서 역할과 위치만 재조정해 주면 됩니다. 당신이 자신에게 어울리는 역할과 위치를 선택하자마자 사람과 사물이 당신 주변에 배치됩니다. 당신은 그저 적절한 방법으로 그것들을 활용하기만 하면 됩니다. 우리의 경우는 이와는 완전히 다릅니다. 새로운 환경에 적응하려면 얼마나 많은 성가심과 수고가 필요합니까! 새로운 상황에 맞춰 당신을 존중하도록 주변 사람들을 가르치는 데, 어리석은 자들을 침묵시키는 데, 호기심을 가라앉히는 데, 얼마나 많은 시간을 낭비하고 얼마나 많은 힘을 소진하고 있습니까! 우리 나라 사람들은 사고의 힘을 알고나 있는 것입니까? 이런저런 원인에서 생겨나 관습화된 사물의 흐름에도 불구하고 영혼 안으로 스며들어서는 갑작스러운 성찰을 통해 그리고 위에서 언급한 것들을 통해 영혼을 장악하고 난 다음, 당신의 전 존재를 변화시키며 당신 자신보다 그리고 당신을 둘러싼 그 어떤 것보다 더 높이 당신을 들어 올리는 확신을 당신은 우리 나라에서 경험해 보았습니까? 우리 나라에서 생생한 깨달음이 심장을 두근거리게 만든 적이 있습니까? 우리 나라에서 진리의 숭배에 자신을 바친 사람이 누가 있습니까?

그렇다면 자신의 신념에 열렬히 헌신하고자 하는 사람이 결코 흔들려 본 적도 없는 군중의 방해와 반대에 정면으로 부딪히는 것은 어쩌면 자연스러울 테지요. 부인, 당신은 숨 쉴 공기와 디딜 땅33)을 포함하여 모든 것을 스스로 창조해야 합니다. 그리고 이것은 말 그대로입니다. 당신을 섬기는 노예들이 당신을 둘러싼 분위기를 만드는 게 아닙니까? 또 다른 노예들이 이마에 땀을 흘려 가면서 가꾼 밭고랑이 당신을 지탱하는 그 대지가 아닙니까? 그 안에 셀 수 없는 우여곡절과 셀 수 없는 공포를 담고 있는 하나의 단어, 그것은 노예입니다! 우리는 모두가 그 안에 빠

---

33) 차다예프는 공기와 땅이라는 표현을 통해 농노제의 문제점을 교묘하게 고발한다. 여기서 공기는 농노들을 소유한 토지 귀족들의 분위기를, 땅은 대지에 붙잡혀 있는 농노들을 암시한다고, 나우카 출판사에서 출간된 1991년 《П. Я. 차다예프 : 작품 전집과 서한선》의 편집자들이 지적하고 있다. 앞으로 옮긴이 주에서 말하는 차다예프 전집의 편집자들은 모두 1991년 나우카판 차다예프 전집의 편집자를 가리킨다.

져 죽어 갈, 결코 벗어날 길 없는 마법의 고리입니다.[34] 그것으로 인해 저주받을 현실 안에서 우리는 모두 짓밟힙니다. 그것으로 인해 우리의 가장 선한 노력과 가장 관대한 충동이 헛된 것으로 변해 버립니다. 그것으로 인해 우리 모두의 의지는 마비되어 버리고, 우리의 모든 미덕이 더럽혀지는 것입니다. 이 감당할 수 없는 무게 아래에서 운명의 죄에 짓눌려 있다면, 죽지 않고 살아갈 아름다운 영혼이 어디에 있겠습니까? 스스로와 영원히 대립한 채로 생각은 이렇게 하고 행동은 저렇게 하면서도 스스로가 스스로에게 모순되지 않을 만큼 강한 사람이 어디에 있겠습니까? 저도 모르는 사이에 제가 처음 시작했던 부분으로 다시 돌아와 버렸습니다. 양해해 주신다면 이것에 대해 몇 마디 첨언을 하겠습니다. 그런 다음 당신과 다시 이야기

---

34) 농노제에 대한 문제의식은 당시 지식인 그룹의 핵심 논쟁점이었다. 특히 이 부분에서 차다예프는 그리보예도프의 시 구절, "나는 노예라는 단어를 혐오한다"를 염두에 두었음이 분명하다고 많은 연구자가 지적한다. 1826년 그리보예도프가 쓴 시 〈시대의 정신과 취향에 따라〉의 전문은 다음과 같다. "시대의 정신과 취향에 따라 / 그는 '노예'라는 말을 혐오했다 ― / 그래서 결국 '총참모부'에 걸려들었고 / 예수께로까지 끌려갔다! / 그에게는 아무것도 신성하지 않다… / 그는 왕의 적이야 ―! 여자들의 친구지! / 골리친 공작님, 사실을 말씀해 주세요 / 그를 곧 교수형에 처하진 않겠습니까?"

를 계속하겠습니다.

우리를 파괴하는 이 끔찍한 궤양의 원인은 무엇입니까? 러시아 민중이 기독교의 품 안에서 포기했던 것이 다름 아니라 기독교 사회의 가장 핵심적인 특징 바로 그것이라는 사실이 어떻게 가능할 수 있었을까요? 왜 우리 나라에서 종교적 가치의 역전이 일어난 것일까요? 정확하게는 모르겠습니다. 하지만 저는 이것만으로도 우리가 자랑하는 정교를 의심해 보아야 한다고 생각합니다. 당신도 아시다시피, 고대 철학자 중 어느 한 사람도 노예가 없는 사회를 상상하려 하지 않았습니다. 그리고 노예제에 대해 어떤 반론도 제기하려 하지 않았습니다. 그리스도께서 나타나시기 전에 지상의 모든 지혜를 대표하는 사람이라고 인정되었던 아리스토텔레스는 어떤 사람은 자유를 위해 태어났고 어떤 사람은 족쇄를 차기 위해 태어났다고 주장[35]했습니다. 당신도 아시다시피 가장 완고한 회의주의자들조차도 유럽에서 농노제를 폐지한 것이 기독교에 빚진 행위임을 인정하고 있습니다. 더욱이 최초의 해방이 종교적 행동으로서 제단 앞에서 이루어졌으며, 방면장[36]에

---

35) 아리스토텔레스는 《정치학》의 〈제1편 : 가족론〉 중 제5장에서 "태어날 때부터 지배하도록 되어 있는 집단과 지배당하도록 되어 있는 집단의 사람들이 있다"라고 썼다.

서 '영혼의 구원을 위하여(pro redemptione animae)'라는 표현을 자주 발견하게 된다는 것은 잘 알려져 있습니다. 마지막으로, 성직자들이 자신의 농노를 해방함으로써 모든 곳에서 모범을 보였고, 로마 교황들이 자신의 영적 권위가 미치는 공간 내에서 노예 제도의 폐지를 처음으로 촉구했다는 것 역시 잘 알려져 있습니다.[37] 그런데 왜 기독교는 우리 땅에 이와 같은 결과를 가져오지 못하는 것일까요? 왜 반대로 러시아 민중은 기독교도가 된 뒤에, 다시 말해서 고두노프[38]와 슈이스키[39]가 통치하던 시기에 노예

---

36) 방면장의 러시아어 원문 표기 'отпускные грамоты'는 직역하면 '해방 문서'쯤 된다. 유럽에서 농노나 노예를 주인이 방면할 때 작성하던 공식 문서를 가리킨다. 문맥에 맞게 '방면장'이라고 번역했다. 주인이 농노를 방면할 때 주로 교회 교단 앞에서 선서하거나 문서를 작성했다고 한다.

37) 차다예프의 주장과 달리 서방에서 교회는 노예 제도에 관대했으며, 차다예프도 많은 여행을 통해 이 사실을 직접 목격했을 것이라는 의견이 중론이다. 따라서 노예 제도에 대한 가톨릭의 비판은 현실과 다른 부분이 있으며, 이에 대해 차다예프가 의도적으로 침묵했다고 보는 것이 타당하겠다.

38) 보리스 고두노프(1552~1605)는 러시아 차르로 표도르 1세 때 국정의 실권을 장악했다. 표도르 1세가 사망하자 황제로 등극(재위 기간 1598~1605)했다. 그의 통치 시기에 농노제가 강화되고 기근이 빈번하게 발생하여 농민 반란이 극심했다. 그의 사망(1605) 이후 러시아는 동란의 시대에 접어든다.

상태로 전락하게 되었던 것일까요? 정교회에게 이 현상을 설명해 보라고 하십시오.

왜 정교회는 국민의 한 부분이 다른 한 부분에 가하는 혐오스러운 폭력에 대해 어머니다운 목소리를 높이지 않았는지 그 이유를 말하도록 하십시오. 그리고 부디 우리의 강함과 위대함에도 불구하고 그들이 우리에 대해 얼마나 무지한지 당신도 주목해 주십시오. 바로 요즘 보스포루스 해협[40]과 유프라테스[41]에서 동시에 우리의 대포가 천둥 같은 소리를 냈습니다.[42] 그런데 역사학이 노예제 폐지가 기독교의 공로임을 증명하는 바로 이 순간에도, 역

---

39) 바실리 슈이스키(1552~1612)는 귀족의 특권을 존중한다는 약속을 통해 러시아 차르에 등극했다. 짧은 재위 기간(1606~1610) 중에도 농노제를 강화하는 법령을 반포했다. 고두노프는 도망친 농노를 추적할 수 있는 법적 시한을 5년으로 규정했으나 슈이스키는 이를 15년으로 늘렸다. 일명 '도망 농노 15년 추적령(указ о 15-летнем сыске беглых крестьян)'이다. 사실상 농민들의 이동의 자유를 완전히 박탈한 셈이다.

40) 튀르키예의 서부, 마르마라해와 흑해를 잇는 해협을 가리킨다.

41) 서아시아 최대의 강이다. 튀르키예에서 발원하여 시리아와 이라크를 흐른다.

42) 1829년 그레이크 장군이 이끄는 군대가 유프라테스강에서 군사 행동을 취했으며, 1829년 4월 파스케비치 휘하의 군대가 에르주룸을 점령했다. 여기서는 이 두 사건을 가리킨다.

사학은 4000만 영혼의 기독교인들이 족쇄에 묶여 있다는 사실을 일절 따져 보려 하지 않습니다. 요점은 어떤 민족의 의미는 인류 전체 속에서 그들의 정신적 힘에 의해서만 결정되며, 그 민족이 세상에서 불러일으키는 관심과 주목 또한 그들의 도덕적 영향력에 달려 있다는 것입니다. 떠드는 소리나 요란함에 따라 평가되는 것이 아니라는 뜻입니다. 이제 본론으로 다시 돌아가 보겠습니다.

당신이 선택했으면 하고 바라는 삶의 방식에 대해 이야기하고 나니까, 제가 당신에게 수도사의 은둔 생활을 요구한다고 생각했을 수도 있겠다 여겨집니다. 그러나 저는 진지한 삶, 면밀하게 따져 본 삶을 말하는 것입니다. 그것은 금욕적 도덕률이 보여 주는 우울한 가혹함과는 정말로 아무 관련이 없는 삶입니다. 저는 군중의 삶과 다른 삶, 모든 생각과 모든 감정의 최종 귀착지로서 긍정적인 관념과 긍정적인 감정, 그리고 충만한 확신으로 채워진 삶을 이야기하고 있습니다. 그러한 생활 방식은 삶의 모든 합법적인 선과 아름답게 조화를 이룹니다. 심지어 조화를 넘어 합법적 선을 스스로 요구하기도 합니다. 사람들과의 교제는 이러한 삶의 방식에 필수조건이 됩니다. 고독은 위험을 자체적으로 내포하고 있습니다. 고독에 빠지는 순간 그 즉시 기이한 유혹이 우리를 기다립니다. 스스로에게 집중된 이성은 자신이 만들어 낸 거짓 형상들을 먹고삽니다. 성 안토니우스가 상상으로 만들어 낸 유령으로 자신이 거하는 사막을 채우자 유령이 그를 놓아 주지 않고 항상 뒤따라 다녔다는 이야기[43]가 바로 이를 가리킵니다. 그러나 만약 욕망이나 강압 없이 종교적 사고를 발전시킬 수 있다면, 세속의 공허함이 넘쳐난다 하더라도 모든 망상과 모든 유혹을 잠재울 수 있는 내적 태도를 유지하게 됩니다.

특별한 노력이 없이도 진리와 선의 관념을 모든 이성의 작용과 그리고 모든 마음의 감정과 결합할 수 있는, 그런 단순하고 명료한 영혼의 상태를 찾아내야 합니다. 특히 계시의 진리를 이해하기 위해 노력해야 합니다. 계시의 진리는 모든 생각하는 존재에게 허용되어 있다는 점, 그리고 모든 형태의 생각과 조화를 이룰 수 있다는 점에 그 엄청난 우월성이 있습니다. 계시의 길에 이르는 길은 어떤 것이라도 가능합니다. 일반 대중이 그러하듯이 아무런 깊은 성찰 없이 행하는 겸손하고 맹목적인 믿음의 길이 있을 것이며, 깊은 지식의 길도 있을 것이고, 마음의 순진

---

43) 성 안토니우스는 3~4세기 이집트의 수도자로 그가 사막에서 수행할 때 악마의 유혹과 환영에 시달렸다는 전설이 전해진다. 모범적인 생활을 통해 수도자 문화를 꽃피웠다. 모든 수도자의 아버지라고 불린다.

하고 경건한 길도 있을 것이며, 영감으로 가득 찬 성찰의 길도 있을 것이고, 높은 영혼의 시의 길도 있을 것입니다. 그러나 가장 간단한 길은 종교의 감정이 우리의 영혼에 그 무엇보다 강하게 영향을 주는 경우입니다. 그럴 때면 우리는 우리의 힘을 포기하고, 지상에서 우리를 떼어내 하늘로 들어 올리는 어떤 고귀한 힘이 보유한 선 쪽으로 우리의 의지와는 상관없이 끌리게 됩니다. 우리가 얼마나 미천한 존재인가를 인지하는 바로 그 순간에 우리의 영혼은 특별한 힘에 의해 하늘에 대해 생각하도록 열리게 되고, 가장 고귀한 진리는 저절로 우리 마음에 흘러들어 오게 됩니다.

우리의 영적 활동의 기원, 우리의 생각과 행동의 원동력으로 반복해서 되돌아간다면, 우리가 하는 것의 상당 부분이 우리에게 전혀 속하지 않은 어떤 것에 의해 결정된다는 사실을 알아차리지 못할 수가 없으며, 가장 좋은 것, 가장 고귀한 것, 우리가 만들어 내는 것 가운데 우리에게 가장 유용한 것은 우리가 만든 것이 아님을 이해하지 못할 수가 없습니다. 우리가 하는 모든 선은 미지의 힘에 복종한다는, 우리에게 내재된 고유한 능력이 만들어 낸 직접적인 결과물입니다. 우리 자신에게서 비롯되는 모든 행동의 유일하게 실제적인 근원은 우리가 인생이라고 부르는 어떤 분절된 시간 안에서의 이익 개념과 연결됩니다. 이것은 모든 영적 존재들처럼 우리 자신에게 보존된 본능, 그러나 우리 자신의 특성에 맞게 모습을 변화시킨 자기 보존의 본능에 다름 아닙니다. 그러므로 우리가 무엇을 하든, 우리가 객관적으로 느끼고 객관적으로 행동하려고 아무리 시도한다 하더라도 결국 우리를 인도하는 것은 오직 이 하나의 관심거리, 정확하게 이해될 수도 있고 그러지 않을 수도 있는, 보다 가까이 있을 수도 있고 좀 더 멀리 떨어져 있는 것처럼 보일 수도 있는 그 관심거리뿐입니다. 공동선을 위해 행동하려는 우리의 열망이 아무리 열정적이라 하더라도 우리가 상상하는 이 추상적인 선은 우리가 우리 자신을 위해 원하는 것일 뿐입니다. 우리는 결코 우리 자신을 완전히 부정할 수 없습니다. 우리가 다른 사람을 위해 어떤 것을 바라고 있다고 할 때, 그 바람 안에 우리는 항상 우리의 이익을 염두에 둡니다. 그러므로 최고의 이성은 인간의 언어로 자신의 법칙을 설명하면서 인간의 약한 본성을 고려하여 우리에게 단 하나의 행동 강령만을 처방했던 것입니다. 그것은 '우리가 대우받고자 하는 대로 다른 사람을 대우하라'는 것입니다. 그리고 이 점에서, 다른 모든 것에서와 마찬가지로, 최고 이성은 절대선, 즉 보편적 선이 무엇인지 알고 있다고 주장하는 철학적 윤리학에 분명하게 반대합니다. 철학은 절대적 선, 즉 보편적 선을 인식할 수 있다고 믿지만, 우리가 우리 자신에게 무엇이

유익한지도 모르면서 어떻게 일반적으로 유익한 것을 구성할 수 있겠습니까? 절대선이란 무엇인가요? 그것은 흔들림 없는 법칙이며, 모든 것은 그것에 따라 자신의 정해진 운명을 열망한다고 합니다. 이것이 절대선에 대해 우리가 아는 전부입니다. 그런데 이 선에 대한 개념에 따라 우리의 인생이 인도되어야 한다면 우리는 그것에 대해 더 알아야만 하지 않겠습니까? 일정한 한계까지 우리는 분명히 그 보편적 법칙에 따라 행동합니다. 아니면 우리는 우리 안에 스스로 존재의 근거를 가지고 있다는 뜻이 될 터인데, 그것은 합리적이지 못합니다. 우리는 그 법칙에 따라 행동하되, 왜 그렇게 하는지 모릅니다. 보이지 않는 힘에 조종당하면서 우리는 그 힘의 행위를 포착할 수 있으며, 현현을 통해 그 힘을 연구할 수 있고, 즉시 그 힘과 동일시하기도 합니다만 이 모든 것으로부터 우리의 영적 존재의 긍정적 법칙을 도출하는 작업을 우리 스스로는 할 수 없습니다. 막연한 감정, 구속력 없는 무정형의 개념, 그 이상은 우리가 할 것이 아무것도 없습니다. 인간의 모든 지혜는 구약의 신이 인간을 비웃으며 한 말에 담겨 있습니다. '보라, 아담이 우리 중 하나와 같이 되어, 선과 악을 알게 되었도다!'[44)]

이상의 이야기로부터 당신도 이미 계시의 필연성을 예감하시리라 생각합니다. 제 생각에 이 필연성은 이렇게 증명될 수 있겠죠. 인간은 자연 현상을 관찰하면서 물리 법칙이 무엇인지 배웁니다. 왜냐하면 자연 현상은 일정한 하나의 불변적 법칙에 따라 눈앞에서 연속적으로 일어나기 때문입니다. 이전 세대가 관찰한 내용을 하나로 종합하여 자신의 경험으로 확증한 지식 체계를 만듭니다. 위대한 계산 도구가 그 지식 체계를 수학적 확실성이라는 불변적 형식으로 전환해 줍니다. 비록 이 지식의 영역이 자연계 전체를 모두 아우를 수는 없고, 모든 사물의 보편적 근원을 아는 수준까지 올려다보지는 못하지만, 그럼에도 불구하고 그것은 대단히 긍정적인 지식을 자체 내에 담아내고 있습니다. 왜냐하면 이들 지식이, 감각적으로 그 연장(延長)과 지속을 인식할 수 있으며, 확실한 유추를 통해 예측해 볼 수 있는 존재들과 연관되어 있기 때문입니다. 한마디로 말해서 여기에는 경험의 영역이 지배하며, 경험이 우리의 이성 안으로 유입되는 개념에 확실성을 부여할 수 있는 한, 우리는 물리적 세계를 지각할 수 있습니다. 당신도 잘 아시겠지만, 이러한 확실성은 우리로 하여금 어떤

---

44) 〈창세기〉 3장 22절의 일부다. 전체 내용은 "여호와 하느님이 이르시되 보라 이 사람(아담-옮긴이)이 선악을 아는 일에 우리 중 하나같이 되었으니 그가 그의 손을 들어 생명나무 열매도 따 먹고 영생할까 하노라 하시고"이다.

현상이 일어나기 훨씬 전에 그것을 미리 예견할 수 있게 하고, 심지어 불활성 물질에 작용할 수 있는 엄청난 힘을 우리에게 주기도 합니다.

이런 식으로 우리는 인간이 이용할 수 있는 확실한 지식의 수단들을 지적했습니다. 만약 이에 더하여 우리의 이성이 자발성, 즉 물질세계를 인식하는 것과 무관한 능동적 토대를 가지고 있다면 우리의 이성은 자신의 이 고유한 힘을 오직 자기 앞에 주어져 있는 물질에만 적용(물질의 질서에 대한 관찰)할 수 있을 것입니다. 그런데 인간은 이 수단들을 정신적 질서에 대해서는 '어떻게' 적용할까요? 정신적 질서의 법칙을 발견하기 위해 인간은 무엇을 관찰해야 할까요? 이성의 자연(разумная природа)인가요? 그런데 과연 이성의 자연은 물질의 자연(материальная природа)과 같은 것인가요? 이성의 자연은 자유로운가요? 이성의 자연은 자신이 스스로 설정한 법칙을 따르지 않는가요? 그렇다면 내적 현현과 외적 현현을 통해 이성을 연구하면서 우리는 무엇을 알 수 있나요? 그것이 자유롭다는 것, 그것이 전부입니다. 그리고 만약 이 연구에서 우리가 갑자기 어떤 절대적인 것에 도달한다면, 자유의 감각은 우리가 방금 떠났던 판단의 원 그 안으로 즉각 그리고 필연적으로 우리를 다시 던져 넣지 않을까요? 우리는 잠시 후 갑자기 같은 장소에서 우리 자신을 느끼지 않을까요? 이 순환은 피할 수 없습니다. 하지만 그게 다가 아닙니다. 우리가 실제로 이성이 필연적으로 받아들일 수밖에 없을 정도로 확실하게 증명된 어떤 진리에 이르렀다고 가정해 보죠. 이성적 존재가 필연적으로 복종할 수밖에 없는 몇몇 보편 법칙을 우리가 정말로 발견했다고 가정해 보는 것입니다. 이 법칙과 이 진리는 인간 전체 삶 가운데 오직 어느 한 부분, 즉 지상에서의 삶과만 연관될 것입니다. 그것은 삶의 다른 부분, 우리가 결코 알지 못하는, 어떤 유추로도 그 비밀을 밝혀낼 수 없는 부분과는 어떤 공통점도 가지고 있지 않을 것입니다. 그런데 삶의 한 순간, 존재의 한 부분에만 연관된 것이라면, 어떻게 그것이 정신적 존재의 진리의 법칙이 될 수 있습니까? 그렇다면 이러한 법칙들을 우리가 경험에 기초하여 발견할 수 있다 하더라도 그것은 우리의 정신적 자연(духовная природа)이 경험하는 어느 한 특정 시기의 법칙일 뿐이므로 이런 경우에 우리는 그것들을 어떻게 정신적 자연의 법칙으로 인정할 수 있겠습니까? 이것은 각각의 연령대에 맞는 의학적 치료법이 있으므로 아이의 질병을 치료하기 위해서 굳이 성인기의 허약함을 알 필요가 없다고 말하는 것과 마찬가지 아니겠습니까? 젊은이에게 적합한 삶의 방식을 처방하고자 한다면 일반적으로 인간에게 유용한 것은 굳이 알 필요가 없다는 것입니까? 우리의 건강 상태가 삶의 매 순간의 건강 상태에 의해 결정되는 것이 아니란 말입니까? 그리고 마침내 미래의 삶에 어떤 처벌도 없으므로 우리는 어떤 특정 시기에 일탈과 과잉을 탐닉할 수도 있다는 말입니까? 저는 당신에게 묻습니다. 유년기의 도덕성이 있고, 장년기의 도덕성이 따로 있고, 노년의 도덕성은 또 다른 것이라고 확신하는 사람, 교육은 오로지 아동기나 청년기에만 의의를 가진다고 확신하는 사람에 대해 당신은 어떻게 생각하십니까? 글쎄요, 이것이 바로 당신의 철학적 도덕률이 주장하는 것이겠지요. 미래의 삶이 오늘의 삶이 내일로 이어진 삶이 아니라면, 미래의 삶은 대체 무엇입니까?

이 모든 것은 우리를 다음과 같은 결론으로 이끕니다. 전체로서의 정신적 존재의 삶은 두 개의 세계를 포함합니다. 그런데 그중 하나만 우리에게 알려져 있습니다. 삶의 모든 순간은 삶을 구성하는 전체 순간의 순서와 떼어 낼 수 없이 연결되어 있기 때문에 우리는 우리가 가진 힘만으로는 두 세계에 필연적으로 연관되어 있는 법칙을 이해할 수 없음은 자명한 사실입니다. 그러므로 하나의 유일무이한 세계와 통일된 사물의 질서가 존재할 수 있게끔 그 존립 근거를 제공하는 그런 이성만이 이 법칙을 우리에게 가르쳐 줄 수 있는 것입니다.

그러나 우리가 철학자들의 도덕적 교훈을 아무런 가치

도 없는 것으로 여긴다고는 생각하지 마십시오. 그것이 오랫동안 사람들을 이끌어 왔고, 지금도 여전히 강한 힘으로 마음과 영혼에 울려 퍼지는 위대하고 아름다운 진리를 함유하고 있음을 우리는 너무나 잘 알고 있습니다. 그러나 우리는 또한 이러한 진리가 인간의 이성에 의해 사고된 것이 아니라 인류의 보편적 역사의 이런저런 시대에 위로부터 주입된 것임을 잘 알고 있습니다. 이것은 자연의 이성이 가르친 최초의 진리 중 하나입니다. 계시로 충만한 이성은 자신이 가진 가장 높은 권위로 이 진리를 성스럽게 만듭니다. 세상의 지혜로운 자들을 찬양하되 오직 하느님께만 영광을! 인간은 신성한 빛이 환하게 비추고 있을 때에만 앞으로 나아갈 수 있습니다. 이 빛은 항상 사람의 발걸음을 밝혀 주었지만, 인간은 길을 밝히는 밝은 빛의 근원을 알아차리지 못했습니다. 복음서는 말합니다. '그는 세상에 들어오는 모든 인간을 다 비추신다. 그는 항상 이 땅에 계셨으나 세상은 그를 알지 못했다.'45)

기독교의 영향으로 인간의 이성이 습득한 익숙한 관념들은 신약과 구약이라는 위대한 두 개의 계시 안에서만 위

---

45) 〈요한복음〉 1장 9~10절의 일부다. 전체 내용은 "참 빛 곧 세상에 와서 각 사람에게 비추는 빛이 있었나니 / 그가 세상에 계셨으며 세상은 그로 말미암아 지은 바 되었으되 세상이 그를 알지 못하였고"이다.

로부터 열린 표상을 보도록 우리를 가르쳤습니다. 우리는 최초의 계시를 잊어버렸습니다. 하느님의 영과 인간의 영 사이의 최초 소통에 대한 이해가 없으면 결코 기독교를 알 수 없습니다. 자신의 신앙 안에서 인간 존재의 위대한 수수께끼에 대한 답을 찾지 못하는 기독교인은 당연히 철학자들의 가르침으로 눈을 돌릴 수밖에 없습니다. 철학자들은 인간을 통해서만 인간을 설명할 수 있을 뿐입니다. 그들은 인간을 신으로부터 떼어 내어 인간이 스스로 자족할 수 있는 존재라는 생각을 주입합니다. 철학자들은 흔히 기독교는 우리가 알아야 할 모든 것을 설명하지 못한다고 생각들 합니다. 철학만이 우리에게 가르칠 수 있는 도덕적 진리가 있다고 간주하죠. 이것은 큰 오해입니다. 신의 지식을 대체할 수 있는 인간의 지식은 없습니다. 기독교인에게 인간 영혼의 전체 운동이란 신이 세상에서 행하시는 끊임없는 활동의 표상 바로 그것입니다. 이 운동의 결과를 살피는 것은 신에 대한 믿음을 확증하는 새로운 증거를 양손에 쥐는 것과 같습니다. 기독교인은 여러 철학 체계와 인간의 다양한 사상적 시도들 속에서 단지 세상의 여러 시대와 사회의 상태에 따라 영적 힘들이 다르게 발전해 온 흔적을 봅니다. 그러나 인간의 참된 목적의 신비는 불안정하고 흔들리는 인간 이성의 추측 속이 아니라, 신께서 그 근원 속에 감추신 상징들과 깊은 형상들 속에서 드러납니다. 그는 인간의 사유가 역사 속에서 점차 구체화되어 온 과정을 살펴보며, 그 안에서 창조주께서 인간을 당신의 손으로 지으셨던 그날, 인간에게 직접 가르치신 최초의 가르침의 자취를 찾으려 합니다. 그는 인류 정신의 역사를 숙고하면서, 인간의 의식 밖에서도 끊임없이 인간 이성을 비추어 온 초자연적 빛의 흔적들을 발견하려 합니다. 인간이 스스로 만들어 낸 안개와 어둠 속에서도, 기독교인은 언제나 하늘에서 내려와 인간 세상 속으로 스며든 전능하고 지워지지 않는 신의 사상들을 알아봅니다. 이 사상들이 없었다면 인류는 이미 자유 속에서 길을 잃고 말았을 것입니다. 그리고 바로 이러한 사상들 덕분에 인간의 이성은 하느님께서 더 가까운 시대에 인류에게 허락하신 더 완전한 진리를 받아들일 수 있었던 것입니다.

그러므로 기독교인은 인간의 뇌 속에 들어 있는 모든 사변을 자기 것으로 만들려는 시도에서 벗어나, 오직 인류의 보편사 속에서 드러나는 하느님의 섭리의 길을 최대한 이해하려고 노력할 뿐입니다. 그는 오직 하늘의 전통, 하느님으로부터 비롯된 신성한 전통에만 이끌립니다. 이 전통에 사람들이 가한 왜곡은 그에게 부차적인 관심사입니다. 그리고 그때 기독교인은 인간의 의견이라는 무한의 바다 가운데에서도 별을 따라 길을 변함없이 인도하는, 구원의 배를 찾는 규칙이 있음을 필연적으로 이해하게 됩니다. 이 별은 영원히 빛납니다. 어떤 구름도 그 별을 가릴 수 없습니다. 어디에 있든 누구나 볼 수 있습니다. 별은 밤낮으로 우리 머리 위에 떠 있습니다. 그리고 영적 세계의 전체 배열이 신께서 우리 영혼에 친히 주입하신 태초의 개념과 이러한 관념에 대한 우리 이성의 작용이 결합하여 낳은 놀라운 결과임이 딱 한 번만이라도 그에게 증명된다면, 이러한 토대를 보존하고 이 세기에서 다음 세기로 이 세대에서 다음 세대로 그것을 전달하는 것은 특별한 법칙에 의해 결정되고 있다는 것이 그에게는 분명히 보일 것입니다. 그리고 사람이 알아볼 수 있는 가시적 특징이 있어, 이 특징을 따라 지상에 흩어져 있는 모든 성지들 사이에서 거룩한 법궤처럼 신성불가침한 진리의 핵심을 담고 있는 성지를 분간해 낼 수 있음이 또한 그에게 분명히 보일 것입니다.

부인! 언젠가는 전 세계에 퍼질 새로운 통찰을 세계가 받아들일 준비가 되기 전, 인간의 교육이 인간이 가진 모든 힘을 발전시키는 것으로 귀착되던 시기에, 막연하지만 깊은 감정은 시간을 정하여 소수의 선택자에게 궤도를 통과하는 진리의 빛이 남긴 빛나는 흔적을 투과할 수 있게 해 주었습니다. 이렇듯 피타고라스, 소크라테스, 조로아스터, 특히 플라톤은 형언할 수 없는 광채를 보았습니다. 그들의 이마는 일상에서는 볼 수 없는 특별한 빛으로 빛났습니다. 그들의 시선은 새로운 태양이 떠오를 지점으로 향했습니다. 그들은 언제 태양이 떠오를지 어느 정도 예견했습니다. 그러나 그들은 절대 진리의 참된 징표를 이해하는 수준까지는 이르지 못했습니다. 왜냐하면 인간이 자신의 본성을 바꾼 이래 진리는 그 빛나는 광채로 어디에서도 '인간을 위해' 나타나지 않았기 때문이며, 인간은 주변을 감싸고 있는 안개를 뚫고 진리를 인식할 수 없었기 때문입니다. 그러나 신세계에서는 만약 인간이 여전히 이러한 특성을 완전히 인식하지 못한다면 그것은 단지 자발적인 실명 때문입니다. 만일 그가 정의의 길에서 벗어난다면, 그것은 다름 아닌 인간을 진리에 좀 더 확실하게 결합하려는 단 하나의 목적으로, 인간의 가슴에 남아 있던 어둠의 원리에 대한 죄악 된 복종일 뿐입니다.

부인, 물론 당신은 이 모든 추론이 어디를 향할지 예견하고 계십니다. 그 추론에서 어떤 결과가 흘러나오는지는 저절로 머릿속에 떠오릅니다. 다음 편지에서 우리는 그것들을 다룰 것입니다. 저는 당신이 큰 어려움 없이 그것들을 능숙하게 이해하실 것이라 확신합니다. 앞으로는 우리의 논의에서 자주 일어났던 옆길로 새어 나가 생각을 끊는 일이 더는 생기지 않을 것입니다. 보다 방법론적으로 정합적이며 일관된 대화를 해 볼 생각입니다.

안녕히 계십시오, 부인.

제3서한

Absorpta est mors ad victoriam.

죽음은 승리에 삼켜진다.[46)]

종교적 명상은 우리를 철학적 추론으로 이끌었고, 철학적 추론은 우리를 다시금 종교적 관념으로 되돌려 놓았습니다. 이제 철학적 관점으로 돌아가 보겠습니다. 아직 우리는 그것을 모두 다 소진해 버린 것은 아니니까요. 순수한 이성적 시각에 비추어 종교적 문제를 고려하고자 할 때 우리는 그저 종교적 질문으로 철학적 질문을 보완할 뿐입니다. 더욱이 아무리 믿음이 강하다 할지라도 이

---

46) 〈제3서한〉의 에피그래프로 사용된 '죽음은 승리에 삼켜진다'는 말은 사도 바울이 고린도에 보낸 첫 번째 편지에서 빌려 온 것이다. 〈고린도전서〉 15장 54절의 전체 내용은 다음과 같다. "이 썩을 것이 썩지 아니함을 입고 이 죽을 것이 죽지 아니함을 입을 때에는 사망을 삼키고 이기리라고 기록된 말씀이 이루어지리라." 〈이사야〉에서도 이런 내용이 나타난다. 〈이사야〉 25장 8절의 전체 내용은 다음과 같다. "사망을 영원히 멸하실 것이라, 주 여호와께서 모든 얼굴에서 눈물을 씻기시며 자기 백성의 수치를 온 천하에서 제하시리라, 여호와께서 이같이 말하셨느니라."

성은 반드시 자체적으로 가지고 있는 힘에 의지할 줄 알아야 합니다. 믿음이 필요할 때 기필코 그 합리적인 증거를 충분히 확보해야만 하는 영혼들이 있습니다. 저는 당신이 정확히 이 범주에 속한다고 생각합니다. 당신은 교과서적인 철학과 너무 많이 친숙합니다. 당신의 믿음은 너무 최근에 생겼습니다. 당신의 습관은 순박한 경건함이 스스로 성장하고 스스로 만족스럽게 되는 폐쇄된 내적 삶에서 너무 멀리 벗어나 있습니다. 그래서 당신은 하나의 감정으로 인도될 수 없습니다. 당신의 심장은 이성 없이는 뛸 수 없습니다. 사실 감정에는 수많은 성찰이 숨겨져 있습니다. 가슴에는 의심의 여지 없이 커다란 힘이 담겨 있습니다. 그러나 감정은 우리에게 일시적으로만 작용합니다. 감정이 불러일으킨 흥분은 항구적으로 계속될 수 없습니다. 오히려 우리가 추론하여 얻은 것들이 매일 매시간 우리와 함께 있습니다. 생각으로 얻어 낸 관념은 우리의 영적 상태가 어떠하든 결코 우리를 떠나지 않습니다. 그러나 감각으로 느껴진 관념은 매시간 우리로부터 빠져나가려 하고 변하려 합니다. 모든 것은 우리의 심장을 뛰게 하는 힘에 달려 있습니다. 게다가 우리가 원한다고 그 마음이 우리에게 주어지는 것은 아닙니다. 우리는 우리 안에 내재되어 있는 것과 반드시 조화를 이루어야 하듯이, 우리 스스로는 자신의 이성을 항상 인지하고 있습니다.

종교 생활에 경도되는 것은 본성적이라고 당신은 확신하고 있습니다. 저도 이것에 대해 종종 생각하지만, 제가 보기에 당신이 실수하신 것 같습니다. 당신은 상황이 만들어 내는 모호한 감정, 상상이 만들어 내는 몽환적인 변덕을 본성적 필요성이라고 착각합니다. 아니요, 그렇지 않습니다. 인생에서 발견하는 진정한 소명에 자신을 바치는 것은 그런 불안한 열망 때문이 아닙니다. 인생에서 소명을 발견할 때면 사람들은 그것을 확고하고 단호하며 침착하고 분명하게 받아들입니다. 물론 자신을 변화시키는 것이 가능하고 심지어 필요하기도 합니다. 기독교인에게 이러한 가능성에 대한 확신과 이 의무에 대한 인식은 믿음의 대상이며 희망 가운데 가장 중요한 것입니다. 기독교의 가르침은, 가능하며 꼭 필요한 것이기도 한, 우리 존재를 다시 태어나게 하는 부활의 원칙에 전적으로 의존합니다. 그리고 이 방향으로 우리의 모든 노력이 맞춰져야 합니다. 그러나 우리 안에 있는 옛 본성이 사라지고 그리스도께서 만드신 새사람이 우리 안에 태어나고 있음을 아직 느끼지 못한다면, 우리는 이 원하는 변화를 앞당기기 위한 모든 수단을 이용해야만 합니다. 우리가 가진 힘을 모두 그 방향으로 기울이지 않는다면 변화는 도래할 수 없을 것입니다.

게다가 당신도 아시다시피, 우리는 여기에서 철학의 전체 영역을 탐구할 의도는 없습니다. 우리의 임무는 더 겸손합니다. 철학에 담겨 있는 것이 아니라 철학 안에 없는 것을 찾고자 합니다. 이것이 우리의 능력을 벗어나지 않는 일이기를 바랍니다. 종교인에게는 이것이 인간의 지식을 이해하고 활용하는 유일한 방법입니다. 그러나 동시에 지식의 본질도 이해해야 하며, 우리가 가진 믿음의 관점에서 지식 안에 담긴 모든 것을 파악할 수 있어야 하고 어떤 것도 빠뜨려서는 안 됩니다.

몽테뉴는 이렇게 말했습니다. "복종은 천상의 우월함과 선한 주재자를 인식하는 이성적인 영혼의 고유한 본분이다."[47] 당신도 아시다시피, 그는 믿음의 지식인으로는 간주되지 않습니다. 그렇다면 이번에는 이 회의론자의 생각을 우리 텍스트에 담아 보도록 하겠습니다. 때로는 적 진영에서 아군을 모집하는 것도 좋은 방법입니다. 이것은 맞은편의 힘을 약하게 만드는 적절한 방법이 되기도 합니다.

우선 복종하는 이성(разум подчиненного) 이외에 다

---

47) 차다예프 전집 편집자들의 주석에 따르면, 이 부분의 내용을 차다예프는 "하늘의 통치자와 정복자를 인정하는 합리적인 영혼의 참된 의무는 순종이다"라는 몽테뉴의 《수상록》 제2권 12장에서 인용했다.

른 이성은 없습니다. 이것은 의심의 여지가 없습니다. 그러나 이것이 전부는 아닙니다. 인간을 보세요. 인간은 자신이 복종할 수 있는 것을 찾으려고 하고 있죠. 평생 말입니다. 먼저 그는 자신의 외부에서 일어나는 움직임을 결정하는 힘과 다른, 자신이 인식한, 자기 내부 안에 있는 힘을 발견합니다. 그는 내면의 삶을 감지합니다. 동시에 그는 이 내적 힘이 무한하지 않다는 느낌을 경험합니다. 그는 자신의 무의미함을 감지합니다. 그 후 그는 자신의 외부에 존재하는 힘이 자신을 지배하고 있으며, 그것에 자신을 종속시켜야 하고, 여기에 삶 전체가 놓여 있음을 감지합니다. 이성을 사용하게 된 순간부터 두 가지 힘, 즉 하나는 내적인 불완전한 힘이고 다른 하나는 외적인 완전한 힘이 존재한다는 개념이 저절로 사람의 의식에 스며듭니다. 그런데 이 두 개념은 우리의 감각으로 전달되거나 다른 사람과의 의사소통을 통해 전해지는 것과 같이 분명하고 정확한 모습으로 우리에게 전달되지 않습니다. 선, 의무, 덕, 법에 대한 우리의 관념과 이들의 대립항에 대한 관념은 우리의 일시적인 본성, 다시 말해서 우리의 변덕스러운 의지가 보여 주는 흥분이나 우리의 불안한 욕망이 추구하는 매혹당함과는 아무런 관계가 없는 그 어떤 것에 복종해야 할 필요성을 우리가 느낄 때만 생겨납니다. 우리의 전체 활동은 사물의 일반적인 질서, 즉 의존의 질서에 우리가 들어가 있도록 요구하는 힘의 현현일 뿐입니다. 우리가 이 힘을 묵인하든 반대하든 그것은 중요하지 않습니다. 우리는 영원히 그 지배 아래 있습니다. 그러므로 우리가 할 수 있는 것은 그 힘이 우리에게 미치는 영향력이 대체 얼마나 되는지 되도록 정확하게 가늠해 보려는 노력뿐입니다. 만약 우리가 그것을 알게 된다면 차분한 믿음으로 그 힘에 굴복합니다. 우리가 알지도 못하는 사이에 우리에게 영향력을 행사하는 그 힘은 결코 실수라는 것을 모릅니다. 그 힘은 자기가 미리 정해 놓은 운명 쪽으로 만물을 움직여 갑니다. 그렇다면 인생의 가장 근본적인 질문은 다음 한 가지로 귀결됩니다. 지극히 높은 최상의 힘이 우리 존재에 미치는 작용을 어떻게 확인할 수 있는 것인가?

이런 식으로 우리는 영적, 정신적 세계의 근본 원리를 이해합니다. 그리고 이 원리는 물리적 세계의 근본 원리와 전적으로 일치합니다. 그런데 물리적 세계의 근본 원리가 모든 것들이 필연적으로 따라야 하는 저항할 수 없는 힘처럼 여겨진다면, 영적 세계의 근본 원리는 우리 자신의 힘과 결합하여 작용하는 힘이자 우리 힘에 의해 어느 정도 모습이 변화될 수 있는 힘에 불과한 것으로 여겨집니다. 이것이 우리의 인위적 이성이 세상에 부과한 논리적 접근 방식입니다. 그러나 태초에 우리에게 주어진 세계 이성의 일부를 우리가 의도적으로 대체한 이 인위적 이성, 우리 눈에 대상을 왜곡하여 보여 주고 실제와는 전혀 다르게 그것을 보도록 강요하는 이 악한 이성은 자유보다는 복종이 우선한다는 점과 우리가 만든 법칙이 세계의 보편적 법칙에 종속된다는 점을 우리가 인식하지 못하도록 만들기 위해 사물의 절대적 질서를 모호하게 하지는 않습니다. 그러므로 이 이성은 자유를 주어진 현실로 받아들이는 것을 방해하지 않으며, 종속을 물질적 질서의 참된 현실인 것과 마찬가지로 정신적 질서의 참된 현실로 인정하는 것을 방해하지 않습니다. 따라서 마음의 모든 능력, 지식의 모든 수단은 그 겸손함에서만 나올 수 있습니다. 이성이 스스로를 복종시키면 복종시킬수록 그것은 점점 더 강해집니다. 인간의 이성 앞에 오직 하나의 문제만이 제기됩니다. 그것은 '복종해야 할 대상을 아는 것'입니다. 모든 지적, 도덕적 활동에 대한 이 최고 규칙을 파괴하자마자 우리는 독단적 추론과 의지의 죄에 빠지게 됩니다. 진정한 철학의 사명은 먼저 이 명제를 증명하고 다음에는 우리 삶을 인도할 빛이 어디에서 오는지 보여 주는 데에 있습니다.

예를 들어 이성은 자신의 활동 가운데 어떤 것에서도 수학적 계산의 수준까지 올라가지 않는데 왜 그렇습니까? 수학적 계산이란 무엇입니까? 그것은 지적 활동이자 이성의 기계적인 작업으로서 그 안에 판단의 의지가 들어설 자리는 없습니다. 그렇다면 수학에 담긴 이 엄청난 분석력은 어디에서 오는 것일까요? 대답은 주어진 법칙에 완전히 종속되어 이성이 작동한다는 데 있습니다. 물리학의 관찰이 우리에게 많은 것을 제공하는 이유는 무엇입니까? 왜냐하면 그것은 인간 이성의 자연적 경향을 극복하기 때문이며, 습관적인 사고방식과 정반대되는 방향을 인간 이성에 제공하기 때문입니다. 그것은 자연과의 관계에서 이성을 내재된 겸손한 위치에 둡니다.[48] '자연철학'은 어떤 방식으로 그 높은 신뢰성을 얻었을까요?[49] 이성을 완전히 수동적이고 완전히 부정적인 활동으로 축소했기 때문입니다. 마지막으로 자연철학에 그토록 엄청난 수행 능력을 부여하는 찬란한 논리는 어떻게 작동하는 것일까요? 자연철학의 논리는 이성을 구속하고, 보편적인 복종의 멍에 아래로 이성을 끌고 가며, 자연철학의 연구 대상인 자연 그 자체만큼이나 맹목적이고 복종적으로 만듭니다. 베이컨

48) (지은이 주) 왜 고대인들은 관찰에 실패했던 것일까요? 그들은 기독교인이 아니었기 때문입니다.

49) 차다예프 전집의 편집자들에 따르면, 차다예프가 《철학 서한》에서 '자연철학'이라는 용어에 어떤 중요성을 부여했는지는 모호하다. 그의 서재에는 전기, 자기, 고생물학 등 자연철학에 관한 책이 무작위적으로 소장되어 있었다.

은 이렇게 말했습니다. "자연을 지배하기 위해 인간에게 열려 있는 유일한 길은 천국으로 인도하는 바로 그 길이다. 당신은 어린아이의 겸손한 모습으로만 그곳에 들어갈 수 있다."[50)]

게다가 이성이 스스로에게 가하는 제약이 아니라면 대체 논리적 분석이란 무엇입니까? 이성에게 의지를 주어 이성이 스스로 하도록 놔두십시오. 그러면 그것은 하나의 종합으로 작용할 것입니다. 우리는 특별한 노력을 기울여야만 분석의 길을 갈 수 있습니다. 우리는 항상 자연스러운 길, 종합의 길로 되돌아갑니다.[51)] 종합으로부터 인간

---

50) (지은이 주) 《신기관》 68장을 참조하시오.

51) 차다예프 전집의 편집자들은 차다예프가 분석과 귀납, 종합과 추론을 연결하면서 분석과 종합의 개념을 다소 독특한 의미로 사용했다고 주석에서 밝히고 있다. 그런데 어느 부분이 독특한 것인지에 대한 치밀한 언급은 없다. 보통, 분석은 복잡한 것을 단순 요소로 나누어 이해하는 사고 과정이고, 종합은 그 요소들을 결합하여 전체적 통일성을 재구성하는 사고 과정을 지시한다고 이해하는 것이 일반적이다. 그런데 차다예프는 종합을 이성이 제멋대로 사고를 전개하는 자연스러운 본능적 활동으로 이해(순수한 직관 곧 종합의 원리)하고, 분석은 자기 의지를 억제하고 법칙에 복종하는 행위(복종의 과정 곧 분석의 과정)이라고 이해한다. 그러니까 분석과 종합의 개념을 '논리적 과정'과 연결하는 것이 지금까지 통상적이었다면, 차다예프에게 분석과 종합의 개념은 '보편적 도덕률과의 관계-윤리적 관점' 속에서 이해된다. 그리고 분석에서 종합으로 나아가는 것이 통상적인 인식 과정이었다면, 차

의 이성이 시작했습니다. 다시 말해서 종합은 고대 학문의 고유한 특징입니다. 그러나 아무리 자연스럽고 합법칙적인 종합이 분석보다 훨씬 더 법칙에 부합하는 것처럼 보인다 할지라도, 생각의 활동을 가장 잘 드러내는 것은 복종의 과정, 즉 분석의 과정입니다. 반면에 문제를 좀 더 자세히 살펴보면 자연과학에서 가장 위대한 발견은 완전히 마음에서 우러나오는 순수한 직관, 즉 종합의 원리에서 비롯된 것임을 알게 됩니다. 그러나 직관이 그 본질상 인간 이성의 특성을 형성하며, 인간 이성이 가진 가장 활동적인 무기 중 하나라고 하지만 우리가 다른 기능에 대해 그러하듯이 직관을 완벽하게 계산한다는 것은 불가능하다는 점에 유의하십시오. 요점은 우리가 다른 능력들처럼 그렇게 단순하고 순수하게 직관을 소유하지 못한다는 것입니다. 직관은 우리 안에 있는 최고의 이성을 반영하기 위해서 주어진 것이므로 직관에는 최고의 이성에 속하는 뭔가 다른 점이 있습니다. 이것이 바로 우리가 가장 뛰어난 통찰을

다예프는 도덕적 위계성을 적용하여 분석을 종합보다 위에 둔다. 차다예프의 견해에 따르면, 인간의 인식은 제멋대로 작용하는 이성의 자유로운 활동인 종합에서 시작했으나 분석, 곧 복종을 통해 사고-생각의 활동이 가장 잘 드러난다. 다시 말해서 참된 인식은 복종-분석을 통해서만 드러난다.

직관에 빚지고 있는 이유입니다.

이런 식으로 인간의 이성은 순전히 자신의 내적인 힘으로 가장 긍정적인 지식을 얻을 수 없으므로 끊임없이 외부로 향한다는 것은 자명합니다. 우리의 이성적 능력의 참된 토대는 도덕적 자기 부정과 동일한 성격의, 바로 그 법칙에서 비롯된 일종의 '논리적 자기 부정(логическое самоотречение)'에 다름 아닙니다.

게다가 자연은 경험과 관찰의 질료일 뿐만 아니라 사유의 본보기입니다. 모든 자연 현상은 대전제, 소전제 그리고 결론으로 이루어진 하나의 삼단논법입니다. 따라서 자연 자체가 인간의 정신에 그것을 인식하는 방법을 스스로 가르쳐 줍니다. 그러므로 우리의 이성은 우리 눈앞에 있는 사물이 움직일 때 드러나는 법칙에 복종합니다. 이런 식으로 고대 스토아학파가 찬란한 예감으로 자연을 모방하는 것에 대해, 자연에 복종하는 것에 대해, 자연과 하나 되는 것에 대해 이야기할 때, 그들은 우리처럼 세계를 부분으로 분할하지 않았으며, 우리보다 더 가까이 만물의 근원에 자리를 잡고서, 정신적 본성의 근본 원리를, 다시 말해서 어떤 힘도 인간 자신의 힘에 의해 창조되지 않았다는 것을 소리 높여 선언했을 뿐이었습니다.

행동하도록 우리를 자극하는 원리가 자기 자신의 선(善)에 대한 열망과 다르지 않다는 것과 관련하여, 이 선의 개념이 우리 이성의 조작일 뿐이라면 인류는 어디에 이르렀을까요? 어느 시대, 어떤 사람들도 선에 대한 각자 자신들만의 고유한 개념을 가지게 되었을 것입니다. 만약 인간의 가슴속에 모든 시대와 모든 민중에 공통적인, 따라서 인간에 의해 창조되지 않은 보편적인 선에 대한 개념이 부재하다면, 일반적으로 인류가 어떻게 무한한 진보로 전진할 수 있겠습니까? 우리의 행동은 어디에서 도덕성을 얻습니까? 그 절박한 느낌이 우리로 하여금 법을 따르게 하고 진리를 존중하게 만드는 것 아닙니까? 그러나 법은 우리에게서 나온 것이 아니기에 법입니다. 진리는 그것이 우리가 고안한 것이 아니기에 진리입니다. 우리가 때로는 당위에서 벗어난 행위 규칙을 세우기도 하지만, 그것은 우리의 성향이 우리의 판단에 미치는 영향을 제거할 수 없을 때 발생합니다. 이 경우 우리의 성향이 우리에게 법을 명령하고, 우리는 그것을 보편적인 세계 법칙인 양 착각하여 복종합니다. 물론 어떤 사람들은 마치 아무런 노력도 들이지 않고 도덕의 모든 명령과 일치하는 듯 보이기도 합니다. 우리가 역사 속에서 경탄하는 몇몇 탁월한 인물들이 바로 그러합니다. 그러나 이 선택된 영혼들에게 의무감은 사유를 통해서가 아니라, 인간의 의식 너머에서 작동하는 신비로운 충동들을 통해 형성됩니다. 그 충동들은 우리가 찾지 않아도 삶 속에서 발견되는 위대한 가르침들이며, 그것은 개인적 사유보다 훨씬 강력한 것으로, 모든 인간에게 공통된 사유의 일부입니다. 때로 인간의 정신은 본보기의 힘, 우연한 계기, 유리한 환경의 조화에 의해 자기 자신을 넘어서는 어떤 상태로 들어서기도 합니다. 이 모든 것은 세기의 흐름이 남긴 살아 있는 교훈들이며, 그 교훈들은 알 수 없는 법칙에 따라 어떤 개인들에게 기이하게 부여됩니다. 세속적 심리학이 이러한 신비한 정신의 원동력을 이해하지 못한다면 더 깊은 심리학, 즉 인류 사상의 유전(наследственность)을 정신적 본성의 근원으로 보는 심리학은 그 속에서 문제의 해결을 대부분 발견합니다.[52] 그러므로 미덕의 영웅심이나 천재의 영감이 비록 개별 인간의 사고로부터 연유한 것이 아니라 하더라도 그것들은 모두 지난 세기의 사고의 열매들입니다. 우리가 그것에 대해 생각했는지 아닌지는 중요하지 않습니다. 누군가 우리가 지상에 오기 전에 이미 우리 대신에 생각해 왔던 것입니다. 아무리 자발적이고 독립적이라 할지라도 모든 도덕적 행동의 기저에는 항상 의무감, 다시 말해서 복종이 자리하고 있습니다.

---

52) 인식의 연속성이 세계 인식의 총체를 함께 구성해 간다는 생각은 이후 차다예프의 여러 글에서 점차 발전해 간다. 전통과 교육, 그리고 진보와 인류 보편적 역사 개념은 유기적으로 결합된다.

이제 인간이 자신의 자유를 완전히 상실할 정도로 자신의 복종을 밀어붙일 수 있다면 어떤 일이 일어날지 보도록 하죠. 방금 말한 것에서 볼 때, 이것이 인간 완전성의 최고 단계임은 분명합니다. 그의 모든 영적 움직임은 지상의 다른 모든 움직임을 불러일으키는 바로 그 최초의 토대에 의해 생성되기 때문입니다. 그렇다면 자연과 분리된 그의 현재 상황은 소멸하고 그는 자연과 합쳐질 것입니다. 지금 인간을 우주 질서로부터 분리하는 것은 자신의 자유를 의식하기, 곧 나 자신의 의지(собственная воля)라는 감정입니다. 그러나 만약 그 의식이 사라진다면, 그 안에는 세계의 의지(мировая воля), 다시 말해 우주 전체에 대한 깊은 내적 일체감, 세계 질서 속에서 자신의 실제적 참여에 대한 의식이 깨어날 것입니다. 지금 인간은 자신을 고립시키는 개인적 자아, 자기만의 원리, 자신만의 관념에 사로잡혀 있으며, 그로 인해 모든 사물은 흐릿하고 왜곡되어 보입니다. 그러나 이것은 인간 본성의 필연적 조건이 아니라, 단지 그가 보편적 자연으로부터 폭력적으로 소외된 결과일 뿐입니다. 따라서 만약 인간이 이 파괴적인 '자기(пагубное 'Я')'를 벗어던질 수 있다면, 그는 다시금 보편적 이념, 포괄적 인격, 그리고 순수 이성이 세계 전체와 맺는 원초적 연관의 힘을 되찾지 않겠습니까? 그리고 그때도 과연 그는 모든 것을 오직 자신에게만 관련되도록 강요하고 자신의 인위적 이성의 프리즘을 통해서만 세상을 바라보도록 강요하는, 하찮고 비참한 삶을 살아가는 존재로 여전히 자신을 인식하고 있을까요? 당연히 그렇지 않을 것입니다. 그는 무(無)로부터 사람을 불러내 주셨던 바로 그날 하느님께서 인간에게 주신 삶을 살기 시작할 것입니다. 이 잃어버린 본래적 생명을 다시금 되찾는 것이야말로 우리 능력을 가장 긴장시켜야 할 목적입니다. 한 위대한 천재[53]는 언젠가 인간에게 더 나은 삶에 대한 기억이 있다고 말한 적이 있습니다. 그러나 여기에 그가 말하지 않았던 것, 반드시 말했어야 했던 것이 있습니다. 이 빛나는 천재도, 인간 사고의 또 다른 발전 시기에 있던 어떤 천재도 결코 넘을 수 없었던 한계가 여기에 놓여 있는 것입니다. 그것은 잃어버렸던 그토록 아름다운 존재를 우리가 다시금 얻을 수 있다는 것이며, 그 일이 전적으로 우리에게 달려 있다는 것이고, 우리를 둘러싼 세계로부터

---

53) 여기서는 플라톤을 가리킨다. 이어진 구절을 통해서 확인해 볼 수 있다. 플라톤은 현실 너머의 이데아를 추구한다. 현실은 이데아의 그림자에 불과하다는 것이다. 그런데 차다예프는 "우리를 둘러싼 세계로부터 벗어날 필요가 없다"라고 주창한다. 현실은 신의 섭리로 설계된 것이므로 현실을 통해 신을 인지할 수 있으며, 그렇게 되도록 설계되어 있고, 이성은 이 설계에 기꺼이 자유의지로 복종함으로써 신이 마련해 놓은 진리를 인지하게 된다.

벗어날 필요도 없다는 것입니다.

시간과 공간은 지금도 그러하듯이 인간 삶의 한계입니다. 그러나 무엇보다도, 숨 막히는 시간의 포옹에서 제가 탈출하는 것을 누가 막을 수 있겠습니까? 시간의 개념 자체를 저는 어디에서 가져오는 것일까요? 과거 사건에 대한 기억으로부터 가져오는 것이겠지요. 그렇다면 기억이란 무엇입니까? 그것은 의지의 행위에 불과합니다. 이것은 우리가 기억하고 싶은 것만 기억한다는 사실에서 분명해집니다. 그렇지 않으면 평생에 걸쳐 변해 가는 일련의 사건 전체가 기억 속에 항구적으로 남아 머릿속에서 중단없이 붐벼 댈 것입니다. 그러나 반대로 제가 제 생각에 완전히 자유를 주는 바로 그 순간에도, 저는 현재 제 영혼의 상태, 저를 흥분시키는 감정, 저를 사로잡는 생각과 일치하는 기억만을 받아들입니다. 우리는 미래의 형상을 만들듯이 과거의 형상을 만듭니다. 제가 원한다면 제 앞에 떠돌아다니는 미래의 흔들리는 환영을 파괴할 수 있는 것처럼 제 뒤에 꼼짝 않고 서 있는 과거의 유령을 제가 던져 버리는 것을 방해하는 것은 무엇입니까? 과거와 미래 중간에 있는 현재라 표현되는 순간, 제가 그것을 표현하는 단어를 발음하는 바로 그 순간에 이미 존재하지 않을 정도로 짧디짧은 순간으로부터 제가 벗어나지 못하게 하는 것은 무엇입니까? 우리는 모든 시간을 스스로 창조합니다. 거기에 의심은 있을 수 없습니다. 신은 시간을 창조하지 않으셨습니다. 신께서는 사람이 그것을 만들 수 있도록 허용했을 뿐입니다. 하지만 그렇다면 시간은 어디에 존재하는 것일까요? 저를 그토록 잔혹하게 지배하고 짓누르는 이 가상의 시간적 현실을 완전히 소멸할 수는 없는 것일까요? 저라는 존재에 더 이상 제한은 없습니다. 무한함을 보는 것에도 더 이상 장애물은 없습니다. 저의 시선은 영원 속으로 빠져듭니다. 지평선은 사라졌습니다. 하늘의 천궁은 저의 두 눈 앞에 펼쳐진 광대한 평야의 끝에서 땅에 더 이상 고정되어 있지 않습니다. 저는 이 무한한 연속성 안에 있는 자신을 봅니다. 저는 하루나 시간 또는 흘러가는 순간으로 나누어지지 않습니다. 저는 움직임도 없고 변화도 없으며, 모든 개별자가 서로가 서로를 잃어버리는 곳, 한마디로 모든 것이 영원히 존재하는 곳, 그 영원한 하나의 연속성 안에 있습니다. 우리의 지성은 지성이 스스로 만들어 낸 족쇄를 푸는 데 성공할 때마다, 시간의 속성을 지금 존재하는 시간과 동일한 것으로 이해합니다. 왜 우리의 지성은 진자의 단조로운 흔들림으로 측정되는 사물의 즉각적인 변화를 넘어서기 위해 중단 없이 노력하는 것일까요? 왜 우리의 지성은 시계의 치명적인 타격음도 들리지 않는 다른 세계로 끊임없이 뛰어드는 것일까요? 핵심은 무한성이 생각을 위한 자연의 덮개가 되어 준다는 것입니다. 무한성은 유일무이한 시간이자 참된 시간입니다. 다른 시간은 단순히 우리가 우리에게 만들어 준 것입니다. 우리가 무엇을 위해 그랬는지는 저도 모릅니다.

이제 공간에 주의를 기울여 보죠. 우리는 모두 공간 안에 사유가 거주하지 않는다는 것을 익히 알고 있습니다. 사유는 세계를 느낄 수 있는 여러 조건을 논리적으로 설정하지만, 사유 자체는 세계 안에 거주하지 않습니다. 결과적으로 공간에 대해 어떤 실제가 부여되었든, 공간은 단지 사유 바깥에 존재하는 사실일 뿐이며, 사유의 본질과는 어떤 공통점도 없습니다. 그것은 외부 세계가 우리 앞에 나타나는 하나의 형식, 불가피한 형식일 뿐입니다. 따라서 공간은 지금 우리가 이야기하고 있는 새로운 존재로 가는 길에 시간보다 훨씬 더 적은 장애가 되는 것입니다.

여기에 인간이 추구해야 하는 고귀한 삶이 있습니다. 그것은 완전함의 삶이고, 확실성의 삶이며, 명료함의 삶이고, 무한한 앎의 삶입니다. 그러나 무엇보다도 그것은 완전한 복종의 삶인 것입니다. 그것은 인간이 한때 소유한 삶이며 미래에도 인간에게 약속된 삶입니다. 당신은 이것이 어떤 삶인지 아시겠습니까? 이것은 천국입니다. 다른 것은 있을 수 없습니다. 이미 우리는 지금이라도 천국에 들어갈 수 있습니다. 그것에 대해서는 의심의 여지가 없습니다. 그것은 주어진 조건 속에서 우리의 본성을 완전히 개조하는 것, 이성적 존재가 취할 수 있는 노력의 마지막 지점, 세상에서 정신이 추구하는 최종 운명입니다. 저는 우리 각자가 이 영역 안으로 들어가도록 부름을 받았는지, 영광스러운 최종 목표를 달성할 수 있는지는 모릅니다. 하지만 저는 우리의 본성과 온 세상의 본성이 완벽하게 합일하는 것이 우리의 진보가 지향하는 마지막 지점이라는 것은 알고 있습니다. 왜냐하면 그래야만 우리의 지성이 충만한 완성으로 나아갈 수 있을 것이기 때문입니다. 이것이 최고 이성의 참된 표현입니다.[54)]

[그러나 우리가 아직 순례의 끝에 도달하지 않은 상태에서, 우리의 존재와 우주적 존재의 위대한 융합이 아직 완성되지 않는 상태에서, 우리는 적어도 지적 세계에 녹아들 수는 있지 않겠습니까? 우리와 유사한 존재들과 우리를 동일시하는 것은 어느 정도 우리의 능력 안에 있는 것 아닙니까? 우리는 그 존재들의 필요와 관심을 우리 것으

---

54) (지은이 주) 여기서 두 가지를 주목해야 합니다. 첫째, 우리가 말하고자 한 것은 이 삶 안에 천국 전체가 다 포함되어 있다는 뜻이 아니라는 점입니다. 이 삶 속에 천국이 단지 시작되고 있을 뿐이죠. 왜냐하면 죽음이 구세주에게 패배한 날 이후로 죽음은 더는 존재하지 않기 때문입니다. 둘째, 여기서 말하는 것은 시간과 공간 속에서의 물질적 결합이 아니라, 관념과 원칙 속에서의 결합입니다.

로 만들 수 있고 그들의 감정에 적응할 수 있으므로, 결국 우리는 그들을 위해서만 살 수 있고, 그들을 통해서만 느낄 수 있는 것 아닙니까? 이것은 의심이 여지 없이 확실합니다. 우리 주위에 일어나는 일과 결합하려는 우리의 능력을 뭐라 부르든 상관없습니다. 연민이라 부를 수도 있고, 사랑이라 부를 수도 있으며, 공감이라 부를 수도 있습니다. 그러나 분명한 것은 그 능력이 우리의 본성에 내재되어 있다는 것입니다. 우리는 원한다면 도덕적 세계와 그토록 깊게 연결될 수 있습니다. 그 결과 그 안에서 일어나고 있는 모든 일과 우리도 잘 알고 있는 모든 사건을 마치 우리에게 일어나고 있는 일처럼 경험할 수 있습니다. 더 나아가 세계적인 사건들이 실제로 우리를 크게 신경 쓰지 않는다 하더라도 타인의 일에 대한 단 하나의 깊은 생각, 즉 인류 전체와 실제로 연결되어 있다는 내적 의식만으로도 우리의 마음은 인류 전체의 운명과 함께 더욱 강하게 뛰게 됩니다. 그리고 우리의 모든 생각과 행동은 모든 사람의 생각과 행동과 하나로 어우러진 조화로운 전체를 이루게 됩니다. 우리의 본성이 가진 이러한 경이로운 특성을 계발하고 정신 속에서 그것을 점점 더 발전시키면, 앞에 놓여 있는 노정의 나머지 부분이 온전히 드러날 수 있는 높이까지 우리는 이를 수 있습니다. 그리고 한 번 이 높이에 도달하여 그들의 상승이 시작된 지점으로 다시 내려가지 않고 이 높은 수준을 유지하는 필멸자(必滅者)들에게 축복을! 그때까지 우리의 전 존재는 삶과 죽음 사이의 끊임없는 흔들림, 긴 고뇌에 불과할 것입니다. 그때부터 참된 삶이 시작됩니다. 그 시간부터 진리와 선의 길을 따라 걷는 것은 전적으로 우리에게 달린 일이 됩니다. 왜냐하면 이 순간부터 영적 세계의 법칙은 더는 우리에게 꿰뚫어 볼 수 없는 신비가 아닐 것이기 때문입니다.][55]

그런데 우리 주변에서 삶은 그런 식으로 흘러가나요? 전혀 그렇지 않습니다. 이 영적 본성의 법칙은 삶에서 아주 늦게 밝혀지고 또 모호합니다. 그러나 당신도 아시다시피, 물리 법칙처럼 그렇게 명료하게 알아낼 필요는 없습니다. 우리에게 허용된 것은 이 지식이 우리의 지적인 시선 앞에 모습을 드러낼 때 이를 이해하기 위해 영혼을 열어 두는 것뿐입니다. 일상적인 삶의 과정에서, 우리의 정신이 마주하는 세속의 걱정 속에서, 습관적으로 반복되는 영혼의 졸음에서 도덕 법칙은 물리 법칙보다 훨씬 더 흐릿하게 보입니다. 사실 그것은 아무 거리낌 없이 우리를 다스리고 우리의 행동 하나하나와 우리 이성의 모든 움직임

55) 몇몇 판본에는 대괄호 안의 내용이 삭제된 경우도 있다.

을 결정합니다. 그리고 동시에 놀라운 조합을 통해, 끊임없이 이어지는 기적을 통해, 우리 안에 우리 자신의 활동에 대한 인식을 보존하면서 도덕 법칙은 우리가 하는 모든 일, 심장의 박동, 간신히 우리의 이성에 와 닿는 심지어 덧없는 생각에 대해서도 무서운 책임을 우리에게 부과합니다. 그런데도 도덕 법칙은 깊은 그림자 속에 숨어 우리가 가진 인지 능력을 피해갑니다. 그러면 어떤 일이 생길까요? 인간은 자신이 무의식적으로 사용하는 도구인 참된 추진력을 알지도 못하면서 자신을 위해 자신만의 법칙을 만듭니다. 인간은 스스로 규정한 이 법칙을 도덕 법칙이라고 부릅니다. 다르게는 지혜, 주권적 선, 단순하게는 법, 또는 다른 무엇인가[56]로 부르기도 합니다. 그리고 자신의 손으로 만든 이 연약한 물건, 마음대로 부술 수 있고 실제로도 매일 매 순간 부수고 있는 물건에 인간은 참된 법칙이라면 반드시 갖게 마련인 긍정성, 절대성, 불변성을 맹목적으로 귀속시킵니다. 인간은 오직 이성의 힘을 빌려 숨겨진 원칙이 불가피하게 필요하다는 점만을 조금은 이해할 수 있을 뿐입니다. 그러나 그 이상은 없습니다.

56) (지은이 주) 고대 철학을 참조하시오.

도덕 법칙은 물리 법칙과 마찬가지로 우리 외부에 존재하고 그것에 대한 우리의 지식과는 아무런 관련이 없습니다. 그럼에도 이 두 법칙 사이에는 본질적인 차이가 있습니다. 셀 수 없이 많은 사람이 자연의 물질적인 동력들에 대해 아무것도 모른 채로 살았고 지금도 살고 있습니다. 하느님은 인간의 이성이 그것들을 스스로 그리고 점진적으로 조금씩 발견하기를 원하셨습니다. 그러나 얼마나 타락했든, 능력이 얼마나 제한적이든, 지적 존재는 자신을 행동하도록 자극하는 원리에 대한 개념을 항상 가지고 있습니다. 숙고하기 위해서는 그리고 사물을 판단하기 위해서는 필연적으로 선과 악에 대한 개념을 가지고 있어야 합니다. 인간에게서 이 개념을 제거하면 그는 숙고하지도 않을 것이며 판단하지도 않을 것입니다. 더는 이성적 존재일 수가 없는 것입니다. 신은 우리가 이 개념 없이는 단 한 순간도 살도록 내버려두실 수 없습니다. 신은 그 개념으로 우리를 창조했습니다. 그리고 우리 영혼에 이해할 수 없는 방식으로 자리 잡은 이 불완전한 관념은 이성적 인간의 본질 전체를 형성합니다. 원래 우리에게 전달된 대로 관념을 태초의 순수한 상태로 복원할 수 있다면 이 관념으로부터 어떤 것을 끌어낼 수 있을지 당신은 보았습니다. 그러나 우리가 우리 자신의 본성 안에서만 우리의 모든 지식의 원리를 탐구하고자 한다면 과연 무엇을 할 수 있는지 반드시 살펴보아야 합니다.

6월 1일,[57] 소콜니키에서.

57) 어떤 판본에서는 1830년이라고 명시되어 있는 경우도 있다.

제4서한

의지는 사고방식과 다르지 않다. 의지가 제한적이든 무제한적이든 간에, 의지는 행동을 강제하는 어떤 원인을 인식해야 한다. 따라서 의지를 자유 원칙이 아니라 조건 원칙으로 간주해야 한다.[58)]

스피노자, 영혼에 대해(De Anima).

우리가 보았듯이, 모든 자연 현상이 삼단논법으로 간주될 수 있습니다. 그러나 마찬가지로 수(數)로도 간주될 수 있습니다. 이때 우리는 세 가지 방식으로 접근할 수 있습니다. 자연을 수로 표현하게 하여, 작용 속에서 그것을 검토합니다. 이것이 관찰입니다. 또는 자연을 추상 속에서 산정합니다. 이것이 계산입니다. 또는 마지막으로 자연에서 발견되는 양(量)을 하나의 단위로 삼아 계산을 수행합니다. 이때 인간은 관찰에 계산을 적용하고 이를 통해 과학을 완성합니다. 이것이 바로 실증적 지식의 전 범

---

58) 차다예프가 모든 행동의 합법성을 단언적으로 표현하는 문장을 에피그래프로 선택했다는 것은 의미심장하다. 이것은 차다예프의 확고한 신념을 보여 준다.

위입니다. 다만 다음을 반드시 명심해야 합니다. 자연 자체 속에 양은 존재하지 않습니다. 만일 양이 자연에 존재한다면 분석적 연역은 창조주의 '명령(Fiat)'[59]과 동등할 것입니다. 왜냐하면 완벽한 확실성은 어떤 것에 의해서도 제한되지 않을 것이고 결과적으로 전지전능할 것이기 때문입니다.[60] 무능함은 곧 오류와 같습니다. 완전한 진리보다 더 높은 것은 없습니다. 실제 크기, 즉 절대 단위는 오직 우리 정신 속에만 존재합니다. 우주에는 오직 수의 외관(числовые видимости)만 있을 뿐입니다. 물질성은 수의 모습으로 우리의 시선에 포착됩니다. 수의 외관은 우리에게 셀 수 있음에 대한 개념을 제공합니다. 이것이 수학적 인식의 기초입니다. 이렇듯 사물의 수적 표현은 본질적으로 우리가 자연으로부터 얻은 자료를 토대로 정신이 구성해 낸 사고의 장치(мыслительный механизм)

---

59) 피아트(Fiat)는 라틴어에서 유래한 용어로, '그렇게 하라'라는 의미의 명령 또는 신의 의지를 뜻한다. 이 개념은 〈창세기〉 1장 3절, "하느님께서 이르시되 빛이 생겨나라(Fiat lux)"에서 비롯되어 하느님이 세상을 창조할 때 내린 절대적 명령을 가리킨다. 여기서 차다예프는 인간의 지식이 경험과 추론에 기반하지만 신적 완전성에는 미치지 못함을 말하고 있다.

60) (지은이 주) 이 경우 산을 움직이는 것은 믿음이 아니라 대수(Algebra)입니다.

입니다. 먼저 이러한 자료들을 우리는 추상의 영역으로 변환하고 그다음에는 크기로 인식합니다. 그리고 마지막으로 우리는 우리가 적절하다고 판단한 대로 처리합니다. 결과적으로 수학적 확실성에도 한계가 있습니다. 이 사실을 잊어버리지 않도록 유의해야 합니다.

자연 현상에 적용할 때 수의 과학(수학)은, 인간의 물질적 필요를 충족시키는 데 충분한 것처럼 경험적 지식을 충족하는 데도 충분합니다. 그러나 추상적 지식에서 수의 과학은 정신이 요구하는 확실성에 정확하게 일치한다고 말해서는 결코 안 됩니다. 기하학자 대부분이 생각하는 것과 같이, 고정되고 불변하는 기하학적 판단은 이성이 결여된 것, 곧 신이 부재한 것(безбожное)입니다. 수학에 완전한 확신이 있다면 수는 실재하는 어떤 것일 테지요. 따라서 피타고라스학파, 카발리스트,[61] 그리고 그들과 유사한 사람들은 수에 다양한 속성을 부여하고 수에서 만물의 기원과 본질을 찾았습니다. 그래서 그들은 수를 실재하는 것이라 이해했던 것입니다. 그들은 철저히 초지일관된 생각을 펼쳤습니다. 그들은 자연을 수의 크기의 조합

---

61) 유대교 밀교인 카발라를 믿는 자를 가리킨다. 유대교 신비주의자들에 의하면 카발라는 모세가 신에게서 받은 술법이었다. 이후 유럽에 유입되어 르네상스 시기 기독교와 융합된다.

으로 생각했으며 다른 어떤 것도 고려하지 않았습니다. 그러나 우리는 자연에서 수 이외의 다른 어떤 것을 봅니다. 우리는 온전한 의식으로 신을 믿습니다. 그러니 우리가 감히 창조주의 손에 컴퍼스를 놓는다는 것은 어리석은 행동을 하는 셈입니다. 우리는 측정과 한계가 같은 것이라는 사실을 잊고 있습니다. 무한은 신성의 첫 번째 속성, 말하자면 모든 신성을 형성하는 속성임을 잊고 있습니다. 그래서 만약 우리가 최고 존재를 기하학자로 만든다면, 우리는 그에게서 그의 영원한 본성을 박탈하고 그를 우리 수준으로 끌어내리는 것이 됩니다. 그런데 우리는 의식하지 못하는 사이에 이교 사상의 영향 아래 놓여 있습니다. 그래서 우리는 그런 오류에 빠지게 된 것입니다. 수가 신적 사유에 포함될 수는 없습니다. 피조물은 하느님으로부터 시냇가의 물처럼 한량없고 끝이 없이 흘러나오기 때문입니다. 인간에게는 자신의 제한된 이성과 하느님의 무한한 이성 사이, 다시 말해서 무한으로 갈라진 그 간극을 이어 줄 접촉점이 필요합니다. 그래서 인간은 신성한 전지전능함을 자신의 본성의 차원으로 가두어 놓고 싶어 합니다. 이것이야말로 인간중심주의(антропоморфизм)입니다. 그것은 단순하고 어리숙한 사람들의 인간적 상상력보다 수천 배는 더 나쁩니다. 어리숙한 사람들은 신과 가까워지기 위해 그렇듯 맹렬하게 노력할 수도 없고, 자신들에게 허용된 이해의 방식과 다른 방식으로는 영적 존재를 상상하지도 못합니다. 그리하여 자신들과 유사한 존재로까지 신성을 격하합니다. 그러나 실제로 보면 철학자들이라고 해서 그들보다 더 나은 것은 없습니다. 이에 대해 잘 알고 있던 위대한 철학자는 이렇게 말했습니다. "그들은 그들 자신과 유사한 이성을 신께 돌린다. 왜 그럴까? 왜냐하면 그들은 본성상 자신의 이성보다 더 나은 것을 알지 못하기 때문이다. 그러나 신의 이성은 모든 것의 원인이고 인간의 이성은 결과일 뿐이다. 그러니 이 두 가지 사이에 어떤 공통점이 있을 수 있겠는가?" 그러고는 이렇게 덧붙였습니다. "하늘에서 빛나고 있는 개 별자리와 거리를 달리는 개의 공통점은 이름뿐이다."[62)]

당신도 보시다시피, 정밀과학의 모든 긍정적인 점은 그들이 연구하는 대상이 수량, 다시 말해서 제한된 대상이라는 사실에서 비롯됩니다. 정신은 이러한 대상을 완전히 파악할 가능성을 가지고 있으므로, 정신은 대상을 이해할 때 자신이 할 수 있는 가장 높은 확실성에 도달하는 것은 당연합니다. 하지만 동시에 이러한 진리들은 우리의 직접적 사유에서 얻어진 것이 아니며, 우리가 우리 자신에게서

62) (지은이 주) 스피노자를 참조하시오.

그것들을 추출하지는 않는다는 것을 당신은 알고 계십니다. 이 진리가 흘러나오는 최초의 관념들은 바깥에서 우리에게 주어진 것입니다. 우리에게 허용된 확실성 가운데 가장 가까이 있다는 이 지식의 실체로부터 비롯되는 논리적 결과들은 다음과 같습니다. 이 지식들은 오직 제한된 어떤 것에만 관련된다는 점입니다. 그것들은 결코 우리 두뇌 속에서 직접 생겨나지 않으며, 우리는 이 개념의 영역에서 언제나 유한한 것에 대해서만 우리의 능력을 발휘합니다. 여기서는 우리가 아무것도 새로 만들어 내지 않습니다. 그렇다면 만약 우리가 이 지식들로부터 얻어 자기 것으로 만든 원칙들을 다른 성질의 지식에 적용하려고 하면 우리는 무엇을 발견하게 될까요? 인식된 대상의 절대적 형식은 그것이 무엇이든지 간에, 필연적으로 어떤 유한한 것의 형태여야만 합니다. 인지 영역에서 그 위치는 우리 외부에 있어야만 합니다. 이것이 확실성의 자연적 조건입니다. 그렇다면 우리는 정신적 영역의 대상과 관련하여 어떤 위치에 있는 것입니까? 무엇보다 심리학과 윤리에 속하는 자료의 한계는 어디까지입니까? 제한은 없습니다. 둘째, 도덕적 행위는 어디에서 일어납니까? 우리 자신 안에서입니다. 그렇다면 유한한 것에 대한 지식의 방법을 정신적 영역에 적용할 수 있을까요? 결코 그럴 수 없습니다. 그렇다면 우리는 어떻게 '명증성(очевидность)'에 이를 수 있을까요? 저로서는 알 수 없습니다.[63] 이 얼마나 단순한 논리입니까. 그런데도 철학은 한 번도 이 지점까지 이르지 못했다는 것이 참으로 이상합니다. 철학은 인간 지식의 두 영역 사이의 이러한 본질적인 차이를 명확히 밝히지 못했습니다. 철학은 항상 유한한 것과 무한한 것, 보이는 것과 보이지 않는 것, 감각으로 감지할 수 있는 것과 할 수 없는 것을 혼동했습니다. 철학이 때때로 이를 구분한다고 이야기하지만, 철학은 물질적 세계처럼 정신적 세계도 인지 가능하다는 점을 단연코 의심하지 않았습니다. 손에 컴퍼스와 자를 들고 정신적 세계를 연구하고, 물질적 크기처럼 정신적 크기도 세어 보고 측량하며, 마치 이성을 지닌 정신적 존재를 대상으로 무생물에게 하듯이 실험을 합니다. 인간의 이성이 얼마나 게으른지 놀라울 뿐입니다! 가장 높은 세계를 명료하게 이해하기 위해 요구되는 노력을 피하려고 인간 이성은 이 세계를 왜곡하고, 자기 자신을 왜곡하고, 마치 아무 일도 없었던 것처럼 제 갈 길을 갑니다. 우리는 왜 인간의 이성이 이런 식으로 작용하는지 알게 될 것입니다.

---

63) 차다예프는 정밀과학에 적용되는 방법으로는 영혼의 본질을 인식하는 것이 불가능하다는 증거를 여러 번 언급했다.

자연과학의 모든 것이 관찰과 실험으로 구성되어 있다고 생각해서는 안 됩니다. 그것들의 뛰어난 방법론의 비밀 중 하나는 실제로 관찰의 대상이 될 수 있는 것만 관찰한다는 것입니다. 당신이 원한다면 이것은 부정적인 원칙이지만 긍정적인 원칙 자체보다 더 강력하고 더 유익해집니다. 새로이 등장한 화학이 거둔 성공은 이 원리 덕분입니다. 이 원리는 일반 물리학으로부터 형이상학을 깨끗하게 걷어 내고 뉴턴 이후로 일반 물리학의 규칙이자 핵심적인 연구 방법이 되었습니다. 그런데 이것은 무엇을 의미합니까? 과학의 완전성과 그 힘은 합법적으로 자기에게 할당된 영역 안에 자기를 완전하게 제한할 수 있는 능력에서 비롯됩니다. 그게 전부입니다. 그리고 실제로 관찰을 위한 절차는 어떻게 됩니까? 천궁에서 빛의 움직임이나 유기체에서 생명력의 움직임을 관찰할 때, 신체를 움직이는 힘을 연구하고 신체를 구성하는 가장 작은 단위인 분자를 추동하는 힘을 살필 때, 화학이나 천문학, 물리학과 생물학을 공부할 때, 우리는 무엇을 합니까? 우리는 이미 일어난 일에서 향후 무슨 일이 일어날지 추론합니다. 자연에서 서로서로 직접적으로 이어진 사실들을 연결하고, 이것으로부터 가장 인접한 결론을 도출하는 것입니다. 그것이 경험적 방법의 필수 과정입니다. 그러나 도덕 질서에서는 사정이 완전히 다릅니다. 그곳에서 어떤 일이 불가피하고 일정한 법칙에 따라 일어난다고 해서, 우리가 물리 세계에서처럼 하나의 사실로부터 다른 사실을 추론하고, 앞선 사실을 근거로 뒤따를 사실을 확실히 예측할 수 있는 경우가 있습니까? 그런 경우는 없습니다. 반대로, 여기에서는 의지의 자유로운 행동들에 의해서만 모든 일이 일어납니다. 행동들 사이의 관련성은 전혀 없고, 변덕스러움을 제외하고는 어떤 다른 법칙도 인정되지 않습니다. 한마디로 말해서, 여기서 모든 것은 인간의 의지와 자유의 행동으로 환원됩니다. 그렇다면 실험적 방법이란 대체 무엇이란 말입니까? 아무것도 아닙니다.

이렇듯 인간이 가장 높은 확실성에 도달할 수 있는 인식의 영역에서, 우리에게 가르침을 주는 것은 바로 인간 이성의 자연스러운 전개 '과정'입니다. 이 지식의 '내용' 그 자체에서 비롯되는 가르침으로 이동해 보도록 하겠습니다.

물론 실증과학(положительные науки)은 항상 연구의 주제였습니다. 그러나 당신도 아시다시피 실증과학이 갑자기 현재의 위치에 오른 지는 겨우 한 세기밖에 되지 않았습니다. 세 가지 발견이 실증과학을 현재의 높이에 이르도록 자극한 원동력입니다. 그것은 각각 데카르트가 창안한 '분석', 베이컨이 창안한 '관찰', 뉴턴이 창안한 '기하학'입니다. 분석은 전적으로 수학적 영역으로 한정되며, 여기 우리의 논의와는 관련이 없습니다. 다만 분석이 도덕과학(윤리학, нравственная наука)에 아무런 근거가 없는 엄격함의 요소를 부가하도록 만들었다는 점, 그리하여 윤리학의 발전을 심각하게 훼손했다는 점만을 지적하고자 합니다. 베이컨이 발견한, 자연과학을 연구하는 새로운 방법은 모든 철학에서 가장 중요합니다. 왜냐하면 이 방법은 오랫동안 현대 사상의 전체 성격을 결정짓는 경험적 경향을 철학에 부여했기 때문입니다. 그러나 현재 연구에서 특히 우리의 관심을 끄는 대상은 모든 육체를 하나의 공통된 중심으로 끌어가는 법칙입니다. 우리는 이 법칙을 다룰 것입니다.

일견하기에 자연의 모든 힘은 만유인력으로 집약되는 것처럼 보입니다. 그러나 이 자연의 힘은 결코 유일무이한 힘이 아닙니다. 바로 이 점 때문에 자연이 종속되는 법칙은 우리에게 매우 심오한 의미를 지닙니다. 만유인력은 그 자체로 세상에 있는 모든 것을 설명할 수 없을뿐더러 일반적으로 아무것도 설명하지 못합니다. 만약 만유인력 그 하나만이 작동한다면 모든 물질은 형태가 없고 불활성인 하나의 덩어리로 변할 것입니다. 자연의 모든 움직임은 움직이는 물체를 서로 반대되는 두 방향으로 나가도록 부추기는 두 가지 힘으로 생성됩니다. 이 진리는 우주의 움직임에서 가장 분명하게 나타납니다. 그러나 천체가 만유인력의 법칙에 종속되고 이 법칙의 작용을 정확하게 계산할 수 있음을 확인한 천문학자들은 세계의 전체 체계를 기하학적 문제로 전환했습니다. 그리고 지금 그들은 일종의 수학적 허구의 힘을 빌려 자연의 보편 법칙 그 자체를 '중력' 또는 '만유인력'으로 받아들입니다. 그러나 또 다른 힘이 있습니다. 그것이 없다면 만유인력은 그 어떤 것도 일으키지 못할 것입니다. 이것은 '초기 충격(Начальный толчок)' 또는 '반발[Отталкивание, 투사(Projection)]'[64] 입니다. 이렇듯 자연을 움직이는 두 개의 힘은 인력과 반발력입니다. 과학이 우리에게 제공한 대로, 이 두 힘의 결합 작용에 대한 명확한 관념에 기초하여 두 세계의 '평행(Параллелизм)'에 대한 모든 가르침이 세워졌습니다. 이제 우리는 이 관념을 이전에 우리가 정신적 영역에서 설정했던 그 두 힘의 결합에 적용하기만 하면 됩니다. 하나는 우리가 인식한 힘으로서 우리의 '자유로운 의지'입니다. 다른 하나는 우리가 인식하지 못한 힘으로서 '우리 밖에 놓여 있는 어떤 힘'이 우리 존재에 작용하는 것입니다. 그 결과가 어떨지 이제 살펴보도록 하죠.[65]

---

64) 차다예프는 프랑스어 판본에서 'Projection'이라는 단어를 사용했는데, 이는 '밀어내다'라는 의미의 '반발'을 가리킬 수도 있고, '던지다'라는 의미의 '투사(вержение)'를 지시할 수도 있다.

인력은 다양하게 발현될 수 있다는 점을 우리는 알고

---

65) (지은이 주) 뉴턴이 발견한 법칙을 감각할 수 있는 물질의 영역에 적용하려는 시도는 탁월하게 진행되고 있으며, 그 수가 매일 증가할 것임은 의심할 여지가 없습니다. 그러나 추의 낙하 법칙은 갈릴레오에 의해 확립되었고, 행성의 운동 법칙은 케플러에 의해 확립되었음을 잊어서는 안 됩니다. 이 두 법칙을 하나로 묶는 행복한 영감만이 뉴턴에게 속해 있는 것이죠. 그러나 이 영광스러운 발견과 관련된 모든 것이 매우 중요합니다. 한 저명한 기하학자가 뉴턴이 자신의 작업에서 사용했던 공식들 가운데 몇몇 공식이 전해지지 않은 것에 대해 매우 안타까워했다는 사실은 놀라운 일이 아닙니다. 물론 과학은 천재의 부적 같은 발견들을 통해 많은 이익을 취할 수 있습니다. 그러나 초자연적인 뉴턴의 천재성과 그의 모든 능력이 오직 그의 수학적 기법에만 담겨 있다고 생각할 수 있을까요? 과연 우리는 이렇게 고양된 정신 안에는 계산하는 능력을 제외한 또 다른 뭔가가 더 있음을 알지 못하는 것일까요? 저는 당신에게 묻습니다. 이런 정도의 생각이 무신론적 정신에서 생겨날 수 있을까요? 이렇게 장엄한 진리가 믿음 없는 자들의 이성을 통해 세상에 주어진 적이 있었던가요? 그리고 뉴턴이 런던을 황폐화한 전염병을 피해 케임브리지로 도피했을 때, 물질성의 법칙이 그의 정신 속에서 번쩍이고 자연을 가리고 있던 베일이 찢어졌을 때, 그의 경건한 영혼에는 오직 수(數)만 있었으리라 생각됩니까? 〈묵시론〉에 대해 논평하는 뉴턴을 생각할 때 안타까움의 쓴웃음을 억누를 수 없는 사람들이 있습니다. 그들은 전 인류의 자부심을 보여 주는 위대한 발견들이, 사람들이 생각하고 싶어 하듯이 오만한 인간이 아니라, 겸손하면서 강한 천재로서의 뉴턴에 의해서만 이루어질 수 있음을 그들은 이해하지 못합니다. 다시 한번 반복합니다. 무신론자는 말할 것도 없고, 종교에 무관심한 사람이, 뉴턴이 했던 것처럼, 과학의 경계를 예정된 것 이상으로 나아가게 한 것을 본 적이 있습니까?

있습니다. 그것은 우리 눈앞에서 끊임없이 모습을 보입니다. 우리는 그것을 측정하고 그것에 대해 완전히 확실한 지식을 가지고 있습니다. 당신도 보시다시피, 이 모든 것은 우리가 우리 자신의 힘에 대해 가지고 있는 생각과 정확하게 상응합니다. 충격과 관련하여 우리가 아는 유일한 것은 '그것이 절대적으로 필요하다는 것'이며, 그리고 바로 그만큼만 우리는 '우리의 영혼에 대한 하느님의 작용'에 관해서도 알고 있습니다. 그럼에도 불구하고 우리는 두 힘의 존재를 모두 확신합니다. 따라서 두 경우에 우리는 한 가지에 대해서는 정확하고 명료한 인식을, 다른 것에 대해서는 모호하고 어슴푸레한 인식을 지니고 있습니다. 그러나 우리는 두 힘의 존재를 '완벽하게 확신'하고 있습니다. 그것은 정신 안에 아주 자연스럽게 나타납니다. 그러나 또한 천문학적 분석이 우리 태양계의 법칙을 우주 공간을 채우는 모든 항성계로 확장하고, 분자 이론은 그것을 천체 형성의 원인으로 간주하고 있음에 반드시 주의를 기울여야 합니다. 그러므로 우리는 우리 체계의 법칙을 거의 모든 우주 전체에 적용해 볼 수 있는 보편 법칙으로 간주할 완전한 권리를 가지고 있습니다. 이런 식으로 이 관점은 매우 중요한 의미를 띱니다.

그러나 우리가 행한 존재들 사이의 구별, 이러한 구별을 수월하게 수행하기 위해 우리가 마음대로 고안해 낸 모든 것, 이 모든 것들이 창조의 원리 자체에 적용될 때는 아무것도 아닌 것이 됩니다. 우리가 무엇을 하든, 우리 주변을 둘러싸고 있는 가시적 현실보다 훨씬 더 높은 현실에 대한 내적 감각이 우리 내부에 존재합니다. 그런데 그 다른 실재가, 모든 존재를 완전히 포괄하고 우리 자신을 보편적 일자(всеобщее единство) 속에 녹여 버리는, 유일하게 참된 실재, '객관적' 실재가 아닌가요? 바로 이 일자(единство) 속에서 모든 차이와 한계가 지워집니다. 그 한계들은 오직 인간 이성이 그 불완전성과 한정된 본성 때문에 세워 놓은 것들이지요. 이리하여 무한한 다수의 사물 가운데 남는 것은 오직 하나의 작용, 하나이자 보편적인 작용뿐입니다. 그리고 실제로, 우리 자신의 본성에 대한 내적 감각도, 우주에 대한 인식도, 모든 피조물이 끊임없는 운동 상태에 있음을 보여 줍니다. 이것이 바로 세계적 작용(мировое действие)입니다. 그러므로 철학에서 운동의 개념은 모든 다른 개념에 앞서야 합니다. 그런데 이 운동 관념은 기하학에서 찾아야 합니다. 왜냐하면 기하학에서만 우리는 모든 자의적인 형이상학을 씻어 낸 운동 관념을 발견할 수 있으며, 오직 직선적 운동에서만 우리는 일반적으로 모든 운동의 절대적 의미를 얻을 수 있기 때문입니다. 이것은 무엇을 의미합니까? 기하학자는 어떤 운동도 '전달된 운동'으로밖에 상상할 수 없습니다. 그러므로 그는 움직이는 물체가 그 자체로 불활성이며 모든 움직임이 외부로부터의 충격의 결과라는 가정에서 출발해야 합니다. 이렇듯 가장 높은 추상성, 자연 그 자체에서 우리는 관찰되는 대상과 무관한, 외부에 있는, 태초의 어떤 움직임(운동, action)으로 끊임없이 돌아가야 합니다. 그러므로 운동의 개념 자체가 논리의 필연적 요구에 따라, 운동하는 대상 속에 있는 힘이나 원인과는 구별되는 어떤 행동-작용의 개념을 필연적으로 불러일으키는 것입니다.

그렇기에 인간 이성이 낡은 망상, 곧 모든 관념이 외부 감각을 통해서만 생겨난다는 잘못된 믿음에서 벗어나기가 그토록 어려운 것입니다. 문제의 핵심은 이렇습니다. 세상에서 우리가 가장 의심하기 쉬운 것은 우리 안에 고유하게 깃든 자생적 능력입니다. 감각주의자들의 체계가 실패한 이유는 바로 여기에 있습니다. 그들은 물질적인 것이 비물질적인 것에 직접적인 영향을 미칠 수 있다고 주장함으로써 결국 육체가 의식과 부딪힌다는 불합리한 결과를 낳습니다. 그러나 실제로는 물리적 세계에서처럼, 같은 본성의 것들끼리만 접촉할 수 있는 것입니다. 즉 의식과 접촉할 수 있는 것은 오직 다른 의식뿐입니다. 그런데 시간에 대한 관념만으로도 운동에 대한 관념을 형성하는데 충분하다는 것 역시 분명합니다. 이렇듯 운동 법칙은 사물의 보편성의 법칙이며, 그래서 우리는 물리적 운동에 대해 말한 것을 지적이고 도덕적인 운동에 전적으로 적용할 수 있습니다.

이 모든 논의로부터 어떤 결론을 내려야 할까요? 그것은 인간의 행위를 '우발적 원인(우연의 원리, principe occasionnel)',[66] 즉 더 높은 힘과 결합될 때만 작용하는 부차적이고 매개적 힘으로 받아들이는 데 아무런 어려움이 없다는 사실입니다. 마치 인력이 반발력과의 결합 속에서만 효과를 발휘하는 것처럼 말입니다. 이것이 바로 우리가 도달하고자 했던 결론입니다.

아마도 사람들은 이 체계에서 우리의 '자아' 철학(философия нашего 'Я')[67]을 위한 자리는 없다고 생각할 수

---

66) 차다예프 전집의 편집자들이 밝힌 바에 따르면, 우발적 원인이라는 개념은 데카르트에서 비롯된다. 옮긴이가 보기에 그것은 아마도 데카르트의 심신이원론을 염두에 두고 한 말일 것이다. 정신과 물질이 서로 다른 속성을 지니고 있다면 양자가 어떻게 상호 작용할 것인가라는 논의가 필요하고, 이 과정에서 정신이 물질에 직접 작용할 수 없다는 논리가 파생된다고 여겨진다.

67) 자아의 철학이라는 용어를 통해 차다예프는 의지의 자유를 다시금 분명히 한다. 조심할 부분은 보통 '자아 철학'이라고 하면 피히테를 떠올리게 된다는 것이다. 칸트, 피히테, 셸링, 헤겔로 이어지는 독일 관념론은 차다예프의 철학에 많은 영향을 주었다는 것은 익히 알려져 있다. 그러나 칸트나 셸링과 달리 피히테는 《철학 서한》에서 별로 언급되지 않는다. 이뿐만 아니라 피히테가 말하는 자아는 절대적 자아로 모든 존

있습니다. 그러나 이는 실수입니다. 반대로 자아의 철학은 이 체계에 멋지게 공존합니다. 단지 그것의 진정한 의미로 축소될 뿐입니다. 그게 전부입니다. 세상을 지배하는 이중의 작용에 대해 우리가 이야기했던 것으로부터 우리 자신의 활동이 아무것도 아닌 것으로 귀착된다는 결론을 추론해서는 절대 안 됩니다. 말하자면 우리는 우리가 가진 고유한 힘에 대해 묵상하고 가능한 한 그것을 올바르게 이해하려고 노력해야만 하는 것입니다. 사람은 전혀 감지하지 못하는 힘에 의해 끊임없이 자극을 받습니다. 이것은 사실입니다. 그러나 이 외부 행동은 의식을 통해 영향을 미칩니다. 그러므로 내 머릿속에서 발견한 관념이 어떻게 나에게 도달했는지에 상관없이 나는 머릿속에서 관념을 발견합니다. 왜냐하면 내가 관념을 인식하기 때문입니다. 그런데 인식한다는 것은 작용한다는 것입니다. 그러므로 내가 나보다 더 강한 존재에게 지배당하고 있으면서도 동시에 나는 진정으로 끊임없이 행동한다는 것을 '나는 의식하고 있습니다'.[68] 하나는 다른 하나를 제거하

재를 산출하는 근원이며 세계는 자아의 자기 한정 결과다. 그러나 차다예프가 말하는 자아는 피조된 자아로 신적 질서가 반영된 것이다. 따라서 그 자체로 자족적이지 않다.

68) 여기서 차다예프는 저 유명한 데카르트의 '코기토(cogito, 인식)'

지 않으며, 하나는 다른 하나를 배제하지 않고 뒤따릅니다. 첫 번째 사실(나의 활동성)은 두 번째 사실(외적 영향)처럼 내게 입증된 것입니다. 누군가가 이 행동이 외부에서 나에게 어떻게 작용하는지 묻는다면 이것은 완전히 다른 질문입니다. 그리고 당신도 이해하시겠지만, 그런 질문을 따져 보는 것은 지금 여기와는 관련이 없습니다. 그 질문에 대한 대답은 좀 더 고차원적인 철학이 맡아야 합니다. 상식[69]은 외적 영향력이라는 사실을 확립하고 그것을 자신의 근본적인 믿음 중 하나로 받아들이기만 하면 됩니다. 그 이상은 상식의 관할이 아닙니다. 게다가 타자의 생각이 어떻게 우리의 인식에 침범하는지, 우리는 다른 사람들의 확신이나 의견에 어떻게 순종하는지 누가 모르겠습니까? 이것에 대해 생각해 본 사람은, 하나의 이성이 다른 이성에 순종하면서도 동시에 자신의 권능과 능력을 그대로 유지한다는 사실을 명확하게 이해합니다. 따라서 자유의지라는 위대한 문제도 아무리 복잡해 보일지라도 사실

개념을 염두에 두고 있다.

69) 상식이라는 개념을 '단순한 이성' 개념으로 이해하자는 의견도 있으나 여기서 차다예프는 스코틀랜드학파를 고려하고 있으므로 그들이 사용하는 용어법에 따라 '상식' 개념이 적합해 보인다고 차다예프 전집의 편집자는 주석에서 밝히고 있다.

상 큰 어려움을 주지 않습니다. 만약 우리가 이 생각, 곧 이성이 부여된 존재의 본성은 단지 의식에 있고, 그러므로 그 존재가 의식하는 한 어떤 방식으로 의식이 그 안에 주입되든 결코 본성을 상실하지 않는다는 생각을 충분히 파악할 수만 있었다면 말입니다.

요점은 그토록 오랫동안 철학계를 지배했던 스코틀랜드학파[70]가 이데올로기에 관한 모든 문제를 비켜나 버렸다는 것입니다. 당신도 알다시피, 스코틀랜드학파는 현재의 관념들과 앞선 시대의 관념들을 묶어 주는 실을 발견하여 모든 인간 사고의 기원을 찾고 모든 것을 설명하려 합니다. 연합(ассоцация)의 방법을 통해 관념의 근원을 몇 가지 한정된 수의 논리로 수렴한 후 그들은 우리의 인식에서 일어나는 모든 것이 동일한 원리에 기초하여 발생한다는 결론을 내린 다음 그때부터는 다른 어떤 것도 고려하기를 거부했습니다. 그 결과 그들은 모든 것이 의식의 사실

---

70) 1760~1780년대 영국에서 발전한 철학적 조류로서 19세기 초 프랑스에서도 유명세를 누렸다. 이 학파를 주창한 인물은 토머스 리드였으며, 차다예프의 서재에는 그의 저서 여섯 권이 소장되어 있었다. 스코틀랜드학파는 우리가 감각적으로 지각하는 표상이 우리의 지각과는 별도로 외부 세계에 독립하여 실재한다고 보았다. 그리고 여러 시대에 따라 변하는 상식의 원리와 그 개념을 중시했다.

(факт осознания)로 환원될 수 있다고 생각하고는 그 위에 경험 심리학을 세웠습니다. 그러나 묻겠습니다. 우리 의지와는 무관하게 우리 머릿속에서 끊임없이 이어지는 사상의 연속적 교체보다 우리 감각과 더 잘 들어맞는 것이 무엇이 있습니까? 우리는 의식이 우리 의지와는 무관하게 지속적으로 작동한다는 사실을 굳게 믿지 않나요? 이렇듯 우리의 모든 관념을 몇몇 제한된 수로 축소하고 그 근원을 정확히 설정할 수 있다 해도 문제는 전혀 해결되지 않습니다. 확실히 우리의 정신에는 이전에 있었던 일과 어떤 식으로든 연결되어 있기는 하지만, 이로부터 내 생각의 모든 변화, 내 생각의 순차적 형태가 나 자신의 힘으로 일어난다는 결론을 추론해서는 안 됩니다. 그러므로 여기에는 나의 행동과는 전적으로 구별되는 좀 더 거대한 행동이 자리를 차지하고 있는 것입니다. 이렇듯 경험론은 기껏해야 우리 본성의 특정 현상만을 확증합니다. 전체 현상의 총체적 성격에 대해서는 아무런 설명도 하지 못합니다.

결국 사람이 자신의 행위가 참으로 자기 자신으로부터 비롯되었다고 말할 수 있는 경우는, 법칙-신적 질서에 부합할 때뿐입니다. 우리가 이 법칙에서 어긋날 때마다 우리의 행동은 우리에 의해서 결정되는 것이 아니라 우리를 둘러싼 것들에 의해서 결정됩니다. 이런 낯선 환경에 굴복하여 법칙의 경계를 넘어서면 우리는 우리 스스로를 파괴하는 것입니다. 그러나 신적 권위에 순종할 때, 우리는 결코 그 권위를 온전히 의식하지 못합니다. 따라서 그 권위는 우리의 자유를 결코 짓밟을 수 없습니다. 이렇듯 우리의 자유는 우리의 의존성을 우리가 감각하지 못하는 경우에만 주어집니다. 하지만 바로 그것만으로도 우리는 스스로를 완전히 자유롭다고, 그리고 우리가 하는 모든 생각과 행위에 대해 스스로 책임지는 존재라고 여길 수 있는 것입니다. 그러나 불행하고 안타깝게도 인간은 자유를 다른 방식으로 이해하고 있는 겁니다. 욥은 이렇게 말합니다. "인간은 자기를 들나귀 새끼같이 자유롭다고 믿습니다."[71)]

예, 저는 자유롭습니다. 제가 이것을 의심할 수 있을까요? 제가 이 글을 쓰는 동안, 저는 그것을 쓰지 않을 권한이 있다는 것을 알지 못할까요? 만약 섭리가 제 운명을 돌이킬 수 없이 결정했다 하더라도 제가 그 힘을 감각하지 못한다면 그게 저에게 무슨 상관이 있을까요? 그런데 내

---

71) 〈욥기〉 11장 12절에 나오는 말로 전체 내용은 다음과 같다. "허망한 사람은 지각이 없나니 그의 출생함이 들나귀 새끼 같으니라." 인간은 자신을 자유롭다고 착각하지만, 실제로는 질서 없는 자연적 본능의 노예라는 뜻이다. 차다예프는 이를 자율적 이성의 오만함에 대한 신학적 풍자로 사용했다.

자유의 악용과 그 결과로서의 '악'이라는, 자유가 낳을 무섭고 끔찍한 결과에 대한 또 다른 무서운 관념이 내 자유에 대한 관념과 연결됩니다. 물질의 한 분자가 오직 한 번 자의적으로 움직였다고 가정해 보죠. 예를 들어 분자가 체계의 중심을 향하는 대신에 자기가 놓인 반경에서 벗어났다고 해 보자는 것입니다. 그러면 무슨 일이 일어날까요? 즉시 온 세상의 질서가 흔들리지 않겠습니까? 모든 원자가 무한한 공간 내 자기 자리에서 이탈하지 않겠습니까? 적어도 모든 물체는 무질서 상태에서 자의적으로 충돌하기 시작할 것이며, 서로를 파괴하기 시작할 것입니다. 그럼 어떻게 되는 것입니까? 그런데 당신은 우리 각자가 매 순간 바로 그렇게 하고 있음을 알고 계십니까? 우리가 하는 행동은 자의적인 움직임에 매혹되어서는 매 순간 온 우주를 흔들어 대고 있는 것입니다. 그리고 우리는 외적인 행동뿐만 아니라 모든 영적 움직임, 가장 깊은 곳에 숨겨져 있는 우리의 생각을 통해 창조의 저 깊은 심연 속에서 이 끔찍한 파괴를 자행하고 있는 것입니다. 이것이 우리가 지고지순한 존재에게 바치는 광경입니다. 그렇다면 그분은 왜 이것을 참고 있는 것일까요? 그분은 왜 이 반역적인 피조물의 세상을 쓸어버리지 않으실까요? 그리고 더 놀라운 것은 왜 그분께서 그들에게 이 무서운 능력을 나누어 주셨을까요? 그분은 그렇게 하기를 원하셨습니다.

그분은 이렇게 말씀하셨습니다. "우리의 형상과 모양대로 인간을 창조하자."[72] 이것은 신의 형상이고, 그의 모양은 우리의 자유입니다. 그러나 그분은 우리를 그토록 놀라운 방식으로 창조하신 후에 우리가 자신의 창조주에게 대적하고 있음을 알 수 있는 능력도 우리에게 주셨습니다. 겉보기에 세계 질서에 어긋나는 것처럼 보이는 이 놀라운 능력을 우리에게 주신 후에 그분은 그 능력의 올바른 방향을 제시하시기를 원하지 않으셨고, 우리가 그 힘을 어떻게 사용해야 하는지 우리에게 알려 주기를 원하지 않으셨음을 어떻게 의심할 수 있겠습니까? 태초에 모든 미래 세대를 대표하는 한 사람으로 의인화된 지극히 높으신 분의 말씀을 인류 전체가 들었습니다. 그 후 택하신 각 사람을 깨우쳐 진리를 이 땅에서 지키게 하시고 마침내 우리 중 한 사람이 하느님의 권세를 입기에 합당하고 당신의 모든 비밀을 알아가기에 합당하다고 판단하셨습니다. 그분은 그와 한 분이셨고 신성한 신비에 대해 우리가 알 수 있는 모든 것을 우리에게 전하라고 그에게 명하셨습니다. 이것이 신

72) 〈창세기〉 1장 26절의 일부다. 전체 내용은 "하느님이 이르시되 우리의 형상을 따라 우리의 모양대로 우리가 사람을 만들고 그들로 바다의 물고기와 하늘의 새와 가축과 온 땅과 땅에 기는 모든 것을 다스리게 하자 하시고"이다.

성한 지혜가 우리에게 가르치는 것입니다. 그런데 우리 자신의 이성도 우리에게 똑같은 것을 말하는 것이 아닌가요? 만약 신이 우리에게 가르쳐 주시지 않았다면, 세상이나 우리 자신, 그리고 그 무엇이든지 간에 한순간이나마 존재할 수 있겠습니까? 모든 것이 즉시 다시 혼돈으로 바뀌지 않겠습니까? 그것은 의심의 여지가 없습니다. 우리의 이성이 거짓된 자만심과 교만의 눈가리개를 벗어 던지면, 하느님은 창조의 첫날부터 인간을 가르치고 이끌어야 했으며, 그렇게 하셨고 앞으로도 세상의 끝 날까지 그렇게 하실 것이라고, 신앙이 말하는 것과 같은 진리를 말하게 될 것입니다.

소콜니키에서 6월 30일.

제5서한

그들은 영혼에 대해 많은 것을 이야기하지만,
모든 것이 잘못되었다.
밀턴.

당신도 아시다시피, 이 모든 것은 인간의 이성이 다른 모든 피조물에 대한 법칙을 규정할 수 없는 것처럼, 법칙이 인간의 이성 그 자체에 의해 주어질 수 없다는 절대적인 원칙으로 우리를 다시 이끕니다. 정신적 본성의 법칙은 물리적 자연의 법칙과 마찬가지로 우리에게 영원히 주어진 것입니다. 우리가 물리적 법칙을 이미 존재하는 것으로 발견하듯이, 정신의 법칙 또한 그와 다를 바 없습니다. 그러나 다른 하늘에서 회전하는 태양의 빛이 비록 약하더라도 그 광선은 우리에게 도달하는 것처럼, 도덕 법칙의 빛은 먼 미지의 지역에서 희미하게 빛나고 있습니다. 이 빛이 우리 앞에서 빛나기 시작할 때 이 빛을 받아들이기 위해서는 우리의 두 눈이 열려 있어야 합니다. 당신은 우리가 물질적 질서와 정신적 질서 사이의 동일성에 대한 몇 가지 요소를 설명해 주는 논리적 추론을 통해 이러한 결론에 도달했다는 것을 보았습니다. 피상적이고 기계적인 교과서적 강단 심리학(школьная психология)[73]은 거의 같은 지점에서 출발하지만 다른 결론에 이릅니다. 강단 심리학은 자연과학의 여러 방법 가운데 오직 관찰의 방법만을 차용하지만, 연구 대상을 고려할 때 그것은 가장 좋지 않은 방법입니다. 사물의 진정한 통일성에 도달하는 것 대신에 강단 심리학은 영원히 분리되어 있어야만 하는 것들을 뒤섞어 버립니다. 법칙을 발견하는 대신, 혼돈을 찾은 것이죠. 그렇습니다. 의심의 여지 없이 모든 존재의 총합에는 절대적인 통일성이 존재합니다. 이것이 바로 우리가 최선을 다해 증명하려고 하는 것입니다. 나아가 말하자면, 이것이 바로 모든 건전한 철학의 '믿음의 상징'(신앙고백, credo[74])입니다. 그러나 이 통일성은 우리가 감

---

73) 〈제3서한〉에서도 '교과서적 철학(школьная философия)'이라는 용어가 사용되고 있다. 여기서 옮긴이가 '교실, 교과서적, 강단의'라는 용어로 번역한 이유는 맥락상 차다예프가 '교조적이고 딱딱하고 낡은'이라는 의미를 부여하기 위해 이 개념을 사용했다고 보았기 때문이다. 실제로도 대학에서 심리학은 독립된 학문으로 다루어지지 않았다. 법학, 의학, 철학을 중심으로 강의가 진행되었으므로 심리학은 철학의 하위 부류쯤 되었을 터이다. 차다예프가 말하는 강단 심리학은 〈제4서한〉에서 비판적으로 서술한 감각주의, 경험적 심리학을 말하는 것으로, 인간 정신을 감각의 집합으로 환원하고, 관찰과 실험으로 심리를 설명하려는 태도로 이해하면 되겠다. 차다예프에게 인간 정신은 감각의 집합이나 관찰의 대상이 아니라 신적 질서에 포함되는 초월적 실재다.

각하는 현실을 완전히 벗어나 있는 객관적인 통일성입니다. 의심의 여지 없이 이것은 매우 중요한 사실로서 위대한 모든 것(BCE)에 형언할 수 없는 빛을 던지고 있습니다. 그것은 원인과 결과의 논리를 형성하지만, 대부분의 현대 철학자들이 설파하는 범신론[75]과는 아무런 관련이 없습니다. 이 해로운 교설인 범신론은 오늘날 거의 모든 철학적 사조에 거짓된 색채를 칠하고 있으며, 모든 현대 철학 체계들을, 설령 그들이 영혼주의(спиритуализм)[76]에 충

---

74) 괄호와 'credo'는 차다예프가 직접 표기한 것이다. 크레도에 대해서는 〈제1서한〉 각주 17번을 보라.

75) 범신론과 차다예프의 철학은 분명한 차이를 보인다. 범신론은 존재의 모든 층위를 하나의 신적 실재로 동일화한다. 반면 차다예프는 모든 존재의 통일성은 인정하지만 그 통일은 객관적이고 초월적인 질서 안에서만 성립한다. 세계는 신의 발현이 아니라 신이 부여한 법칙의 반영일 뿐이다. 다시 말해서 존재의 통일은 신 안에 있되, 신 그 자체는 세계와 동일하지 않다. 또한 범신론에서는 인간 이성이 곧 신적 이성의 일부이기에, 인간은 이성적 사유를 통해 신적 질서를 '내면에서' 파악할 수 있다고 본다. 그러나 차다예프는 인간 이성을 한정된 피조물의 능력으로 간주한다. 차다예프에 따르면, 인간 이성은 스스로 법칙을 세울 수 없으며, 오직 신적 계시를 통해서만 진리에 도달할 수 있다.

76) 영혼주의는 강신술이나 심령술 등을 의미하는 것으로 보이지 않는다. 인간 존재의 본질을 정신이나 비물질적인 요소에서 찾는다는 점에서 차다예프가 보기에 일정 부분 수용될 수 있으나 여전히 정신의 초월성을 인정하지 않는다는 점에서 문제적이다. 그런 이중적인 태도가 맥락에서 살펴진다.

실하겠다고 맹세하더라도, 정신적 사실들을 마치 물질적 사실처럼 다루어야만 하는 필연성 속으로 빠뜨리고 있습니다.

정신은 그 본성상 통일성을 추구합니다. 그러나 불행하게도 지금까지 사람들은 사물의 진정한 통일성이 무엇인지를 아직 제대로 이해하지 못하고 있습니다. 이것을 확인하기 위해서는 대다수 사상가가 영혼의 불멸을 어떻게 이해하는지 살펴보면 되겠습니다. 그들은 영원히 살아 있는 영혼과 그처럼 영원히 살아 있는 하느님, 하나의 절대적 무한과 나란히 존재하는 다른 절대적 무한을 생각합니다. 그런데 과연 그것이 가당키나 합니까? 절대적 무한은 절대적 완전함이 아니란 말입니까? 두 개의 영원한 존재, 두 개의 완전한 존재가 어떻게 나란히 존재할 수 있을까요? 요점은 다음과 같습니다. 의식과 물질로 구성된 존재, 즉 인간에게는 이 두 가지 구성 요소가 동시에 파괴된다고 가정할 합법적 근거가 없기 때문에 인간의 정신은 이러한 부분 중 하나가 다른 부분보다 오래 살 수 있다고 생각하게 되었습니다. 그러나 인간의 정신은 이 시점에서 멈춰야 했습니다. 제가 죽음이라 부르는 그 순간, 즉 순전히 물리적인 현상이며 나의 의식적 존재와는 아무 관계가 없는 사건으로부터 10만 년을 더 살게 되었다 하더라도 그것은 여전히 불멸과는 거리가 멉니다. 인간의 모든 본능적 관념과 마찬가지로 영혼 불멸의 관념은 처음에는 단순하고 이성적이었습니다. 그러나 그것이 동양의 지나치게 비옥한 땅[77]에 떨어진 후에는 그곳에서 측량할 수 없을 만큼 무성하게 자라났고, 계속 자라면서 어느 날 피조물을 창조주와 섞고 영원히 둘을 나누는 선을 깨뜨리는 이 불경한 교리를 결국 낳고야 말았습니다. 영혼은 무한한 미래라는 거대한 무게로 짓눌리고 모든 것은 뒤섞여 혼란스러워졌습니다. 그러나 이후 이 관념은 이교도들로부터 물려받은 다른 많은 사상과 함께 기독교로 밀고 들어와서는 그곳에서 새로운 힘을 얻고 자기에게 유리한 뿌리를 찾아냈습니다. 그리고 이런 식으로 사람들의 마음을 자신에게 완전히 복종시킬 수 있게 되었습니다. 하지만 누구나 알다시피, 기독교는 영원한 생명을 전적으로 거룩한 삶에 대한 보상으로 봅니다. 따라서 만약 영원한 생명이 아직 획득해야 할 것이라면, 그것을 미리부터 소유한다는 것은 불가능하지 않겠습니까? 죄 속에서 살아온 존재가 어떻게

---

77) 차다예프에게 동양은 지리적이고 역사적인 아시아라기보다는 유럽의 기독교에 대비되는 정신적 표상으로 이해되고 있다. 결국 자기의 관념으로 가공한 동양이라는 점에서 차다예프의 동양에 대한 관점은 에드워드 사이드의 그 유명한 개념에 따라 철저하게 '오리엔탈리즘'적이라 명명될 수 있다.

완전한 삶의 보상을 미리 가질 수 있겠습니까? 인간의 정신은 가장 높은 빛으로 비추어지고 있음에도, 완전한 진리를 파악하지 못한 채, 끊임없이 참과 거짓 사이를 오락가락하니 참으로 놀랄 일이 아닐 수 없습니다.

모든 철학은 숙명적으로 출구가 없는 어떤 치명적인 순환 고리 안에 갇혀 있다는 점을 지적하지 않을 수 없습니다. 도덕의 영역에서는 철학이 처음에 자체 법칙을 만든 다음 어떻게, 왜 그런지도 알리지 않고 그것에 복종하기 시작합니다. 형이상학의 영역에서는 모든 철학은 항상 사전에 시원적 원리를 설정하고, 그다음에 자기 의지에 따라 그 원리로부터 온 세상의 사물을 흘러나오게 합니다. 결국 그것은 곧 자기 자신이 만들어 낸 세계인 것이죠. 그래서 항상 순환논법(Petitio principii)[78]에 빠져 있으며 그것은 피할 수 없습니다. 만일 그 순환을 벗어나려 한다면,

---

78) "페티티오 프린치피(Petitio principii)"는 라틴어로 "전제를 구하다" 혹은 "전제를 가정하다"라는 뜻이다. 즉 증명하려는 결론을 이미 전제 속에 포함해 버리는 오류로서 자기 자신을 증명하려는 논리적 순환을 뜻한다. 보통 순환논증, 악순환 논법, 자기 전제 오류라고도 한다. 예를 들어 보자. "《성경》은 참이다. 왜냐하면 《성경》이 하느님의 말씀이라고 말하고 있기 때문이다." 이 문장은 결론(《성경》은 참이다)을 그 자체의 전제(《성경》의 진실성)로 증명하려고 한다. 즉 "왜 참이냐?"에 대한 근거로 "참이라고 써 있으니까"를 내세우는 셈이다.

그 순간 철학 안에서 이성이 참여할 자리는 전혀 없어지고 말 것이기 때문입니다.

우리 시대의 가장 긍정적이면서 가장 엄밀한 철학이 어떻게 작동하고 있는지 예를 들어 보겠습니다.[79] 그것은 맨 먼저 우리의 이성이 인식의 도구라는 사실을 설정합니다. 그러므로 무엇보다 먼저 이성을 인식하는 법을 배울 필요가 있다는 것입니다. 만약 그렇지 않다면 우리는 이성을 반드시 그러해야만 하는 방식으로 사용할 수 없다고 우리 시대의 철학은 확언합니다. 그런 다음 우리 시대의 철학은 이성을 해부하고 해체하기 위해 온 힘을 다합니다. 그러나 이 철학은 그러한 필수적인 예비 작업, 지성의 해부학을 무엇의 도움으로 수행하는 걸까요? 이성 그 자체를 통해서가 아닙니까? 이런 식으로 이 철학은 자기가 수행한 맨 처음의 작업이자 중요한 작업에서, 스스로 인정했듯이, 사용법도 모르는 무기를 집어 들 수밖에 없었습니다. 그러니 어떻게 자신이 찾고 있는 지식에 이를 수 있습니까? 이해할 수 없는 일입니다. 그러나 그게 다가 아닙니다. 이전의 모든 철학 체계보다 더 자신 있게 이 철학은 이성을 외적 사물과 똑같이 다뤄야 할 필요가 있다고 주장합

79) 〈제4서한〉에서 말했던 스코틀랜드학파를 이야기하고 있다.

니다. 당신이 외부 세계를 바라보는 그 눈으로 자신의 내적 본성도 살펴볼 수 있으며, 세계 전체를 당신 앞에 세우듯이 자기 자신도 마치 대상처럼 눈앞에 세울 수 있다고 말합니다. 그리고 외부 세계를 사유하고 실험하듯 자신에 대해서도 사유하고 실험할 수 있다고 믿습니다. 자연과 이성 모두에 동일하게 적용되는 동일성의 법칙이 존재하므로, 그 법칙에 따라 두 영역을 같은 방식으로 다룰 수 있다는 것입니다. 이렇게 해서 여러 유사한 현상으로부터 물질적 질서에서 하나의 일반 법칙을 도출하듯, 정신적 질서에서도 동일한 일련의 사실들로부터 보편적 사실을 끌어낼 수 있다고 주장합니다. 육체적 현상을 예견할 수 있다면, 똑같은 확실성으로 정신적 현상 또한 예견할 수 있다는 것이죠. 요컨대 심리학에서 물리학의 방법을 그대로 적용할 수 있다고 믿는 것, 이것이 바로 오늘날의 경험철학(эмпирическая философия)입니다. 다행히도 이제 이 철학은 옛길만 고집하는 게으른 몇몇 정신들의 소유물로 남게 되었습니다.

그러나 이미 새로운 빛이 우리를 둘러싸고 있던 어둠을 뚫어 내고 있습니다.[80] 그리고 심지어 이리저리 온갖

---

80) 여기서 차다예프는 셸링의 철학을 이야기하고 있다. 차다예프는

사조를 혼합하는 절충주의조차 너무나 온화하고 아첨이 강해 마치 자기 존재를 무의미하게 만들고 싶어 하는 것처럼 보이지만, 결국 우리를 보다 확실한 길로 되돌리려는 움직임에 몰두하고 있습니다. 그러나 이미 너무 자만하고 아첨하는 절충주의까지 포함하여 현대의 모든 철학적 조류는 자기 소멸의 길을 걸으며 우리를 더 나은 길로 되돌리려 애쓰고 있습니다. 우리 시대의 정신적 흐름 가운데 특히 주의를 기울여야 할 것이 있습니다. 이것은 심오하고 명상적인 독일이 새로이 만들어 낸 미묘한 플라톤주의의 한 유형입니다. 그것은 철학적 편견의 낡아 빠진 건물을 그 뿌리부터 흔들어 놓았던, 고상한 사변적 시로 가득 찬 초월적 관념론(траисцендент<аль>ный Идеализм)[81)]입니다. 그러나 그것은 숨 쉬기조차 어려운 천상의 높은 것에 머물

당시 지배적인 철학이 잘못된 방향으로 가고 있으며 이에 대해 셸링이 성공적인 투쟁을 벌였다고 간주했다.

81) 초월적 관념론 체계는 셸링의 철학을 가리킨다. 그런데 여기서 주의해야 할 점이 있다. 일반적으로 철학사에서 독일 관념론 전통을 이야기할 때, 칸트-초월적 관념론, 피히테-주관적 관념론, 셸링-객관적 관념론, 헤겔-절대적 관념론이라고 지칭한다. 그러니까 셸링을 초월적 관념론이라고 부르는 것은 차다예프만의 용어 사용법이다. 신적 · 절대적 원리를 중심으로 세계를 설명하는 구조를 강조하기 위해 의도적으로 이렇게 불렀을 가능성이 있어 보인다. 그리고 러시아어 병기에서 홑화살괄호와 대문자는 원문 텍스트를 그대로 옮겨 온 것이다.

러 있습니다. 그것은 투명한 공기 중에 떠 있는 것 같으며, 흐릿하거나 어두운 황혼에서 길을 잃고 있는 것 같습니다. 그래서 사람들은 그것을 남쪽 하늘에 떠 있다가 순식간에 사라져서는, 공기 중에 그리고 기억 속에 어떤 흔적도 남기지 않는 몽환적인 환영으로 간주할 터입니다. 이 아름답고 장엄한 생각이 곧 사람이 거주하는 공간으로 내려오기를 바랍니다. 그러면 우리는 가장 활기찬 공감으로 그것을 환영할 것입니다. 그러나 당분간은 그 생각이 구불구불한 길을 따라 떠돌도록 하고, 우리는 우리 자신에게 예정된 길, 좀 더 신뢰할 수 있는 길을 따라 걷도록 해 보죠.

따라서 우리가 확신하듯이, 도덕적 세계에서의 운동이 물리적 세계에서의 운동처럼 최초 충격의 결과라면, 이러한 점으로부터 연속성의 측면에서 두 운동이 동일한 법칙에 종속되고, 따라서 결과적으로 모든 정신적 현상은 유비에 의거 추론될 수 있을 것이라는 결론이 도출되지 않을까요? 이것은 말하자면, 자연에서 물체의 충돌이 물질에 부여된 첫 번째 충격의 연속이라면, 인식들의 충돌도 영혼의 운동을 이어 가는 것이라 할 수 있습니다. 자연에서 만물은 그것을 선행하는 것이나 그것을 뒤이은 것과 연관되어 있듯이, 모든 개별적 인간과 인간의 모든 사고는 선행하거나 뒤따르는 모든 인간과 모든 인간의 사고와 연결되어 있습니다. 그리고 자연이 하나인 것처럼, 파스칼이 비유적으로 표현했듯이, '인류의 연속적 흐름 전체는 하나의 영원히 살아 있는 인간'이며, 우리 각자는 세기를 거쳐 이어지는 의식의 거대한 작업에 동참하는 것입니다. 마지막으로, 물질적 요소나 원자가 수행하는 건설적이고 연속적인 작업, 즉 물질적 존재의 재생산이 물질적 본성을 구성하는 것처럼, 정신적 요소나 관념이 수행하는 작업, 즉 정신의 재생산이 영적 본성을 구성합니다. 그리고 만약 내가 모든 감각적 물질을 하나의 전체로 이해한다면, 인식의 총체도 하나의 유일무이한 의식으로 인식해야만 합니다.

영혼을 형성하는 중요한 수단은 의심의 여지 없이 말입니다. 말 없이는 개별 인간의 인식이 어떻게 생겨났는지 인류 안에서 인식이 어떻게 발전할 수 있었는지를 상상할 수 없습니다. 그러나 말 하나만으로는 세계 인식이라는 위대한 현상을 불러일으키기에는 충분하지 않습니다. 말은 사람들 사이의 유일무이한 소통 수단은 결코 아닙니다. 따라서 말은 세계 안에서 이루어지는 모든 정신적 작업을 다 포용할 수는 없습니다. 수천 개의 보이지 않는 실이 한 이성적 존재의 생각과 다른 이성적 존재의 생각을 연결하고 있습니다. 우리의 가장 내밀한 생각은 밖으로 드러날 수 있는 모든 가능한 수단을 발견하고 있습니다. 퍼지고 상호 교차하면서 그 생각들은 하나로 합쳐지고, 결합하고, 하나의 인식에서 다른 인식으로 이동하고, 싹이 트고 열매를 맺습니다. 그리고 마침내 보편 이성을 만듭니다. 때로는 드러난 생각이 주변 환경에 아무런 영향을 미치지 않는 것처럼 보이기도 합니다. 그럼에도 불구하고 움직임이 전달되었고 충동이 발생했습니다. 때가 되면 생각은 다른 친숙한 생각을 찾아 흔들어 접촉할 것입니다. 그때가 되면 당신은 생각이 다시 태어나 정신세계에 미치는 놀라운 영향력을 보게 될 것입니다. 당신도 그런 물리적 실험을 알고 계십니다. 여러 개의 쇠구슬이 일렬로 매달려 있습니다. 첫 번째 쇠구슬을 옆으로 칩니다. 마지막 쇠구슬이 튕겨 나갑니다. 그런데 가운데 있는 쇠구슬들은 움직이지 않고 남아 있습니다. 이런 식으로 생각이 사람들의 뇌를 통과하여 전달됩니다.[82] 어디선가 나타난 위대

---

82) (지은이 주) 데카르트가 주장한 그 유명한 신 존재 증명은 11세기에 살았던 안셀무스의 것으로 알려져 있습니다. 증명은 데카르트가 나타나 그의 철학을 물려받을 때까지 거의 500년 동안 인간 이성의 한구석에 묻혀 있었습니다[(옮긴이 주) 데카르트는《방법서설 : 정신지도를 위한 규칙들》제4부〈형이상학의 토대〉라는 장에서 그 유명한 '나는 생각한다. 고로 나는 존재한다'가 진리임을 성찰한 뒤 이어서 신 존재 증명을 서술한다. "내가 완전한 존재의 관념을 다시 고찰해 보았을 때, 삼각형의 관념 속에 그 세 각의 합이 두 직각과 같다는 것이 포함되어 있고, 또 원의 관념 속에 그 모든 부분이 원 중심으로부터 똑같은 거리에 있다고 하는 것이 포함되어 있는 것 못지않게 아니 그보다 더 명증적으

하고 아름다운 생각이 얼마나 많은 대중과 세대를 사로잡았습니까! 얼마나 많은 고귀한 진리가 살아 있고 행동하며 우리를 다스리고 계몽하고 있습니까. 그런데 이 무시무시한 힘이나 찬란한 빛이 어디에서 왔는지, 어떻게 시간과 공간을 지나왔는지 아무도 모릅니다. 키케로는 어딘가에서 이렇게 말했습니다. "자연은 인간의 얼굴을 그렇게 지었으니, 마음속에 숨겨진 감정이 드러나게 되어 있다. 우리가 무엇을 느끼든 간에 우리의 두 눈은 항상 그것을 반영한다." 이것은 완전히 사실입니다. 이성적 존재라면 그가 품은 생각이 반드시 드러나게 마련입니다. 모든 인간은 전인적으로 자신의 내적 세계를 온전히 가까운 사람에게 전달하고, 이런 방식으로 인식이 생겨납니다. 왜냐

로 완전한 존재의 관념 속에는 현존이 포함되어 있다는 것을 발견했으며 따라서 나는 이 완전한 존재인 신이 있다는 것 혹은 현존한다는 사실은 적어도 그 어떤 기하학적 논증 못지않게 확실하다는 것을 발견했다." 쉽게 정리하면 이렇다. ① 인간의 마음속에는 '완전한 존재(신, God)의 관념'이 존재한다. ② 인간 자신은 불완전하므로, 자신이 이 관념을 만들어 낼 수 없다. ③ 완전한 존재(신, God)가 실제로 존재해야만 이 관념이 가능하다. ④ 따라서 그 완전한 존재는 반드시 존재한다. 흔히 알려져 있듯이, 캔터베리 대주교를 역임한, 스콜라철학의 창시자라 호명되는 안셀무스의 신 존재 증명 과정은 이렇다. ① 신은 상상할 수 있는 가장 완전한 존재다. ② 존재하지 않는다면, 실제로 존재하는 것이 더 완전하다. ③ 따라서 신은 반드시 존재해야 한다].

하면 지성이라고 해서 나머지 다른 것들에 비교하여 훨씬 더 기적적인 방식으로 생겨나는 것은 아니기 때문입니다. 여기서도 다른 모든 생성과 동일한 방식으로 생성되는 것이죠. 하나의 동일한 법칙이 그 본질이 무엇이든 상관없이 모든 재생산에 힘을 발휘합니다. 모든 것은 존재들의 접촉과 결합을 통해 발생합니다. 어떤 힘도 어떤 권력도 고립되어 작용하지 않습니다. 생성의 사실 자체가 우리의 직접적인 관찰 밖의 어딘가에서 일어난다는 점에 주목하기만 하면 됩니다. 물리적 세계에서 당신이 끌어당김, 같게 만듦, 유사하게 함과 같은 여러 가지 자연의 힘이 움직이는 양태를 관찰하고, 최종적으로는 물리적 삶을 전달하는 행위 그 자체, 잘 포착되지 않는 그 사실에 도달하는 것처럼, 정신적 세계에서 우리도 다양한 인간의 힘이 낳은 결과를 명료하게 구분하지만 결국 정신적 삶을 전달하는 행위 그 자체, 우리의 직접적인 지각에서 벗어나 있는 뭔가에 도달합니다.

그러나 물질적 질서의 현상이 물질성의 배경 안에서 일어나는 것과 마찬가지로, 정신적 질서의 현상이 일어나는 배경이 되어 주면서 세계 물질에 상응하는 이 세계 인식이란 무엇입니까? 그것은 인간의 기억 속에 살아 있는 모든 관념의 총합입니다. 인류의 유산이 되려면, 관념은 일정 수의 세대를 거쳐야 합니다. 다시 말해, 관념은 오직 전통이 되었을 때만 보편적 이성의 유산이 됩니다. 그러나 여기서 우리는 역사와 과학을 통해 인간의 정신에 전달된 그런 전통과 관련해서만 이야기하는 것이 결코 아닙니다. 그런 전통은 세계 기억의 일부에 불과할 뿐입니다. 대중적 집회에서 발표된 적도 없고, 랩소디로 불린 적도 없고, 기둥이나 양피지에 새겨진 적도 없는 그런 것들이 많이 있습니다. 그것들이 출현한 시간은 계산으로 확인된 적이 없으며, 천체의 흐름에 맞춰진 적도 없습니다. 비판이 그것들을 자신이 좋아하는 저울에 달고 무게를 잰 적도 없습니다. 알려지지 않은 손이 그것들을 영혼 저 깊은 곳 속에 넣습니다. 어머니의 첫 미소와 아버지의 첫 애무가 갓 태어난 아이의 심장에 그것들을 전합니다. 이것은 시대의 경험이 집중된 전능한 기억입니다. 각 개인은 자신이 숨 쉬는 공기와 함께 그것들을 받아들입니다. 그리고 이런 환경에서 인식의 모든 경이로움이 생겨납니다. 사실 수 세기 동안 이어져 온 이 숨겨진 경험이 인류의 모든 부분에 온전하게 그대로 도달하는 것은 아닙니다. 그러나 그것은 우주의 정신적 본질을 형성하고, 인류의 혈관 속에서 흐르고, 신체를 구성하면서 나타납니다. 그리고 마침내 좀 더 비밀스러운, 땅에 뿌리를 내리지 못한, 그러나 모든 사회의 출발점을 형성하는, 다른 전통들을 이어 주는 역할을 합니다. 중요한 세계적 운동에서 얼마나 소외되어 있었는지에 상관없이 모든 종족에는 최고 존재, 선과 악, 정의와 부정의에 대한 정확한 개념이, 분명한 정도는 다르지만, 항상 어느 정도 존재한다는 것은 명확한 사실입니다. 종족이 밟고 서 있는 땅에서 생산물이 나지 않는다면, 그들에게 피난처를 제공하는 나무가 없다면, 종족이 살아갈 수 없는 것과 마찬가지로, 이러한 관념이 없다면 종족이 존재하기가 어려웠을 것입니다. 이러한 관념은 어디에서 왔습니까? 누구도 그것을 알지 못합니다. 전통, 그게 전부지요. 관념들의 기원으로 돌아갈 방법은 없습니다. 아이들은 아버지와 어머니에게서 배웠습니다. 이것이 그들의 전체 혈연 가계도입니다. 그런 다음 수 세기에 걸쳐 이런 최초의 관념이 계승되고, 거기에 경험이 축적되고, 그 기반 위에서 과학이 생성되고, 이 보이지 않는 토대 위에서 인간의 정신이 성장합니다. 그리고 현실을 관찰하는 방법을 통해 우리는 이성적 추론이 우리를 이끌었던 바로 그것, 그것이 없다면 우리가 확신했듯이 자연에서는 그 어떤 것도 움직일 수 없는 그것, 있는 그대로 똑같이 여기에 있어야 하는 바로 그것, 그 최초 충격에 도달합니다.

한번 이야기해 보십시오. 아무런 생각도 없는 사고하는 존재를 당신은 상상할 수 있습니까? 인간이 이성을 실행에 옮기기도 전에 당신은 인간의 이성을 상상할 수 있습니까? 목격자가 세상에 그것이 있음을 전달해 주기도 전에 아이의 머릿속에 그 뭔가가 있다는 것을 당신은 상상할 수 있습니까? 숲속 동물들 사이에 있는 아이들을 발견했다고 해 보죠. 아이들은 동물들의 기질을 가지고 있을 것입니다. 얼마 후 자신의 지적 능력을 회복할 테지요. 아이들은 태어나던 첫날부터 버림을 받지는 않았을 것입니다. 가장 튼튼한 동물의 새끼라 하더라도 태어나는 순간 암컷으로부터 버림을 받는다면 죽음은 피할 수 없을 것입니다. 그런데 인간은 동물들 가운데 가장 약한 존재입니다. 태어나 6~7개월 동안 모유가 필요합니다. 심지어 두개골도 태어나 며칠 동안에는 뼈처럼 단단한 상태가 아닙니다. 그런데 엄마의 보살핌 없이 인간이 어떻게 삶의 초창기를 살아서 보낼 수 있겠습니까? 이것은 말하자면, 이 아이들이 부모로부터 분리되기 전에 지성의 씨앗을 받았다는 의미입니다.[83] 빛에 눈을 뜬 순간부터 정신을 차려 보니 부모나 다른 인간 존재가 없었다면, 만약 자신과 비슷한 종류의 시선을 한 번도 느껴 본 적이 없었다면, 사람들의 목소리를 단 한 번도 들어 본 적이 없었다면, 그런 소외된 상태로 의식할 수 있는 나이까지 성장했다면, 저는 그

---

83) 숲속 동물들 사이에서 살아가는 아이들에 대한 논의는 라므네(1782~1854)의 《종교적 무관심에 관한 시론》에서 차용했다는 것이 중론이다.

가 자연주의자들이 분류하는 포유류와 같은 종에 속하며 그것과 별반 다르지 않을 것이라고 장담합니다. 각 개인이 짐승처럼 자신의 종을 새로 시작한다는 가정보다 더 무의미한 것이 있을까요? 그런데 바로 이것이 모든 이데올로기 구조의 토대가 되는 가설입니다. 사람들은 아직 탯줄을 통해 엄마의 자궁과 연결된 이 극히 작은 미정형의 존재가 생각하는 존재라고 가정합니다. 그러나 이것을 어떻게 확인할 수 있답니까? 그 안에서 일어나는 어떤 갈바니 반응[84]을 보고, 거기에서 하늘이 부여한 선물을 알아볼 수 있단 말입니까? 아니면 아무런 생각 없는 눈빛에서, 눈물에서, 폐부를 꿰뚫는 듯한 날카로운 비명에서 하느님의 형상대로 창조된 존재를 당신이 보았던 것입니까? 당신에게 물어보겠습니다. 그에게 있는 생각은 태어난 초기에 엄마나 유모, 혹은 다른 인간 존재에 의해 그의 머릿속에 투여된 적은 수의 개념에서 나온 것은 아닐까요? 첫 인간[85]은 시끄럽게 우는 아이가 아니었습니다. 그는 이미

---

84) 갈바니 반응은 자발적인 산화-환원 반응을 통해 화학 에너지를 전기 에너지로 변환하는 과정으로, 이 반응에서는 한 전극에서 산화된 물질의 전자가 외부 회로를 통해 다른 전극으로 이동하며, 이 과정에서 전류를 발생시킨다. 여기서는 꼼지락거림을 지시하는 것으로 보인다.

온전한 사람이었습니다. 그러므로 그는 하느님과 비슷할 수 있었으며 실제로도 하느님과 비슷했습니다. 물론 하느님의 형상대로 지음 받은 것은 인간의 태아가 아닙니다. 인간의 진정한 본성은 모든 존재 가운데 인간만이 무한하게 가르침을 받을 수 있는 유일한 존재라는 사실에 있습니다. 여기에 모든 피조물에 대한 인간의 우월성이 있습니다. 그러나 인간이 생각하는 존재의 상태에 도달하기 위해서는 최고의 이성에서 오는 광선이 그의 두뇌를 밝혀야 합니다. 사람을 창조하시던 날 하느님은 그와 말씀하셨고 사람은 귀를 기울여 그를 들었습니다. 이것이 인간 이성의 진정한 기원입니다. 심리학은 이보다 더 심오한 설명을 찾지 못할 것입니다. 나중에 인간은 하느님의 음성을 들을 수 있는 능력을 일부 상실했습니다. 이것은 그가 얻은 무한한 자유라는 선물이 준 자연스러운 결과였습니다. 그러나 인간은 그의 귀에 울려 퍼진 하느님의 첫 번째 말

---

85) 차다예프가 말하는 "첫 인간(первый человек)"은 단순히 생물학적으로 가장 먼저 태어난 인간이 아니라, 신학적 · 철학적 의미의 첫 인간, 즉 하느님과 직접 대화한 존재를 가리킨다. 흥미로운 점은 그가 아담이라는 이름을 명시적으로 호칭하지 않았다는 것이다. 이것은 유대-기독교 신화의 '인물'로서 아담을 말하는 게 아니라, 하느님과 처음으로 의식적 관계를 맺은 인간 존재를 상징적으로 가리키려는 의도로 보인다.

씀에 대한 기억을 잃지 않았습니다. 첫 번째 사람에게 주셨던, 이후 세대에서 세대로 이어진 하느님의 그 말씀이 요람에 있는 아이에게 감동을 주고 의식의 세계로 데려간 다음 생각하는 존재로 바꿉니다. 하느님께서 인간을 무(無)에서 불러내실 때 행하신 바로 그 동일한 작용을, 지금도 여전히 모든 새로운 사유적 존재를 창조하실 때 사용하시는 것입니다. 당신과 닮은 자들을 매개로 하느님은 언제나 인간에게 말씀을 걸고 계시는 것입니다

따라서 인간 존재가 이미 완성된 이성을 지닌 채 세상에 태어난다는 생각은, 보시다시피 경험적 사실을 보아도, 추상적 논거를 살펴봐도 전혀 근거가 없습니다. 최고 원칙이 항구적이고 직접적으로 영향을 미친다는 위대한 법칙은, 모든 피조물에서 그러하듯이, 인간의 보편적 삶에서도 그대로 반복됩니다. 거기에는 '양'으로 구현된 힘이, 여기에서는 '전통'에 구현된 원칙이 있습니다. 물론 두 경우 모두 똑같은 원리가 반복됩니다. 영향력이 외부에서 존재에 가해진다는 것, 그 영향력이 어떻든 처음에는 순간적으로 작용한다는 것, 그러나 이후에는 길고 지속적으로 작용한다는 원리 말입니다.

우리가 우리 내면으로 빠져든다 하더라도, 즉 우리 마음의 내밀한 깊은 곳으로 파고든다 하더라도, 우리는 결코 그곳에서 이 땅의 선조들이 유산으로 물려준 것들을 제외

하고는 그 어떤 것도 발견할 수 없을 것입니다. 이성이란 아무리 그것을 분석하고 쪼개 보려 해도, 결국은 세대를 거듭해 이어져 온 인류 전체의 이성일 뿐입니다. 우리가 우리 자신의 지성의 능력에 대해 사유할 때조차, 우리는 단지 그 세계 이성의 일부를 좀 더 잘 혹은 서투르게 사용하면서, 우리 개인적 존재 속에 들어온 그 몫을 바라보고 있는 것에 불과합니다. 그렇다면 영혼의 이러저러한 성질이란 무엇을 뜻할까요? 그것은 이념(идея)입니다. 그것이 우리의 정신 속에 어떻게 들어왔는지를 모르지만, 이미 또 다른 이념을 불러내고 있는, 우리가 우리의 정신 속에서 이미 준비된 상태로 발견하는 이념 말입니다. 그런데 우리가 헤엄치는 이 이념의 바다에서 나온 것이 아니라면, 당신이 보기에 우리에게 있는 최초의 이념, 그것은 대체 어디에서 올 수 있었을까요? 만약 우리가 다른 인식들과의 소통을 상실당한다면, 우리는 우리의 본성에 대해 추측하는 대신 풀을 뜯어 먹고 있을 것입니다. 만약 인간의 사고가 인류의 사고라는 것에 동의하지 않는다면, 사고가 대체 무엇인지 이해할 가능성은 없습니다. 창조된 우주의 나머지 부분들과 마찬가지로, 인식의 세계에서 그 어떤 것도 완전히 분리되어 그 자체로 존재하는 것으로 이해될 수 없습니다. 그리고 마지막으로, 인간의 이성이란 지고의 '객관적' 실재 내에서 단지 하느님의 사유를 항구적으로 끊임없이 재현하는 것에 불과하다면, 시간 속에서의 인간의 이성 또는 '주관적' 이성은 자유의지를 활용하여 인간이 스스로 만들어 낸 것이 분명합니다. 학교와 강단의 지혜[86]는 이 모든 것을 인정하지 않습니다. 교과서적 철학에 따르면 오직 하나의 유일무이한 이성만이 존재할 뿐이고, 인간도 창조주의 손에서 나온 그대로의 인간일 뿐입니다. 비록 자유롭게 창조되었지만, 인간은 자유를 남용하지는 않았으며, 자발적 의지를 가지고 있으면서도, 인간은 무생물과 마찬가지로 저항할 수 없는 힘에 변함없이 복종하고 있다고 교과서적 철학은 말합니다. 인간이 만들어 낸 무수한 오류들, 조잡한 편견들, 스스로를 더럽힌 범죄

---

86) 차다예프 전집 편집자들은 이 부분에 다음과 같은 주석을 달고 있다. "아마 여기서는 일반적인 의미의 감각주의(сенсуализм)를 가리키는 듯하지만, 그 교리를 차다예프가 매우 자의적으로 서술하고 있다. 또 차다예프는 데카르트 철학과 17세기 합리주의의 핵심 원리인 '나는 생각한다. 고로 나는 존재한다'를 '나는 생각한다' 대신 '나는 느낀다(ощущать, чувствовать)'로 바꾸어 합리주의에 감각주의적 요소를 도입했다." 이러한 주석은 논의가 필요해 보인다. '나는 생각한다'를 '나는 느낀다'라고 바꾸었다는 지적은 인간의 인식이 추상적 사유보다 감정, 체험, 내적 감각에서 비롯된다고 보는 차다예프의 시각과 일치한다. 그러나 차다예프의 철학이 합리론과 경험론의 절충인 것인지, 만약 절충이 맞다면 어떤 이유로 그렇게 한 것인지에 대해서는 한참 논의를 해 보아야 하겠다.

들, 이 모든 것들 가운데 그 어떤 것도 인간의 영혼에 흔적을 남기지 못했습니다. 그리하여 강단 철학에서 인간은 하느님이 흙으로 된 존재에 숨결을 불어넣어 주었던 바로 그때의 모습 그대로 있는 것으로 간주됩니다. 인간은 그의 어릴 적 본성이 더럽혀지지 않았을 때처럼 그렇게 순수하고 때 묻지 않은 상태로 있는 것입니다. 교과서적 철학 안에서 인간은 항상 똑같은 모습입니다. 언제나 어디서나 말이죠. 우리는 그렇게 되어야만 했던 바로 그대로 있습니다. 그리고 우리가 인간의 이성이라고 부르는, 불완전하고 허구적이며 일관성 없는 모순된 생각들의 덩어리는, 교과서적 철학에 따르면, 순수한 이성이며 신 그 자체로부터 흘러나온 천상의 발현입니다. 그것을 결코 변화시킬 수 없고, 그것을 결코 건드릴 수 없습니다. 이것이 인간의 지혜가 생각하는 방식입니다.

그럼에도 인간의 정신은 이상적 원형에 따라 자신을 재구성할 필요성을 항상 느껴 왔습니다. 기독교가 출현하기 이전까지 인간의 정신은 끊임없이 이러한 이상적 원형을 만들어 내는 작업만을 했을 뿐입니다. 이상적 원형은 인간의 정신에 언제나 쉽게 포착되지 않았고, 그래서 인간의 정신은 끊임없이 그 작업을 계속해야 했습니다. 이것은 고대 시대의 위대한 과업이었습니다. 당시 인간은 자신의 의지와 무관하게 바로 자기 자신 안에서 그 원형을 발견하도록 예정되어 있었습니다. 그러나 기독교가 전해 준 최고의 가르침을 가지고 있음에도 불구하고 우리 시대의 철학이 때때로 고대 세계가 갇혀 있는 원 안에 완고하게 남아 있다는 것, 인간의 본성 밖에서 완전한 이성의 이상적 원형을 탐구할 생각을 하지 않는다는 것은 놀라울 뿐입니다. 예를 들어 가장 오래된 전통을 사람들 사이에서 보존하도록 운명 지워진 최고의 가르침, 다시 말해서 인간이 찾고 있으나 결코 발견할 수 없는 바로 그 절대적 이성의 자국을 선명하게 담고 있는 이 경이로운 서적에 주의를 기울일 생각을 하지 않는 것은 놀랍지 않습니까? 계시가 열어 놓은 가르침을 참된 믿음으로 조금만 묵상해 보면, 당신은 구석구석에 놓여 있는 영적 완전함에 대한 숭고한 표현에 감동될 것입니다. 그 안에서 만나는 모든 위대한 정신들은 하나의 거대한 이성의 일부로서 그 이성은 과거, 현재, 미래가 하나로 결합된 세계 전체를 채우고 관통하고 있습니다. 당신은 그곳에서 시간과 공간의 제약을 받지 않는 이성의 본성, 즉 인간이 한때 소유했으나 잃어버렸고, 언젠가 다시 회복하게 될, 그리고 그리스도 안에서 우리에게 드러난 바로 그 이성의 본질을 깨닫게 될 것입니다. 여기서 주목해야 할 점은 철학적 영성주의이건 혹은 그 반대의 감각주의이건, 둘 다 사실상 동일한 한계에 갇혀 있다는 것입니다. 곧 우리가 인간의 이성을 빈 서판

(пустое место/tabula rasa)으로 보고 옛 경험론자들-감각론자들의 공식을 따라 '처음에 감각 속에 없던 것은 이성 속에는 없다'라고 하든, 아니면 이성이 그 자체의 고유한 힘으로 작용한다고 보고 데카르트를 따라 '나는 모든 감각을 차단한다. 그런데도 나는 살아 있다'라고 하든, 결국 우리가 다루는 것은 타락 이후의, 본래적이지 않은 인간 이성입니다. 그러므로 그것은 진정한 영적 원리, 즉 하느님이 처음에 부여한 원초적 이성이 아니라, 인간의 자의와 타락으로 인해 왜곡되고 훼손된 이성을 연구하는 것에 불과합니다.

그럼에도 지금까지 알려진 여러 사상 체계 중에서, 의심의 여지 없이, 가장 심오하고 결과 면에서 가장 생산적인 체계는, 이성이라는 현상을 분명하게 이해하기 위해, 완벽하게 추상적인 이성, 다시 말해서 오로지 생각하는 존재를 양심적으로 구축하려고 노력하는 체계[87]입니다. 비록 이 체계가 자신의 논리를 구축하는 과정에서 영적 원리의 근원으로 거슬러 올라가지는 않았음에도 말입니다. 이 체계가 자기 모델을 구축하기 위해 사용하는 질료는 현재

87) 칸트의 철학 체계를 가리킨다. 차다예프는 학창 시절부터 칸트에 대해 잘 알고 있었다고 차다예프 전집의 편집자들은 밝히고 있다.

상태의 인간이 제공하는 것이기 때문에, 이 체계가 우리 앞에 보여 주는 것은 최초의 이성이 아니라 인공적인 이성입니다. 이 철학의 창시자는 매우 깊은 사상가였지만, 그는 문제의 본질이 단지 다음과 같은 데 있음을 보지 못했습니다. 즉 그의 이성이 단 하나의 의지를 가져야 했다는 것, 곧 보다 높은 이성을 찾아 그것과 합일하려는 의지, 그리고 그 이성의 운동 방식(mode de mouvement)은 모든 피조물이 그러하듯 법칙에 대한 완전한 복종에 두어야 했다는 점 말입니다. 그의 모든 힘은 그 더 높은 이성과 결합하려는 무한한 열망으로 귀결되어야 했습니다. 만약 그가 이것을 자신의 출발점으로 삼았다면, 그는 물론 진정한 의미의 순수 이성의 개념에 도달했을 것입니다. 왜냐하면 이 이성은 절대 이성의 순수한 반영이므로 이러한 이성을 분석함으로써 그는 의심의 여지 없이 대단히 중요한 결과에 이르렀을 것이기 때문입니다. 또한 그는 우리 이성 안에 내재한 어떤 명령적 법칙(императивный закон)이 스스로의 힘으로 완전성에 도달할 수 있다는 믿음, 인간 이성의 '자율성'이라는 잘못된 교리에 빠지지 않았을 것입니다. 그랬다면 이후에 등장한 '인간 자아의 전능'을 주장하는 더욱 오만한 철학[88]은 결코 그로부터 비롯되지 않았을 것입니다.

그러나 그렇다고 하더라도 이 철학자는 정당하게 다루

어져야 합니다. 현재 있는 그대로 그의 결과물은 완전한 존경을 받을 만합니다. 그가 철학적 지식에 부여한 방향에 따라 우리는 현대의 무수히 많은 건전한 관념을 개진하고 있습니다. 우리 자신은 그의 생각의 논리적 결과일 뿐입니다. 그는 확신에 찬 손으로 인간 이성의 한계를 추적했습니다. 그는 증명할 수 없는 가장 심오한 두 가지 신념, 즉 신의 존재 그리고 자신의 존재의 무한한 연속성을 이성이 받아들여야 한다는 점을 분명히 했습니다. 그는 우리의 측정 기준으로는 맞출 수 없고 우리의 의지와는 무관하게 우리를 잡아당기는 지고의 논리가 존재한다고 우리에게 가르쳤습니다. 그리고 그는 우리와는 다른, 그러나 우리가 몸부림치는 세계와 동시에 공존하는 그런 세계가 있다고 가르쳤습니다. 우리의 이성은 이 세계를 인정해야만

---

88) 피히테의 자아 철학을 의미한다. 피히테는 인식 주체와 인식 대상을 구분한 것이 칸트 철학의 문제점이라고 지적하면서 물자체와 현상, 인식 주체와 인식 대상을 통합할 필요가 있다고 보았다. 그리고 이것들을 하나로 묶어 '자아'라고 말했다. 피히테에게 자아란 통각들 전체의 집합이면서 동시에 통각의 중심이다. 여기서 통각이란 칸트적 개념으로서 대상을 인지하는 것을 말한다. 그리고 통각은 대상을 인지하는 경험적 인지와 인지를 인지하는 초월적 인지(현대 개념으로는 메타적 인지)로 나뉜다. 결국 피히테는 칸트의 통각 개념을 자아 개념으로 대체했다.

하는데 그러지 않을 경우 비존재로 빠져들게 된다는 것입니다. 그리고 마지막으로 그는 우리의 인식을 실제 세계에 적용하기 위해 이 세계로부터 우리의 모든 인식을 취해야 한다고 가르쳤습니다. 하지만 결국 그는 단지 철학의 새로운 길을 열도록 예정된 사람이었을 뿐이고, 그가 인류 정신에 위대한 봉사를 한 것은 사실이지만, 그것은 그 정신을 뒤돌아보게 만들었다는 점에서만 그러했음을 우리는 인정해야 합니다.

우리가 지금 수행하고 있는 연구의 결과를 요약하면 다음과 같습니다. 세상에 아무리 많은 관념이 있다 하더라도 그 모든 관념은, 자연의 힘이 물리적 개체의 속성인 것처럼, 개별적인 이성적 존재의 속성과는 무관한, 전통에 의해 전달된 특정 수의 개념들의 결과물입니다. 플라톤의 '원형(Архетипы)', 데카르트의 '태생적 관념(врожденные идеи)', 칸트의 '선험적(a priori)' 등과 같은 이 다양한 사유 요소들은 사려 깊은 사상가들에 의해 그 어떤 것보다 선행하는 영혼의 현현으로, 모든 경험적 지식과 모든 독자적인 정신 활동보다 선행하는 것으로 필연적으로 인정되어야 하겠습니다. 태초부터 존재하는 이 모든 이성의 씨앗들은 우리에게 생명을 예고하고 우리 개인의 삶 속으로 들어와 인간 이성의 움직임을 이끌었습니다. 이 결과들을 지각하지 못한다면 인간은, 직선에 가까운 얼굴 턱

선이나 커다란 두개골 그리고 직립 보행에도 불구하고, 단순히 두 다리와 두 팔을 가진 포유류일 뿐입니다. 최초의 인간 존재를 창조하던 날, 타원 궤도에 따라 행성을 돌게 하고, 죽은 물질을 움직이게 하고, 유기체에 생명을 불어넣은 바로 그 손이 기적과 같은 방식으로 최초 인간의 의식 속에 넣어 놓은 이 관념들은, 이성에 고유한 움직임을 부여하고, 인간이 통과하도록 예정된 커다란 원 안에 인간 존재를 던져 놓았습니다. 이 관념들은 서로의 접촉과 신비로운 원리에 의해 발생하며, 이는 최고 존재의 의식이 창조된 의식 속에서 계속 작용하는 방식과 같습니다. 그것들은 물질세계에서 법칙과 접촉이 자연을 유지하는 방식과 동일하게, 정신적 세계의 질서를 유지합니다. 최초의 영향력은 이런 식으로 유지됩니다. 그리고 그것은 궁극적으로는 섭리의 형태를 띱니다. 항구적이고 직접적이며 존재의 총합으로 자신의 영향력을 확장하는 섭리의 형태 말입니다.

일단 이것을 확정하고 나면, 우리가 무엇을 더 연구해야 할 것인지 분명해집니다. 우리에게는 태초에 인간의 마음에 새겨진 관념이 어떻게 그리고 어디에서 온전하고 순수하게 보존되어 있는지를 밝혀내기 위해서 이러한 전통이 인류 역사에서 어떻게 움직였는지를 추적하는 작업만이 남습니다.

제6서한[89]

이탈리아와 다른 기독교 국가들에서 수많은 충격,
내전, 음모, 범죄, 어리석은 일이 벌어지는 와중에도 왜
그토록 많은 사람이 실용 예술과 순수 미술을
발전시켰을까 하는 의문이 생길 수 있다. 이는
투르크족의 지배하에서는 볼 수 없는 일이다.
볼테르, 관습에 관한 에세이.

부인,

당신은 제가 이전에 보낸 편지들에서 한 세대에서 다음 세대로 이어지는 사상의 흐름을 이해하는 것이 얼마나 중요한지 보셨습니다. 하지만 또한 인간의 마음에는 신이 무(無)에서 인간을 창조하실 때 친히 심어 놓으신 진리 외에는 다른 어떤 진리도 없다는 근본적인 관념을 받아들인다면, 대중의 역사가 바라보는 것과 같은 방식으로는 도저히 그 시대적 흐름을 바라볼 수는 없게 됩니다. 섭리나 완

89) 차다예프는 〈제6서한〉과 〈제7서한〉을 묶어 '한 여인에게 보내는 두 통의 편지'라는 제목으로 별도 출간하려는 계획을 세웠었다.

벽하게 현명한 지성만이 사건의 흐름을 주관할 뿐만 아니라 인간의 이성에 즉각적이고 지속적인 영향력을 행사하기 때문입니다. 창조된 존재인 인간의 이성이 움직이기 위해서는 자신의 본성에서는 본래 결코 나올 수 없는 자극을 받아야 했고, 그 최초의 관념과 최초의 지식은 단지 최고 이성의 기적적인 전해 줌일 수밖에 없었다는 사실을 인정해 봅시다. 그러면 인간 이성의 진보 과정에서 이런 식으로 이성을 구성했던 힘은 인간의 이성에 처음으로 움직임을 부여했던 순간에 사용했던 것과 동일한 영향력을 계속 행사했어야 함이 지당하겠지요.

부인, 만약 당신이 이전에 우리가 동의했던 것들을 완전히 이해했다면, 역사와 그 진보 안에서의 지적 존재를 이해하는 이러한 방식은 당신에게 익숙해졌을 것입니다. 당신은 순수한 형이상학적 추론이 인간 정신에 외부적 영향력이 영속적으로 작용하고 있음을 완벽하게 입증한다는 것을 익히 알고 있습니다. 그러나 형이상학에 의존할 필요는 없습니다. 결론은 형이상학 없이도 저절로 도출되며, 그 결론을 부정하려면 그것이 나온 전제 자체를 부정하지 않고서는 불가능합니다.

만약 신의 이성이 영적 세계에서 끊임없이 영향을 미치는 방식 자체를 생각해 보면, 우리가 방금 보았듯이, 그 영향은 필연적으로 그 최초의 영향과 일치해야 할 뿐만 아니라 인간 이성이 완전히 자유로운 상태에 있으면서 자기의 고유한 활동을 충분히 펼칠 수 있도록 작용해야 한다는 것을 알게 될 것입니다. 따라서 다른 민족들보다 신의 최초의 계시를 더 순수하고 명확하게 전통으로 보존해 온 민족이 있었고, 때때로 도덕 질서의 최초 작용이 그들을 통해 새롭게 갱신되었다고 해서 조금도 놀랄 일이 아닙니다. 이 민족을, 이 선택된 사람들을 부정한다면, 신의 사상이 모든 시대의 모든 사람에게 인간의 보편적 삶 속에서 똑같이 충만하고 똑같이 생생하게 드러났다고 가정해야 할 것입니다. 이것은 세상의 모든 개성과 자유의 파괴를 의미하는 것이며, 사실 자체를 부정하는 것이 될 테죠. 개성과 자유가 존재하는 것은 지성, 도덕적 능력, 그리고 인식에 차이가 있기 때문입니다. 반대로 몇몇 개인, 한 민족, 혹은 소수의 특별히 선택된 이들이야말로 최초의 전통에 이례적일 만큼 복속되거나 인간의 이성 안에 태초에 심어진 진리를 이해하는 특별한 은사를 지닌 존재라고 가정한다면, 그것은 우리가 도덕적 현상을 세우는 것일 뿐입니다. 이는 지금 우리 눈앞에서 항상 일어나고 있는 일, 곧 어떤 민족이나 어떤 개인이 다른 민족이나 다른 개인들이 가지지 못한 지식을 소유하는 것과 조금도 다르지 않습니다.

나머지 다른 인류들에게서도 이러한 위대한 전통은 민

족들이 처한 여러 상황에 따라 많든 적든 나름의 순수성을 유지해 왔습니다. 그리고 인간은 자기 밖에 있는 또 다른 이성이 그의 의식 속에 불러일으킨 전지전능한 진리의 빛에 의지해서만 자신에게 예정된 길을 걸어갈 수 있었습니다. 그러나 지상에는 빛의 원천이 오직 하나밖에 없습니다. 이 원천은 인간의 지식으로 타오르지 않고, 기만적인 빛의 폭발을 일으키지도 않았습니다. 한 지점에 집중되어, 세상의 모든 위대한 비밀처럼 우리 눈에 보이지 않은 채 빛을 내고 있었습니다. 불타고 있는 그러나 숨겨져 있는, 이 말로 설명할 수 없는 빛은 모든 것을 비추었습니다. 그러자 스스로 빛을 내는 것처럼 보였던, 심지어 정반대의 방향으로 나아가는 것처럼 보였던 모든 것들이 이 공통 중심을 향해 움직였습니다.[90] 그러나 지성 세계에 대재앙의 시기가 닥치자, 인간이 만들어 낸 허망한 힘은 허무하게 그 즉시 사라졌고, 어디서나 볼 수 있던 불길 속에서 무너지지 않고 남은 것은 오직 영원한 진리의 장막뿐이었습니다. 바로 이것이 역사의 종교적 통일성을 이해하는 방식

---

90) (지은이 주) 이 빛나는 지혜가 지구의 어느 부분에 있는지 지리적으로 특정할 필요는 없습니다. 한 가지 확실한 것은 전 세계 민족의 전통이 인류 최초의 지식이 유래된, 하나의 동일한 장소를 가리키고 있다는 겁니다.

이며, 이 종교적 통일성이라는 개념이 시대의 진정한 철학의 수준에 도달하는 방식입니다. 이는 지적인 존재가 다른 피조물과 마찬가지로 일반적이고 절대적인 법칙에 종속되어 있음을 보여 줍니다.

부인, 역사를 탐구하는 이러한 추상적이고 종교적인 방식을 당신이 자기 것으로 만드실 수 있기를 바랍니다. 아무리 모호한 통찰이라도, 세기를 지배하고 인류를 최후의 목적지로 이끄는 섭리의 그 희미한 구상들만큼 우리의 사유를 넓혀 주고 영혼을 정화하는 것은 없기 때문입니다. 그러나 이제 우리는 최소한 인간의 기억이라는 광활한 영역을 비춰 줄 수 있는 역사철학을 만들어 봅시다. 그것은 우리에게 새벽까지 이어질 한낮의 생생한 햇살처럼 다가올 것입니다. 우리는 이와 같은 역사에 대한 예비적 연구로부터 큰 유익을 얻을 수 있을 것입니다. 그것은 그 자체로 하나의 완전한 체계를 이룰 수 있어서 만약 우연히 뭔가가 우리의 더 깊은 연구를 방해한다 하더라도 그러한 체계를 이루었다는 것만으로도 만족할 수 있기 때문입니다. 부인, 제가 당신에게 뭔가를 가르치려는 것이 아닙니다. 이 편지들은 단지 중단되었던 우리 대화의 연장선일 뿐임을 기억해 주십시오. 그 대화들은 제게 수많은 감미로운 순간들을 선사했고, 다시금 말씀드리거니와, 제게 누군가와의 대화가 절실히 필요했던 시기에 진정한 위로

가 되었습니다. 이번에는 평소 이상으로 제 설교를 기대하지 마시고, 평소처럼 계속해서 사색할 준비를 해 주십시오.

당신도 이미 알아차리셨다시피, 모든 유형의 지식에 역사적 의미를 부여하는 데 초점을 맞추는 것이 인간 이성의 현대적 추세입니다. 역사적 사유의 철학적 토대를 고려해 보건대, 오늘날 역사적 사유가 지금까지 이룩했던 것보다 더 높은 중요성을 성취하도록 요구받고 있음을 알아차리지 않을 수 없습니다. 오늘날 이성은 오직 역사에서만 만족을 찾는다고 말할 수 있을 것입니다. 이성은 끊임없이 과거로 되돌아가 기억으로부터, 지나온 길에 대한 성찰로부터, 수 세기 동안 이 길의 방향을 결정하고 규정해온 힘들에 대한 고찰로부터 새로운 가능성을 끌어내려 하고 있습니다. 물론 이러한 현대 과학의 추세는 분명 매우 유익합니다. 그러나 인간의 이성이 현재라는 대단히 협소한 한계 안에 존재하는 힘에 의해서만 구성되는 것이 아니라, 과거와 약속된 시간을 하나의 사고로 통합하여 이성의 진정한 본질을 표현하고, 이성을 진정으로 이성에 속하는 활동 영역 위에 위치시키는 또 다른 힘이 존재한다는 것을 깨달아야 할 때입니다.

하지만 부인, 일반적으로 전통적 역사 또는 서사적 역사가 필연적으로 불완전하다는 것을 당신은 알아차리지 않으셨습니까? 이 역사는 항상 인간의 기억 속에 담겨 있는 것만을 보여 주지 않나요? 하지만 기억이 세상에서 일어나는 모든 일을 간직하는 것은 아닙니다. 이처럼 현재의 역사적 관점은 아무것도 증명하지 못하기 때문에 이성을 만족시킬 수 없습니다. 역사를 관통했던 철학 정신, 유용한 비판적 저작들, 그리고 자연과학, 천문학, 지질학, 심지어 순수 물리학이 최근 역사에 많은 도움을 주었다 하더라도, 당신이 보시다시피, 역사는 여전히 '통일성'이나 도덕적, 역사적 운동 속의 일반 법칙에 대한 명확한 통찰에서 도출될 수 있는 지고한 도덕성을 달성하지 못했습니다. 인간의 이성은 과거를 성찰하면서 항상 위대한 결실을 얻고자 노력했습니다. 하지만 역사를 다양한 방식으로 해석하며 얻어 낸 피상적인 교훈들, 통속적인 철학의 가르침들, 어떤 미덕의 사례들—마치 미덕이 본디 은밀히 머무르는 것이 아니라 세계사의 거대한 무대 위에서 스스로를 과시하는 것처럼 여기는—과 같은 이런 공허한 심리학적 도덕은 단 한 명의 정직한 사람도 만들어 내지 못하고 도리어 온갖 종류의 악당과 미치광이들을 길러 냈으며, 그저 이 쓰라린 세계 희극을 반복할 뿐이었고, 인류의 전통이 제공해야 할 진정한 교훈에서 이성을 멀어지게 했습니다. 기독교 정신이 과학을 지배하는 동안에는, 비록 서툴게 표현되었지만 심오한 사상이 역사 연구 위에 이 사상의 기원이 되는 신성한 영감을 비추어 주었습니다. 그러나 당시의 역사 비평은 아직 미숙했고, 특히 원시 시대의 많은 사실이 인류의 기억 속에 너무나 왜곡된 방식으로 남아 있어서 종교의 빛조차도 그 깊은 어둠을 걷어 낼 수 없었습니다. 그래서 역사는 비록 최고의 빛으로 비추어졌음에도 불구하고 마땅히 도달해야 할 높은 수준에 오르지 못했습니다. 오늘날 합리적 역사관은 의심할 여지 없이 좀 더 긍정적인 결과를 낳을 것입니다. 우리 시대의 이성은 역사에 대한 완전히 새로운 철학을 요구하고 있습니다. 현대 천문학이 히파르코스나 고대 천문학자들이 수행한 일련의 기상 관측과 전혀 닮지 않은 것처럼, 현대 역사철학은 고대의 역사철학과는 닮은 점이 거의 없습니다. 다만 우리는, 모든 것을 증명할 만큼 사실이 결코 충분할 수는 없지만, 모세와 헤로도토스 시대 이후의 사실만으로도 많은 것을 예감하기에 충분하다는 점을 깨달아야 합니다. 아무리 많이 모아도 사실 그 자체는 우리가 추구하는 확실성을 주지 못합니다. 확실성은 오직 사실들을 이해하는 방식에서 비롯되는 것입니다. 예를 들어 수 세기 동안의 관찰 경험은 케플러에게 행성 운행 법칙을 알게 해 주었지만, 그에게 자연의 일반 법칙까지 밝혀 주기에는 충분하지 않았습니다. 그 발견은 일종의 특별한 계시, 즉 경건한 명상으로만 가능했습니다. 부인, 이것이 바로 우리가 이해하려고 노력해야 할 역사입니다.

무엇보다도 먼저, 서로에게 무의미한 학문적 결과물만 쌓아 올리는 여러 세기와 여러 민족을 비교하는 것이 무슨 의미가 있을까요? 이 모든 것이 언어적, 민족적, 사상적 계보학인가요? 맹목적이고 완고한 철학은 언제나 이러한 모든 것을 인간 본성이 동일하다는 낡은 논리로 빠져나가려 들지는 않을까요? 자신이 선호하는 이론, 즉 인간 이성이 섭리의 흔적 없이 그 자체의 기계적 힘 외에는 다른 어떤 원인도 없이 자연스럽게 발전한다는 이론을 사용하여 이 모든 시대의 놀라운 상호 교직을 설명합니다. 이 철학에는 섭리의 흔적도 없고, 인간 본성의 기계적 힘 이외의 어떤 영향도 전혀 인정하지 않습니다. 이 이론의 관점에 따르면, 인간 이성이란 구르면서 커지는 눈덩이 그 이상일 수 없습니다. 게다가 이 철학은 진보에 관한 자기의 견해에 의거 어디에서나 인간 본성에 본래 깃들어 있는 자연적 완성을 보거나, 아니면 아무런 의미도 없고, 아무런 이유도 없는 움직임을 발견할 뿐입니다.

연구자의 지적 특성에 따라, 다시 말해서 우울하고 절망적인지 아니면 반대로 희망적이고 순종적인지에 따라, 이 철학은 인간을 마치 햇빛 속의 날벌레처럼 의미 없이 허둥대는 존재로 보거나, 아니면 숭고한 본성의 힘으로 끊임없이 상승하고 또 상승하는 존재로 보기도 합니다. 그러나 그것은 언제나 이 모든 것 속에서 인간만을, 오직 인간만을 봅니다. 스스로 무지를 기꺼이 받아들이는 셈입니다. 심지어 자신이 이해했다고 주장하는 물리적 세계조차도 지성과 감각의 헛된 호기심에 포착되는 것만을 가르칩니다. 이 세계가 끊임없이 발산하는 빛의 흐름은 결코 이 철학에 도달하지 못합니다. 설령 마침내 이 철학이 만물 전체 속에서 어떤 계획, 설계, 또는 이성을 보겠다 결단하고, 여기에 인간 지성을 복종시키려 결심하고, 보편적 도덕 질서의 결과로부터 발생하는 모든 것을 수용하겠다 결정하더라도, 이 철학이 자기 자신으로 남아 있는 한, 다시 말해서 인간중심주의로 남아 있는 한 그것은 불가능합니다. 따라서 시대를 연결하려는 시도도, 사실 자료에 관한 끊임없는 연구도 어떤 성과로 이어지지 않습니다. 오히려 우리는 위대한 역사적 시대들의 깊은 성격을 파악하고, 각 시대의 특징을 실천 이성의 법칙에 근거하여 완전히 편견 없이 규정하려 노력해야 합니다. 게다가 이 문제를 면밀하게 살펴보면, 역사의 모든 원재료는 이미 다 파헤쳐졌고, 민족들은 이미 자신들의 전통을 다 드러냈다고 여겨집니다. 만약 과거 시대들을 더 나은 방식으로 설명해야 할 과제가 제기된다 해도, 그것은 역사의 쓰레기 더미를 파헤치는 비평으로는 수행될 수 없고, 순수하게 합리적인 방법을 통해서만 해결될 수 있을 것입니다. 그러므로 사실에 관해서는 더 이상의 새로운 발견은 없습니다. '이렇듯 역사에 남은 것은 단 하나, 의미를 부여하는 작업뿐입니다.'

우리가 이를 인정한다면, 역사는 자연스럽게 철학의 일반적인 체계로 들어가게 되고, 그것의 필수불가결한 부분을 형성하게 될 것입니다. 물론 역사로부터 떨어져 나오는 많은 주제가 소설가와 시인의 소유물이 될 것입니다. 그러나 그보다 더 많은 주제가 지금까지는 안개 속에 가려져 있던 자리에서 나와 새로운 체계의 가장 높은 정점에 자리하게 될 것입니다. 역사의 주제들은 더는 연대기에서만 신뢰를 빌리지 않고, 자연과학적 공리들이 관찰과 경험을 통해 발견되었음에도 기하학적 이성을 거쳐 공식들로 이끌리듯이, 역사 분야의 진리들 역시 도덕적 이성을 통해 신뢰성을 얻게 될 것입니다. 그런 예로 아직도 여전히 제대로 이해하지 못한 시대를 꼽을 수 있겠습니다. 그것은 자료나 기념물이 부족해서가 아니라 사유가 부족하기 때문입니다. 그 시대란 모든 시간이 집중되는 지점, 모든 것이 끝나고 다시 시작되는 지점, 조금의 과장도 없이 말하건대 인류의 과거 전체가 미래 전체와 뒤섞이는 지점, 저는 우리 시대의 첫 세기들[91]을 말하고 있는 겁니다. 언

91) 그리스도 탄생 이후의 첫 세기를 가리킨다.

젠가 역사적 사유가 그 장엄한 광경, 다시 말해서 과거의 위대함이 먼지로 변하고 미래의 위대함이 갑작스레 모습을 보이는 것에서 결코 눈을 뗄 수 없는 그런 날이 올 것입니다. 이어서 찾아온 인간 존재의 갱생과 그것의 연속으로서 긴 시기는 철학적 편견과 광신주의로 인해 그토록 왜곡되게 채색되었던 시대였으며, 그토록 생생한 빛들이 가장 캄캄한 어둠 속에 감춰져 있었고, 움직임이라고는 전혀 찾아볼 수 없는 마치 정신이 정체된 것처럼 보이던 시대였습니다. 그러나 그 안에서도 경이로운 도덕적 힘이 보존되고 번성했습니다. 그리고 인간 정신이 새로운 방향을 설정했을 때 비로소 그것이 이해되기 시작했습니다. 그러나 지금은 역사 속 수많은 인물 속에 묻혀 있던 거대한 형상들이 어둠 속에서 모습을 드러낼 것이며 사람들이 오랫동안 범죄적 숭배, 무의미한 숭배를 바쳤던 이들의 명성은 영원히 망각 속으로 사라질 것입니다. 그리고 이 과정에서 인간 이성이 무시하거나 멸시했던 《성경》 속 몇몇 인물들은 새롭게 조명될 것이고, 분에 넘치는 영광을 받았던 몇몇 이교의 현자들은 망각 속으로 사라질 것입니다.

모세와 소크라테스를 예로 들어 보겠습니다. 사람들은 전자가 인간에게 참된 신을 준 반면, 후자는 단지 옹졸하고 불안한 의심만을 남겼음을 단번에 깨닫게 될 것입니다. 다윗과 마르쿠스 아우렐리우스[92] 중 전자는 거룩한 영웅주의의 완벽한 본보기 그 자체인 반면, 후자는 단지 인위적인 위엄과 허세와 자랑만이 가득한 미덕의 흥미로운 예일 뿐입니다. 마찬가지로 분노에 차서 자신의 내장을 찢었던 카토[93]에 대해서도 이제는 그런 행위로 드러나는 철학적 실상, 그토록 격렬하게 덕을 부추겼던 철학, 이 사람이 스스로 만들었던 초라한 위대함을 참되게 평가하기 위해서만 기억될 것입니다. 저는 유명한 이교도 철학자들 에피쿠로스의 이름이 그동안의 부당한 편견에서 벗어나고 그에 대한 기억이 새로운 관심을 받으리라 생각합니다. 다른 저명한 인물들도 재평가되겠죠. 예를 들어 스타게이로스[94]의 이름은 앞으로 다소 혐오스럽게 발음될 것이고, 모하메드의 이름은 깊은 존경을 받으며 불릴 것입니다. 전자는 수 세기 동안 인류의 모든 선한 힘을 억압했

---

92) 마르쿠스 아우렐리우스는 로마 황제(재위 기간 161~180)이자 스토아 철학자다. 대표작으로 《명상록》이 있다.

93) 로마 공화정 말기의 정치가이자 스토아학파 철학자 마르쿠스 포르키우스 카토 우티켄시스(BC 95~BC 46)로, 흔히 '젊은 카토'를 가리킨다. 철학서를 읽고 검으로 자신의 배를 찔러 자결했다고 전해진다. 그의 죽음은 자유의 상징이 되었다.

94) 아리스토텔레스가 태어난 그리스 북동부 마케도니아 지방의 고대 도시를 가리킨다. 스타기랴라고도 한다. 결국에는 아리스토텔레스를 지시한다.

던 어둠의 천사로 여겨질 것이고, 후자는 신의 지혜가 인류 구원을 위해 구상한 계획을 실현하는 데 가장 크게 공헌한 은혜로운 존재로 여겨질 것입니다. 마지막으로 이 말을 해도 될는지 모르겠지만, 위대한 이름 호메로스는 일종의 불명예로 여겨질 것입니다. 플라톤이 종교적 본능에 이끌려 호메로스를 인간을 타락시킨 자라고 판단한 것은 그의 유명한 유토피아적 기행 중 하나로 여겨지지 않고 미래 사상을 선취한 놀라운 의견 중 하나로 여겨질 것입니다. 언젠가 사람들은 한 명의 범죄적 유혹자를 떠올리며 얼굴을 붉힐 날이 반드시 올 것입니다. 그는 끔찍한 방식으로 인간 본성을 타락시키는 데 힘을 보탰습니다. 사람들은 자신들의 욕망을 부추긴 이 아첨꾼에게 향을 피워 올렸던 것을 회개해야만 합니다. 호메로스는 사람들에게 즐거움을 주기 위해 진리의 신성한 전통을 더럽혔고 인간의 마음을 불순함으로 가득 채웠습니다. 지금까지는 인간의 사유를 스쳐 지나갔거나 기껏해야 소수의 독립적인 정신 속에 조용히 머물러 있었던 이 모든 관념은 인류의 도덕적 감정 속에 불가역적으로 확고하게 자신의 자리를 잡고 상식의 자명한 공리로 굳어질 것입니다.

그러나 이렇게 이해된 역사가 가르쳐 주는 가장 중요한 교훈 중 하나는 세상에서 이미 사라진 민족들의 상대적 위상을 인간의 기억 속에 공고히 하고, 또 현재 살아 있는 민족들의 의식 속에 그들이 수행해야 할 운명을 분명하게 느낄 수 있게 하는 것입니다. 모든 민족은 과거 삶의 여러 시대를 명확히 이해함으로써 현재 자신의 위치를 진리의 빛 속에서 인식하고, 자신에게 주어진 미래로의 길을 예측할 수 있게 될 것입니다. 모든 제 민족들 안에는 참된 민족의식이 형성될 것이고, 이 민족의식은 그들의 기억을 토대로 끌어낸 몇 가지 긍정적 관념들, 명확한 진리들, 모든 정신 위에 크든 작든 영향력을 행사하며 모두를 하나의 동일한 목표로 이끌어 갈 확고한 신념들로 구성할 것입니다. 그때 비로소 눈멀고 욕망적인 자기 이익 추구에서 벗어나 지금까지 인간을 그저 갈라놓기만 했던 민족성이 조화롭고 보편적인 결과를 낳기 위해 서로 연합하게 될 것입니다. 그때 모든 민족은 손에 손을 맞잡고 함께 하나의 목표를 향해 행진하게 될 것입니다.

저는 우리의 현자들이 이러한 지성의 융합이 철학과 보편 지식의 진보를 통해 이루어질 것이라고 약속했음을 잘 알고 있습니다. 그러나 깊게 숙고해 보면, 민족들이, 비록 그것들이 복잡한 존재라 하더라도, 실제로는 인격처럼 진정한 도덕적 존재이며, 따라서 개인과 마찬가지로 그들의 정신적 삶에도 동일한 법칙이 작용한다는 사실을 알 수 있습니다. '그렇다면 위대한 인류 가족의 활동은 필연적으로 각 민족이 가진 감정에 의존하게 되는데, 그 결과 그들은 스스로를 인류 전체와 분리된 존재이자 자신만의 고유한 본질과 이익을 지닌 존재로 여기게 됩니다. 이러한 감정은 세계의식의 필수적인 구성 요소로서 인류 전체의 집합적 존재가 가진 자아와도 같습니다.' 따라서 인류의 미래 행복이나 무한한 완전성에 대한 우리의 희망 속에서도 인류를 구성하는 위대한 민족들을, 그리고 그들을 이루는 하찮은 개인들을 함께 포함하지 않을 수 없습니다. 그것들은 더 높은 존재로 향하기 위한 원리이자 수단입니다. 따라서 우리는 그 모든 것을 조건 없이 받아들여야 하며, 그것들을 보다 완전한 존재로 나아가기 위한 원리이자 수단으로 삼아야 합니다. 이 점에서 철학이 말하는 세계시민적 미래(космополитическое будущее)는 헛된 꿈일 뿐입니다. 먼저 각 민족은 정치적 도덕과는 구별되는 도덕적 자기의식을 스스로 형성해야 합니다. 각 개인이 자신을 아는 것처럼, 민족들도 자신을 알고 자기의 미덕과 악덕을 인식해야 합니다. 자신들의 오류와 죄를 뉘우치고, 저지른 악을 고치며, 자신들이 택한 선의 길에서 굳건히 서는 법을 배워야 합니다. 이것이야말로 민족들이나 개인이 진정한 완성을 향해 나아갈 수 있는 첫째 조건입니다. 세상에서 자신의 소명을 완성하기 위해서는 대중과 개인 모두 자신들이 지나온 삶에 의지해야 하며 과거를 토대로 미래를 발견해야 합니다.

부인께서도 아시다시피, 역사 비평은 더는 헛된 호기심을 채우는 데 그치지 않고 가장 위엄 있는 재판관이 될 것입니다. 역사 비평은 모든 시대의 명망과 위대함에 대해 가차 없는 정의를 행사하고, 모든 명성과 영광을 면밀하게 검토하며, 모든 허상과 역사적 환상을 해명하고, 인간의 기억을 짓누르는 거짓된 이미지들을 부수는 데 집중할 것입니다. 그리하여 과거가 진리의 빛 가운데 이성 앞에 드러나 현재와 관련된 명확한 결론을 끌어내고, 무한한 미래를 확실하게 응시할 수 있게 해 줄 것입니다.

저는 모든 영광 가운데 가장 위대한 영광, 그리스의 영광이 거의 완전히 사라질 것이라고 믿습니다. 기만의 천재[95]가 오랫동안 전 세계에 유혹과 거짓을 흘러넘치게 했던 그 헛된 희망과 환상의 땅에서 도덕적 사유가 거룩한 슬픔으로 가득 찰 날이 올 것이라 저는 믿습니다. 그때가 되면 우리는 페늘롱[96] 같은 순수한 영혼을 가진 사람이 인간 정신이 타락하여 가장 끔찍한 왜곡 속에서 탄생한 관

---

95) 호메로스를 가리킨다.

96) 프랑스 주교이자 가톨릭 신학자였으며 작가였던 페늘롱(1651~1715)은 신앙과 도덕적 순수성을 강조했다. 차다예프는 페늘롱을 예로 들어 도덕적으로 순결한 인물조차도 그리스적 환상에 빠질 수 있음을 경고했다.

능적 환상에 무심코 취하는 모습을 보지 않아도 될 것입니다. 또한 강력한 지성을 가진 자들이 플라톤의 감각적 영감에 매혹되어 휘둘리는 모습[97]을 보지 않아도 될 것입니다. 오히려 이와는 반대로 오래전에 반쯤 잊힌 종교 사상가들, 새로운 사회의 여명기에 한 손으로는 그 사회가 나아갈 길을 제시하고 다른 손으로는 죽어 가는 다신교라는 괴물과 맞서 싸운 진정한 사유의 영웅들, 하느님이 맡기신 첫 말씀들을 보존한 현자들, 그들의 관념이 놀랍고도 뜻밖의 방식으로 다시 쓰임을 얻는 것을 보게 될 것입니다. 언젠가 선택된 이들에게 주어졌던 미래의 놀라운 모습들 속에서 사람들은 무엇보다 먼저 시대들의 절대적 연관성에 대한 깊이 있는 이해의 표현을 보게 될 것입니다. 그래서 이 예언들이 실제로 '어떤 특정한 시대에만 국한되는 것이 아니라' 모든 역사적 시기에 똑같이 적용되는 교훈임을 발견할 것이며, 더 나아가 주변을 둘러보는 것만으로도 사회의 연속적인 변화 속에서 그것이 항구적으로 실현되고 있음을, 다시 말해서 도덕 세계의 영원한 법칙이 매일 빛나

97) (지은이 주) 슐라이어마허, 셸링, 쿠쟁 등을 가리킵니다[(옮긴이 주) 슐라이어마허(1768~1834)는 독일 신학자로서 근대 해석학의 창시자로 간주되며, 쿠쟁(1792~1867)은 독일 관념론을 프랑스에 소개한 프랑스 철학자다].

는 모습으로 나타나고 있음을 알게 될 것입니다. 그러므로 예언은 우리를 사로잡는 사건 그 자체만큼이나 생생하게 느껴질 것입니다.[98)]

마지막으로 역사를 이런 식으로 이해했을 때, 역사가 우리에게 가르쳐 줄 가장 중요한 교훈이 있습니다. 이 교훈은 우리 체계 속에서 모든 역사철학을 하나로 묶어 줍니다. 왜냐하면 의식적 존재의 보편적 삶을 우리에게 깨닫게 해 주고, '인류의 수수께끼'를 풀어 주기 때문입니다. 인간 본성이 기계적으로 완성되어 간다는, 모든 시대의 경험이 분명히 반박해 온 무의미한 체계에 만족하는 대신, 이와는 반대로 인간이 자기를 자기 앞에 제기할 때는 언제나 점점 더 타락해 왔음을 이해해야만 합니다. 물론 모든 민족에는 진보의 시기가 있었고, 인류 보편적 삶에 고양된 계몽의 순간도 있었고, 인간 이성의 놀라운 폭발과 인간 본성의 뛰어난 성취가 있었음을 부정할 수 없습니다. 그

---

98) (지은이 주) 그런데 앞으로는 사람들이 더는 예전처럼 어느 특정 국가에서 위대한 바빌론을 찾으려 하지 않고, 오히려 그 붕괴의 굉음 속에 자신들이 살고 있음을 느끼게 될 것입니다. 그렇게 해서 마침내 장차 올 미래 세대에 대해 우리에게 그 끔찍한 몰락의 이야기를 전해 준 위대한 역사가가 생각한 것은 하나의 특정한 제국의 멸망을 가리킨 것이 아니라, 우리가 지금 보고 있는 물질적 공동체 전체의 몰락이었다는 사실을 깨닫게 될 것입니다.

러나 다른 한편으로 사회 전체가 항구적이며 점진적으로 움직여 나아갔다는 분명한 증거도 없습니다. 실제로 우리가 속해 있지만, 인간의 손으로 창조되지 않은 오직 그 사회에서만 우리는 참된 상승 운동, 곧 실제적이고 무한한 진보의 원리를 인지할 수 있습니다. 우리는 의심의 여지없이 고대인들의 이성이 우리보다 앞서 상상하고 발견했던 것을 받아들였습니다. 우리는 그것을 활용하여 야만성으로 끊어져 있던 거대한 역사적 사슬의 고리를 다시 엮었습니다. 하지만 그렇다고 해서 인류가 오늘날과 같은 발전 단계에 도달할 수 있으리라는 결론은 도출될 수 없습니다. 왜냐하면 오늘날의 세계를 가능케 했던 역사 사건은 선행했던 모든 것들과는 완전히 유리되어 있으며, 인간적 관념의 통상적인 기원과 현상들의 자연스러운 연결에서는 완전히 벗어나 있기 때문입니다. 이 사건은 고대 세계와 현대 세계를 갈라놓는 것입니다.

그리고 부인, 어떤 현자가 뒤돌아서 과거를 둘러본다면, 초자연적인 힘이 인간의 정신을 새로운 방향으로 이끌었던 바로 그 순간의 세계가 참된 빛 속에서 그의 시야에 드러날 것입니다. 타락하고 피비린내 나는 거짓으로 가득 찬 모습으로 말입니다. 그가 그토록 찬양했던, 세대에서 세대로 이어진 민족들의 진보가 실제로는 야만 상태, 우리가 야만인이라고 불렀던 제 민족들보다 더 비참한 야만 상태로 이끌었음을 깨닫게 될 것입니다. 그리고 고대 세계의 문명이 얼마나 불완전했는지를 입증하는 증거로 그 안에는 지속성과 영속성의 원리가 없음을 의심의 여지 없이 분명히 확신했을 것입니다. 심오한 이집트의 지혜여, 매혹적인 이오니아의 예술이여, 로마의 엄격한 미덕이여, 눈부신 알렉산드리아의 장엄함이여, 도대체 그대들에게 무슨 일이 일어났는가 하고 이렇게 그는 자신에게 되물을 것입니다. 세상만큼이나 오래된 찬란한 문명들, 지상의 모든 힘에서 자양분을 끌어온 문명들, 모든 명예와 모든 찬란함 그리고 모든 지배와 권력, 그리고 마침내 지상을 짓밟았던 가장 강력한 권력과 연결된 문명들[99]은 어떻게 지상에서 사라질 수 있었을까요? 수 세기 동안의 이 모든 업적, 영적 본성이 기울인 이 모든 위대한 노력은 도대체 어떻게 되었나요? 만약 여기에 전혀 참여하지 않았던 새로운 민족들이 어느 날 이 모든 것을 파괴하고, 이 거대한

99) (지은이 주) 알렉산드로스 대왕, 셀레우코스 왕조, 라기드, 마르크스 아우렐리우스, 율리안 등을 가리킵니다[(옮긴이 주) 셀레우코스 왕조는 알렉산드로스 제국 분열 후 수립된 헬레니즘 국가로 로마에 병합되었다. 라기드 왕조는 기원전 300년경 이집트를 통치한 왕조로 이후 로마에 병합되었다. 율리안은 로마 황제로 일명 배교자 율리안으로 불렸으며, 363년 피살당한다].

건물들을 부숴 버리고, 그 폐허를 '갈아엎는다'고 한다면 말입니다! 인간은 어느 날 자신의 모든 노력이 먼지로 변하는 것을 보려고 그렇듯 피땀 흘려 건물을 올렸단 말입니까? 인간이 그렇게 많은 것을 쌓아 올린 이유가 하루아침에 모두 잃어버리기 위함이었나요? 인간이 그렇듯 높이 올라간 이유가 더 깊이 추락하기 위함이었나요?

하지만 부인, 오해하지는 마십시오. 고대 세계를 파괴한 것은 야만인들이 아니었습니다. 그 세계는 이미 악취 나는 시체였습니다. 야만인들은 그저 그 먼지를 바람에 날려 버렸을 뿐입니다. 이 일이 일어나기 전에도, 바로 그 야만인들이 고대 사회를 공격했지만 흔들 수조차 없었습니다. 역사는 그들의 과거 침략을 거의 기억조차 않습니다. 문제의 본질은 사회의 존립을 가능하게 했던 삶의 원칙이 고갈되었다는 것입니다. 그때까지 사회 운동을 좌우했던 유일한 규정 요소인 물질적 이익, 혹은 실제적 이익은 그 임무를 끝까지 완수했습니다. 미리 인류를 교육했던 것이죠. 인간의 정신은 지상의 영역을 벗어나려 아무리 열망하더라도, 모든 사물의 참된 근거가 자리한 영역으로 상승할 수 있을 뿐입니다. 그것도 단지 때때로 말이죠. 결과적으로 인간의 정신은 결코 사회에 신뢰할 만한 안정성을 줄 수 없습니다. 바로 이 진리에 제가 당신에게 말씀드리는 역사의 전부가 담겨 있습니다.

불행히도 유럽에 있던 모든 국가가 분열된 상태로 있다고 보는 관습이 오랫동안 유지되어 왔습니다. 새로운 세계의 안정성, 고대 세계와 비교했을 때 새로운 세계의 그 엄청난 우월성은 온전히 평가되지 못했습니다. 사람들은 수 세기 동안 이 사회가 진정한 연방 체제, 더 정확히 말하면 단일 민족을 형성했음에 주의를 기울이지 않았습니다. 이 체제가 해체된 것은 오직 종교 개혁에 의해서였습니다. 그러나 종교 개혁이 일어났을 때, 이 사회는 이미 영속을 위해 완벽히 구축되어 있었습니다. 이 운명적인 사건이 있기 전까지 유럽의 제 민족들은 비록 지리적으로는 여러 국가로 나뉘어 있지만, 도덕적으로는 하나의 통합체에 속하는 사회체로 생각했습니다. 오랫동안 그들에게는 교회법 외에는 다른 공법이 없었습니다. 당시 전쟁은 내전으로 간주되었습니다. 단 하나의 관심사가 온 세상을 움직였고, 단 하나의 사고가 이 세상에 영감을 불어넣어 주었습니다. 이것이 중세 역사에 그토록 심오한 철학적 의미를 부여하는 것입니다. 이것은 문자 그대로 인간 정신의 역사였으며. 도덕 운동, 사상 운동이 그 주요 내용을 이루었습니다. 순수한 정치적인 사건들은 항상 부차적인 자리를 차지했을 뿐입니다. 이를 가장 잘 증명해 주는 것이 신념 때문에 생긴 전쟁들입니다. 지난 세기 철학은 이를 그토록 끔찍한 공포의 대상으로 여겼습니다. 볼테르는 전쟁이 신념 때문에 발생한 것은 오직 기독교인들 사이에서뿐이라고 정확하게 지적합니다. 하지만 그 뒤 볼테르는 이를 자기 나름대로 해석하기 시작합니다. 하지만 역사 속에서 어디에서도 반복되지 않는 사실을 발견할 때, 무엇보다 먼저 그것이 왜 생겨났고, 그것으로부터 무엇을 얻었는지 철저히 이해하려고 노력해야 한다고 저는 봅니다. 그래서 저는 당신께 묻습니다. 사고의 원리에 모든 현실성과 모든 긴장감을 부여하는 방법 말고 다른 어떤 방식으로 지상에 사상의 왕국이 세워질 수 있겠습니까? 어떻게 보셔도 무방하지만, 사물의 겉모습은 변했습니다. 그것은 분열[100]의 결과입니다. 사상의 통일성이 깨지면서 사회의 통일성도 깨졌습니다. 하지만 사물의 토대는 여전히 예전 그대로입니다. 유럽은 어찌 됐든 여전히 기독교 세계입니다. 물론 유럽이 유년기나 청년기의 상태로 돌아가지 않을 것은 의심의 여지가 없습니다. 그러나 한때 기독교 민족들을 갈라놓았던 경계가 다시 허물어지고, 새로운 사회의 기본 원리가 새로운 형태로 그 어느 때보다 더 강력하게 드러날 것이라는 점 또한 분명합니다. 기독교인에게 이것은 신앙입니다. 기독교인은 과거에 기초한 신앙만

---

100) 여기서는 16세기 종교 개혁을 말한다.

큼이나 이 미래를 의심해서는 안 됩니다. 어느 정도 깊은 사고를 하는 사람이라면 누구라도 이것은 증명된 것이라고 여길 것입니다. 그날이 어쩌면 사람들이 예상하는 것보다 더 가까이 다가왔는지 누가 알겠습니까? 의심의 여지 없이 오늘날 의식의 저 깊은 곳에서는 거대한 종교적 작업이 일어나고 있으며, 이 세기의 최고 권력인 과학의 발전에도 변화가 일어나고 있습니다. 때때로 사람들의 영혼 속에서 장엄하고 엄숙한 뭔가가 감지됩니다. 모든 이성적 본성에 일반적 전환을 불러일으킬 위대한 도덕적 사회적 현상의 전조는 아닌지, 그 결과로 지금은 단지 믿음의 대상에 머물러 있는 인간의 운명이 보편적 이성 앞에서 믿음직하고 의심의 여지가 없는 것으로 여겨질지 누가 알겠습니까?

부인, 새로운 사회의 고유한 특징은 기독교 민족들의 커다란 가족 공동체에서 찾아야만 합니다. 여기에는 세계의 다른 어떤 사회 체계와도 구별되는 안정성과 참된 진보의 요소가 발견됩니다. 이 안에 역사의 모든 교훈이 담겨 있습니다. 수많은 격변을 겪었음에도 새로운 사회는 조금의 활력도 잃지 않았으며 매일매일 그 힘이 세지고 과거에도 컸던 가능성에 덧붙여 새로운 가능성이 그 안에서 매일매일 성장하고 있음을 우리는 봅니다. 아랍인, 타타르인, 그리고 투르크인은 유럽을 파괴할 능력이 없었을 뿐만 아니라, 오히려 유럽을 공고히 하는 데 일조했습니다. 당신도 아시다시피, 아랍인과 타타르인은 화약이 발명되기 전에 유럽을 공격했습니다. 이는 종이 유럽을 파괴로부터 지켜 낸 것이 아니라는 것을 증명합니다. 이 두 민족 중 하나가 고대 세계에서 살아남은 두 사회, 인도와 중국을 동시에 침략했습니다. 물론 이 두 사회는 엄청난 인구 덕분에 사라지지는 않았습니다. 무기력했지만 여전히 저항할 수는 있었습니다. 그러나 그들의 타고난 고유성은 상실되었고, 유구하고 생명을 주는 원칙은 사회의 구석으로 밀려났습니다. 이런 식으로 사형 선고가 그들 위로 내려졌던 것입니다. 오늘날 인도와 중국은 우리에게 많은 교훈을 줍니다. 우리는 이를 적극적으로 활용해야만 합니다. 그들을 바라보면, 우리는 주변에 그저 먼지밖에 남기지 않은 옛 시대의 동시대인이 된 듯합니다. 우리는 그곳에서 전지전능한 손이 인류에게 새로운 자극을 주지 않았다면 인류는 어떻게 되었을지 지켜볼 수 있습니다. 중국은 흔히들 인간의 지성을 가장 빠르게 발전시켰다고 일컬어지는 위대한 세 가지 무기, 곧 나침반, 종이, 화약을 태곳적부터 보유하고 있었음을 당신은 눈여겨보아야 합니다. 그래서요? 그것들이 그 나라에 무슨 소용이었을까요? 중국인들이 지구를 일주했나요? 신대륙을 발견했을까요? 인쇄술이 발명되기 전 우리가 가졌던 것보다 더 방대한 문학을 보유하고 있을까요? 우리처럼 치명적인 전략가인 프리드리히와 보나파르트가 있었을까요? 최고의 이성으로부터 직접 부여된 진실에 근거하지 않은 모든 사회는 내재적으로 무능과 비참한 상태에 놓일 수밖에 없음을 증명하려 한다면, 타타르족에 의해 그리고 그다음에는 영국에 의해 정복당하여 비참하게 전락한 인도의 모습이면 되지 않을까요? 저는 개인적으로 확신합니다. 중국의 이 둔감한 정체됨, 그리고 인류의 가장 오래된 자연적 성취와 모든 지식의 맹아를 보존해 온 인도 민족의 이 극적인 쇠락이야말로 가장 중요한 교훈을 품고 있으며, 바로 그렇기에 하느님께서 그들을 여전히 지상에 남겨 두신 것이라고 말입니다.[101)]

---

101) (지은이 주) 어쩌면 우리가 그것이 개인에게 어떻게 작용하는지 매일 관찰하는 법칙을 민족의 집단 지성에도 적용해 볼 수 있을 것입니다. 어떤 이유에서든 인류 전체에 퍼져 있는 수많은 관념으로부터 어떤 것도 끌어내지 못하는 이성, 따라서 일반 법칙의 작용에 순응하지 않는 이성, 인류로부터 고립되어 철저하게 자기 자신에게 갇혀 버린 이성은 활동의 순응성을 잃어버리면 잃어버릴수록 더 크게 쇠퇴합니다. 한 민족이 다른 민족의 소유가 아니라 몇몇 상인의 소유물로 전락한 경우를 본 적이 있습니까? 자기 나라에서는 신민이지만 다른 나라에서는 무제한적 권력자인 경우는 또 어떻습니까? 힌두교도의 전례 없는 몰락이 무력 강점 이후에 일어난 일이었다 치지요. 그런데 힌두 사회의 몰락은 이미 그 전에 일어났습니다. 그들의 문학과 철학, 이 모든 것을 설명하는 데 사용된 언어는 이미 오래전에 사라졌습니다.

부인, 로마제국의 몰락을 도덕적 타락과 그로 인한 전제정치 탓으로 돌리는 '견해'를 자주 들으셨을 겁니다. 그런데 이 전 세계적인 혁명 속에서 몰락한 것은 로마뿐만이 아니었습니다. 고대 문명 전체가 무너진 것입니다. 파라오의 이집트, 페리클레스의 그리스, 라기드의 제2의 이집트, 그리고 인더스강 너머까지 확장된 알렉산드로스의 헬레니즘 제국 전체, 그리고 마침내 유대교까지를 포함하여 이 모든 것이 헬레니즘화된 이후 로마라는 공동체 속에 융합되어 하나의 전체, 하나의 사회를 형성했습니다. 이 사회는 태초 이후 이어 온 모든 세대를 자신의 품 안으로 끌어안았고, 이전까지 인간 본성에서 발달해 왔던 모든 도덕적, 지적 능력을 자기 안에 담아냈습니다. 이것은 멸망한 것은 제국이 아니며, 죽었다 부활한 것은 인간 사회임을 의미합니다. 지구가 유럽에 의해 장악된 듯 보이고, 바다에서 솟아오른 새로운 세계가 유럽에 의해 새로이 창조되었으며, 나머지 인간 종족들이 유럽에 예속되어 자신들의 생존을 유럽의 전횡에 내맡긴 것처럼 여겨지게 된 이래로, 지상에서 일어나는 일들, 다시 말해서 옛 건물이 무너지고 그 자리에 기적처럼 새로운 건물이 들어서고 있음을 쉽게 상상할 수 있습니다. 우주의 도덕 원리가 새로운 법칙과 새로운 질서를 부여받은 것입니다. 물론 새로운 세계를 만드는 데 옛 세계의 재료가 사용되었습니다. 도덕 질서의 물적 토대는 필연적으로 이전과 같았지요. 하지만 거기에 더해 과거 문명이 건드리지 않은 지층들에서 퍼 올린 새로운 재료가 섭리에 의해 덧붙여졌습니다. 북방의 활기차고 집중된 능력은 남방과 동방의 광활한 힘과 결합했고, 혹독한 기후에서 비롯된 차갑고 진지한 사고는 온대 기후에서 비롯된 따뜻하고 유쾌한 사고와 융합되었습니다. 아무리 지상에 정신적 힘이 흩어져 있다 할지라도, 그때까지 인간의 마음속 가장 비밀스러운 깊은 곳에 묻혀 있던, 여러 세대를 거친 수많은 관념이 바로 그날 하나로 합쳐질 것입니다. 그러나 건물의 설계도도, 여러 재료를 하나로 연결한 접합제도 인간의 손으로 만든 것이 아니었습니다. 이 모든 것은 하늘에서 내려온 사상[102]에서 의해 이루어졌습니다. 우리는 바로 이것을 이해해야 합니다. 이것은 현대에서 찾을 수 있는 모든 매혹적인 인간적 수단들이나 역사적 추론들로는 결코 설명할 수 없는 거대한 사실입니다. 이것은 역사의 모든 영역이 회전하는 중심축이며, 인류 교육이라는 현상을 설명하고 입증하는 증거입니다. 이 사건의 장엄함, 그 내적이고 필연적인 속성, 이전과 이후를 섭리로 관통하는 연결성만으로도 저는 이 사건을 인간

---

102) 섭리를 말한다.

행위의 일반적 흐름 밖에 위치시키기에 충분하다고 생각합니다. 더구나 이 사건이 이성에 미친 직접적인 영향, 이 사건이 이성을 새롭고 풍요롭게 하는 힘, 이 사건이 이성 안에 새롭게 각성시킨 새로운 필요성들, 무엇보다 이 시간이 만들어 낸 지성의 평등은 인간이 어떤 상황 어떤 조건 속에서도 진리를 찾고 그것을 인식할 수 있게 만들었습니다. 바로 이것이 이 시대에 처음부터 끝까지 섭리와 최고 이성의 뚜렷한 흔적을 남겨 놓은 것입니다. 이것이 더는 존재하지 않는 대상, 존재해서는 안 되는 대상, 모든 노력을 기울이더라도 더는 존재할 수 없는 대상에 인간의 이성이 그렇듯 자주 주의를 기울임에도 불구하고, 인간 이성이 이 지점에 항상 그리고 확고하게 매여 있는 이유입니다. 오늘날 세계 이성의 일부가 나머지 다른 전부를 지배하고 이끌어 가고 있는 것 또한 그 시작을 우리 시대의 첫날[103)] 까지 거슬러 올라가야 하지 않을까요? 오늘날의 세계 이성은 바로 기독교 정신이 아닌가요? 글쎄요, 어쩌면 우리와 고대 세계를 구분하는 경계선이 모든 이들의 눈에는 보이지 않을 수도 있겠군요. 하지만 저에게는 이것이 저의 철학, 저의 도덕, 저의 종교를 아우르는 핵심입니다. 그리

---

103) 기독교 시대의 시작을 말한다.

고 저는 이교로의 모든 회귀, 특히 15세기에 일어난, 제가 틀리지 않았다면, '예술의 르네상스'라는 이름을 딴 이교로의 회귀가 그 모든 여파 및 결과와 더불어 범죄적 도피로 평가되고 그것에 대한 기억 자체를 온 힘을 다해 세계 지성에서 지워 버리려 노력할 때가 올 것이라 희망합니다.

고대는 세기의 끝없는 연속처럼 상상되고, 현대는 바로 어제 시작된 것처럼 여겨지는 것은 일종의 착시 현상 같은 것임을 유념해야 합니다. 한편 예를 들어 그리스를 펠라기스인[104]들이 차지한 때부터 치더라도 고대 세계의 역사는 우리 시대의 첫날과는 불과 100년 정도 더 긴 시간을 포괄할 뿐입니다. 하물며 역사의 주도권을 쥔 시기는 그보다 훨씬 더 짧습니다. 이 짧은 시간 동안 고대 세계에서는 수많은 사회가 사라져 갔습니다. 반면 현대 제 민족들의 역사에서는 국가의 지리적 경계선만 바뀔 뿐, 사회와 사람들은 그대로 남아 있습니다. 스페인에서 무어족의 추방, 아메리카 인디언들의 몰락, 러시아에서 타타르 지배의 전복 등의 사실들은 다만 일반 법칙을 확증하는 역할만

---

104) 펠라기스인은 그리스인 도래 이전에 발칸반도와 에게해에 살던 사람들이라고 정의되지만, 그 정체가 정확하게 규명되지는 않았다.

을 할 뿐임은 굳이 말할 필요도 없습니다. 이미 우리 귓가에까지 들려오는 오스만 제국의 몰락 또한 기독교 민족들이라면 결코 겪지 않을 대참사의 사례를 다시금 보여 줄 것입니다. 다음에는 우리 체계의 먼 변방과 국경선을 접하고 있는 비기독교 민족들의 차례입니다. 바로 이것이 신성한 진리가 작동하는 전능한 활동의 영역입니다. 어떤 경우에는 민족들을 격퇴하고, 또 다른 경우에는 그들을 자신의 구성 인자로 흡수하면서 신성한 진리의 전능한 작용의 고리가 끊임없이 확장되어 우리를 완성의 시간에 가까이 데려갑니다. 인류의 운명은 이런 방식으로 성취됩니다.

새로운 문명이 오랫동안 무관심한 대우를 받아 온 데에 경악을 금할 수 없습니다. 그런데 당신도 보시다시피, 이 문명을 제대로 이해하고 끝까지 해석한다는 것은 어느 정도는 사회 문제를 해결하는 것을 의미합니다. 따라서 역사철학에 대한 가장 포괄적이고 가장 일반적인 고찰 속에서도 원하든 원하지 않든 어쩔 수 없이 이 문명으로 되돌아오게 되는 것입니다. 정말로 그것은 과거 모든 세기의 성과를 포함하고 있지 않습니까? 그리고 다가올 시대도 그저 이 문명의 결과가 아니겠습니까? 도덕적 존재도 시간이 만든 존재와 다르지 않고, 시간은 그 존재를 끝까지 완성으로 이끌어야 합니다. 세계의 정신적 표층에 흩어져 있는 모든 관념이 현대 사회처럼 소개(疏開)된 적은 한 번도 없었습니다. 인간 존재의 삶 전체에서 오늘날처럼 하나의 사상이 인간 본성의 모든 활동을 포괄한 적이 있었습니까? 이렇듯 우리는 인류가 말하거나 행한 모든 것의 상속자입니다. 이 지상에는 우리의 생각의 영향을 받지 않은 곳이 한 곳도 없습니다. 그러므로 온 세상에는 단 하나의 영적인 힘만이 남아 있습니다. 따라서 역사철학의 모든 근본적인 질문은 필연적으로 유럽 문명이라는 질문에 담겨 있습니다. 그런데 인류에게 내재된 완성을 향해 나아가려는 특성, 인간 지성의 진보에 대해서 말이라도 했다 하면 사람들은 모든 것이 말해지고 모든 것이 해명된 것처럼 생각합니다. 마치 인간이 항상 멈추거나 후퇴하지 않고 진보만 해 온 것처럼, 마치 자연스러운 이성 운동이 정체나 퇴보를 경험한 적이 없고 발전과 진보만 있는 것처럼 말입니다. 만약 그렇다면, 제가 방금 언급한 사람들은 왜 우리가 그들을 알고 있었던 이후로 한 번도 바뀌지 않았을까요? 사람들은 아시아 민족들의 발전이 정체되어 있다고 말합니다. 하지만 왜 정체되어 있을까요? 오늘날의 상태에 도달하기 위해 그들도 우리처럼 탐구하고, 발명하고, 발견했음이 분명합니다. 그렇다면 왜 그들은 특정 지점에 도달하자마자 갑자기 멈춰 서서 그 이후로 새로운 것을 구상하거나 창조할 수 없었을까요?[105] 답은 매우 간단합니다. 인간 본성의 진보는 사람들이 상상하는 것처럼 결코 무한하지 않습니다. 인간 본성에는 결코 넘어설 수 없는 한계가 있습니다. 이것이 바로 고대 사회가 항상 발전하지 못했던 이유이고, 헤로도토스의 방문 이후 이집트가 그리스 지배 시대까지 아무런 발전도 이루지 못했던 이유이며, 헤라클레스의 기둥[106]에서 갠지스강에 이르기까지 당시 모든 문화를 하나로 묶었던 아름답고 찬란한 로마 세계가 점차 쇠퇴할 수밖에 없었던 이유입니다. 새로운 빛으로 인간 이성을 일깨우는 순간, 로마는 모든 순수한 인간적 진보를 필연적으로 종식시키는 부동의 단계에 도달해 버렸습니다. 만약 편견 없이 그토록 풍요로운 성과를 거둔 시기에 대해, 이 역사적 불행에 대해 생각해 본다면, 규범의 극심한 타락, 모든 분야에 인간 지식의 쇠퇴 외에도 모든 것이 완전히 정체되었다는 것을 분명히

---

105) (지은이 주) 문명화된 어떤 민족이 정체되어 있다고 말할 때는, 그 시점을 언제부터로 정하는지 반드시 덧붙여야 합니다. 그러지 않으면 이 사실로부터 어떤 결론도 끄집어낼 수 없습니다.

106) 지브롤터 해협을 말한다. 그리스 신화에 따르면, 헤라클레스는 제우스의 저주로 열두 가지 과업을 수행해야 했는데, 그중 하나가 게리온의 소 떼를 가장 서쪽 땅에서 데려오는 것이었다. 이 과정에서 헤라클레스는 아틀라스산맥을 부수고 그 잔해가 지브롤터에 남아 헤라클레스의 기둥이라고 불리게 되었다.

알게 될 것입니다. 사람들의 정신은 좁고 거짓된 범위 안에서만 맴돌았고, 그 범위를 벗어나면 어리석은 방탕에 빠지게 될 뿐이었습니다. 일단 물질적 관심이 충족되면 인간은 더는 앞으로 나아가지 않습니다. 거꾸로 가지 않는 것만 해도 다행입니다. 사실이 그렇습니다. 오해하지 마십시오. 그리스와 인도, 로마와 일본, 멕시코와 중국 등에서 모든 지적 작업은, 그것이 아무리 의미심장했거나 지금도 그러하다 하더라도, 단 하나의 결과로 이어집니다. 시, 철학, 예술, 이 모든 것은 오직 인간의 육체적 본성만을 위해 봉사해 왔고, 지금도 봉사하고 있습니다. 동양의 가르침과 관습에서 가장 고상하고 풍성한 측면들은 이러한 일반적인 입장과 모순되기는커녕 오히려 이를 뒷받침합니다. 이 모든 사고의 방탕함이 물질적 인간의 망상과 자기기만에서 비롯된다는 사실을 알아차리지 못할 사람이 누가 있겠습니까? 당신은 이 세속적 관심, 모든 인간 활동에 대한 영원한 자극제가 단지 감각적 필요에만 국한된다고 생각해서는 안 됩니다. 그것은 여러 형태로 나타나고, 사회의 발전 정도와 이런저런 지리적 조건에 따라 달라지지만, 결국에는 순수한 도덕적 존재의 요구에는 이르지 못합니다.

오직 기독교 사회만이 진정으로 사고와 영혼의 이익에 따라 인도됩니다. 여기에 새로운 민족들이 완성에 이를 수 있는 능력이 있으며, 그들이 문명을 이룰 수 있는 비밀이 있습니다. 다른 관심사가 어느 정도 드러난다 하더라도, 그것은 항상 이 강력한 힘에 복속됩니다. 이 힘은 기독교 사회에서 인간의 모든 속성을 지배하고, 인간 이성을 종속시키며, 아무것도 옆으로 밀쳐 두지 않고 모든 것을 예정된 자기 목적을 실현하는 데 봉사하도록 만듭니다. 그리고 이러한 관심은 결코 고갈될 수 없습니다. 그것은 무한합니다. 그렇기에 기독교 민족들은 항상 전진해야 합니다. 비록 그들이 지향하는 목표가 다른 비기독교 민족들이 내세울 수 있는 유일한 세속적 행복과는 아무런 공통점이 없지만, 그것은 기독교 민족들이 가는 길 위에 있으며, 기독교 민족들은 그것을 자기들의 이익을 위해 사용합니다. 다른 민족들이 얻기 위해 애쓰는 생활의 이익을 기독교인들도 얻지만, 그것은 구세주의 말씀처럼 다른 길을 통해서입니다. '그런즉 너희는 먼저 하늘나라(와 그 진리)를 구하라. 그리하면 이 모든 (나머지) 것을 너희에게 더 하시리라.'[107] 이렇게 모든 영적인 힘들의 엄청난 발전은 그 영적인 힘들을 지배하는 영혼에 의해 자극되어 모든 세속적 복도 가져다줍니다. 그러므로 우리에게는 결코 중국

---

107) 〈마태복음〉 6장 33절의 내용이다.

과 같은 정체됨이 없을 것이며, 그리스와 같은 퇴락도 없을 것이고, 더더구나 문명 전체가 붕괴하는 일은 결코 없을 것입니다. 주변을 잘 둘러보세요. 그러면 확신할 수 있을 것입니다. 그런 붕괴가 일어나려면 지구 전체가 그 뿌리까지 무너져야 하고, 지구에 현재의 형태를 부여했던 것과 유사한 두 번째 격변이 반복되어야 할 것입니다. 그리고 만약 두 반구 중 하나가 완전히 삼켜진다 해도, 다른 반구에 우리 문명의 부분이라도 남아 있다면 인간 이성을 재생하기에 충분할 것입니다. 세상을 자기 발밑에 두려는 생각은 결코, 절대로, 멈추거나 사라지지 않을 것입니다. 그런 생각을 멈추려면 그것을 인간의 영혼 속에 불어넣으신 분의 특별한 명령에 의거 위로부터 주어져야만 할 것입니다. 어쨌든 제가 역사에 대해 숙고한 끝에 내린 이 철학적 결론을, 이전의 역사 서술들이 수 세기를 조망하면서 토양, 기후, 인종 따위를 인용하고 또 흔히 찬양되는 인간의 '완전해질 수 있는 능력'을 근거로 삼아 자기들 입맛에 맞게 제멋대로 내린 결론들보다 훨씬 더 긍정적이고, 명쾌하며, 무엇보다도 더 유익하게 부인께서 여기셨으면 하고 희망해 봅니다.

그런데 부인, 사회와 인간 이성의 발전에 미친 기독교의 영향이 아직 충분히 이해되거나 평가되지 못한 이유가 누구 때문인지 아십니까? 이는 도덕적 통일성을 깨뜨린

자들의 잘못입니다. 기독교의 역사를 자기들의 등장에서부터만 계산하며 스스로를 개혁자라 부르는 이들에게 잘못이 있습니다. 그들은 중세 시대를 거치며 기독교가 걸어온 길을 따르는 데 전혀 관심이 없습니다. 이 광대한 시대 전체가 그들에게는 그저 시간의 공백일 뿐입니다. 그런 관점으로 그들이 현대 민족들의 교육을 어떻게 이해할 수 있겠습니까? 믿으셔야 합니다. 현대 역사가 왜곡된 데에는 옳지 못한 프로테스탄트의 관점보다 더 크게 잘못한 것은 없습니다. 바로 여기서부터 르네상스를 지나치게 평가하려는 과장된 태도가 생겨났습니다. 학문이 사라진 적이 한 번도 없었으므로 엄밀히 말해 르네상스는 결코 존재할 수 없는 것입니다. 여기서 비롯하여 진보의 여러 원인을 꾸며 내기 시작했지만, 그것들은 그저 부차적인 의미를 지니는 것들이거나 모든 것의 원인이 되는 근본 원인에서 생겨난 것들이었습니다. 여기서 비롯하여 현대 민족이 성공한 원인을 온갖 곳에서 찾으려 했으나 정작 그 원인이 담겨 있는 곳에서는 찾지 못했습니다. 그 결과 기독교를 거부하기 시작했던 것입니다.

그러나 철학의 정신이 과거로의 바람직한 회귀 덕분에 좁은 시야에서 벗어나 더 넓은 안목을 지니게 되면서, 이 흥미로운 시대를 연구하기 시작한 이후로 전에는 보이지 않던 수많은 주제가 사유의 대상이 되었습니다. 그리하여 가장 완강한 반대자조차도 더는 이러한 새로운 지식에 반대할 수 없었습니다. 그러므로 만일 섭리가 사람들이 이 길을 통해 계몽되도록 의도했다면, 위대한 빛이 현대사회를 덮고 있는 어둠을 거대한 빛으로 밝히게 될 때가 머지않을 것입니다. 제가 지금 그 개념을 전하려 애쓰고 있는 이 새로운 역사철학이 학자들에 의해 곧 받아들여지게 될 것입니다.[108)]

프로테스탄트들의 이런 완고함은 대단히 이상하다고 인정하지 않을 수 없습니다. 그들의 견해에 따르면, 기독교는 2세기나 3세기부터 최후의 종말 때 구원받는 데 필요한 만큼만 유지되어 왔다고 합니다. 그들은 1100년이나 1200년 동안의 미신과 무지를 이교도들의 우상 숭배보다 훨씬 더 개탄스러운 방식으로 바라봅니다. 그들의 생각에 따르면, 발도파[109)]가 나타나지 않았더라면 신성한 전통의

---

108) (지은이 주) 이 편지가 쓰인 이후 기조 씨가 우리의 희망을 상당 부분 충족해 주었습니다[(옮긴이 주) 프랑수아 기조(1787~1874)는 19세기 프랑스의 대표적 자유주의적 사상가다. 현실 정치 면에서는 왕정과 혁명 사이의 조화를 추구했으며, 사상적인 면에서는 자유의 점진적 확대를 역사의 핵심 원리로 보았고, 무질서한 혁명보다는 이성적 진보와 제도적 안정을 중시했다. 교육부 장관, 외무 장관, 총리 등을 역임했다].

109) 발도파는 리옹의 부유한 상인이었던 피에르 발도(1140?~1205?)

실타래는 완전히 끊어졌을 것이고, 루터가 나타나지 않았더라면 그리스도의 종교는 며칠 안에 사라졌을 거라는 것입니다. 당신에게 묻습니다. 그들이 묘사하는 연약하고 덧없고 생명력 없는 기독교의 가르침 속에서 어떻게 신의 인장을 알아볼 수 있겠습니까? 인류를 새롭게 하고 새로운 생명으로 채워 주겠다고 약속한 대신에 땅 위에 잠시 나타났다가 곧 사라지고, 태어나자마자 죽어 버리거나 아니면 인간의 정욕을 충족하는 도구로 전락해 버린 이 살아있는 종교 안에서 어떻게 하느님의 역사하심을 볼 수 있겠습니까? 그렇다면 종교의 운명이 성베드로대성당을 완공하려는 레오 10세의 열망[110]에 달려 있었겠습니까? 그들의 생각에는 만약 그가 당시 독일에서 이 목적을 위해 면죄부를 발행하지 않았더라면 오늘날 기독교는 흔적조차

가 주도했던 중세의 종교 운동, 즉 가톨릭교회 안에서 일어난 초기 개혁 운동을 가리킨다. 발도파는 나중에 등장한 프로테스탄트 종교 개혁 이전에 이미 《성경》으로 돌아가자는 개혁 정신을 실천한 선구적 운동이었다. 청빈한 삶, 면죄부 거부, 교황권 비판 등의 태도를 보이면서 13세기 이후 종교 재판의 박해 대상이 되었다.

110) 교황 레오 10세(본명 조반니 디 로렌초 데 메디치, 재위 1513~1521)는 성베드로대성당 공사가 워낙 거대하여 자금이 바닥나자 공사비를 충당하기 위해 면죄부를 판매했다. 그에게 성베드로대성당은 단순한 건축물이 아니라 로마 교회의 영광과 보편적 권위를 상징하는 것이었다.

남아 있지 않았을 거라는 것입니다. 저는 계시의 종교를 이렇게 편협하고 인색하게 생각하는 것보다 종교 개혁의 근본적인 오류를 더 잘 볼 수 있게 해 주는 것은 없다고 생각합니다. 이것은 예수 그리스도의 모든 약속을 거짓된 것으로 인정하고, 그분의 계획을 부정하는 것과 진배없는 것 아닙니까? 만약 그분의 말씀이 하늘이나 땅보다 더 오래 지속되고 그분 자신이 끊임없이 우리 가운데 계신다고 한다면, 그분이 친히 손으로 세우신 성전이 어떻게 파괴될 운명의 집처럼 버려질 수 있었겠습니까? 하지만 한 가지 인정할 것이 있습니다. 종교 개혁자들이 일관성은 있었다는 것입니다. 그들은 처음부터 유럽 전역에 불을 지폈고, 여러 민족을 하나의 가족으로 묶어 주던 유대감을 끊어 버렸습니다. 그들은 지상에 그토록 많은 비참함과 피를 뿌렸고, 기독교가 멸망 직전에 몰렸습니다. 그런 기독교를 구하기 위해 모든 것을 희생해야 하지 않았을까요? 그러나 오히려 반대로 신성이 인간 정신에 끊임없이 미치는 영향력보다 우리 종교의 신성을 더 잘 증명하는 것은 없습니다. 이 영향력은 비록 시대에 따라 변했지만 여러 민족과 시대의 다양한 요구에 발맞추면서도 단 한 순간도 약해지거나 중단된 적이 없습니다. 인간 본성의 타락과 이교의 슬픈 유산으로 인한 수많은 장애물 속에서도 그 주권적 힘이 끊임없이 활동하는 광경은, 이성의 관점에서 보았을 때, 가장 설득력 있게 그를 정당화합니다.

그렇다면 교회가 초대 교회 시대 이후로 타락했다는 주장은 무엇을 의미하나요? 교부들은 3세기 이후 기독교인들의 타락을 개탄하지 않았습니까? 그리고 매 세기와 모든 공의회에서 항상 같은 불평이 반복되지 않았습니까? 참된 경건함은 성직자들의 남용과 악덕, 그리고 위계질서의 침해에 맞서 목소리를 높이지 않았습니까? 세상을 덮은 어두운 밤의 심연에서 때때로 솟아오르는 찬란한 계시만큼 놀라운 것은 없습니다. 이것은 때로는 가장 숭고한 덕의 모범이었고, 때로는 신앙이 민족과 개인의 정신에 미치는 기적 같은 영향이었습니다. 교회는 이 모든 것을 보존하고 이를 바탕으로 힘과 부를 축적했습니다. 이렇게 하여 교회는 자신에게 필요한 형태를 가장 잘 전할 수 있는 방식으로 영원한 건축물을 세웠습니다. 기독교의 초대 순수성은 항상 보존될 수는 없습니다. 기독교는 모든 타락의 단계를 거쳐야 했고, 인간 이성의 자유라는 필연적인 흔적을 자신이 감수해야 했습니다. 게다가 사도 교회의 완전함은 거대한 이교 공동체 속에서 길을 잃은 작은 공동체 안에서 이루어졌습니다. 그 완전함이 인류 전체를 포괄하는 보편적 사회 속에서도 그대로 유지될 수는 없었습니다. 우리가 아는 대로, 교회의 황금기는 가장 큰 고난의 시대, 슬픔의 역사가 새로운 질서를 세우기 위해 작용했던 시대, 구주의 피가 여전히 흐르던 시대였습니다. 그러한 상태로의 회귀를 꿈꾸는 것은 어리석은 일입니다. 그 질서는 오직 초대 기독교인들을 덮쳤던 위대한 고난에서만 생겨날 수 있었기 때문입니다.

기독교를 다시 찾았다고 자랑하는 종교 개혁은 실제로 무엇을 이루었습니까? 그것은 역사과학이 스스로에게 제기할 수 있는 가장 중요한 질문 중 하나라는 것을 알고 계실 겁니다. 종교 개혁은 세상을 다시 이교도의 분열 상태로 되돌려 놓았고, 민족적 개별성을 강화하였으며, 영혼과 정신을 떼어 놓았습니다. 인간을 다시금 개별자의 고독 속으로 밀어 넣었으며, 구세주께서 세상에 가져다주신 모든 공감과 조화를 다시 한번 세상에서 빼앗으려 했습니다. 종교 개혁은 인간 이성의 발전을 촉진했다 하더라도 동시에 그것은 이성적 존재의 의식에서 인류의 진정한 진보, 다시 말해서 무한한 진보의 대체 불가능한 원천인 보편성과 통일성이라는 풍요롭고 고귀한 관념을 제거한 셈입니다. 기독교 세계 내에서 벌어지는 모든 분열은 기독교의 신성한 이념 전체와 그 모든 힘을 담고 있는 신비로운 통일성의 단절, 바로 그것입니다. 바로 그러한 이유로 기독교가 성숙했던 고대 교회는 새로운 신앙들과 결단코 타협하지 않았을 것입니다. 만약 교회가 교단 분열을 기정사실로 인정한다면, 교회에도 불행이고 세상에도 불행입니다. 그러면 곧 모든 것이 인간 관념의 혼돈, 수많은 거짓, 파멸과 먼지로 돌아갈 것입니다. 눈으로 보고 손으로 만질 수 있는 단 하나의 불변적 진리만이 지상에서 영적 왕국을 보존할 수 있습니다. 사상의 지배는 오직 그것이 인간 본성의 구체적 형태들 속에서 실현될 때에만 지속성과 연속성을 얻습니다. 그렇다면 영혼을 더 강하게 결합하기 위해 영혼에 육신을 덧입히는, 기독교적 이성의 놀라운 발견인 성찬의 신비는 도대체 어떻게 될까요! 사람들이 더 이상 가시적인 결합을 바라지 않고 외적인 실체가 없는 내적인 신념의 통일성만으로 만족한다면 말입니다. 우리가 서로 분리되어 있는데 어떻게 구세주와 연합할 수 있겠습니까? 세르베투스를 살해한 잔인한 칼뱅, 폭군 츠빙글리, 그리고 위선자 크랜머와 함께한 폭군 헨리 8세 등[111]이 위대한 성찬에 담긴 사랑과 결합의 힘을 이해하

---

111) 장 칼뱅(1509~1564)은 스페인의 의사이자 신학자였던 미겔 세르베투스가 반(反)삼위일체 사상을 주장하다가 1553년 제네바에서 체포되어 화형당했을 때 이 재판에 깊이 관여했다. 그래서 차다예프는 칼뱅을 "세르베투스를 화형시킨 잔혹한 사람"이라고 비판한다. 울리히 츠빙글리(1484~1531)는 스위스 취리히의 종교 개혁 지도자로서 루터와 비슷한 시기에 개혁을 주도했다. 차다예프는 그를 격렬한 사람이라고 평가하고 있는데, 이는 그의 개혁을 급진적이고 과격하다고 생각했기 때문이다. 헨리 8세(1509~1547)는 영국의 국왕으로 재위하는 동안

지 못했다는 사실에 저는 놀라지 않습니다. 하지만 루터교도들 가운데 많이 볼 수 있는 깊은 사유를 가진 사람들, 진실한 신앙심을 가진 사람들이 칼뱅주의의 그 보잘것없는 가르침에 빠져 성찬에 왜 그토록 잘못된 태도를 견지하는지 저는 도저히 이해할 수 없습니다. 성체성사를 대체하자는 것은 교리가 되지 못했으며, 이러한 가르침의 입안자인 루터도 성체성사를 대체하는 것과 관련하여 열렬하게 반대하지 않았던가요? 모든 프로테스탄트교회들 사이에는 파멸에 대한 기묘한 취향이 있다는 점을 인정해야만 합니다. 그들은 오직 자신의 파멸만을 갈망하는 듯합니다. 지나치게 활기찬 것을 두려워하며, 자신들의 존재를 지나치게 오래 존속시킬 수 있는 것은 무엇이든 원하지 않는 듯합니다. 그렇다면 이것이 이 땅에 생명을 가져오시고 죽음을 정복하신 분의 가르침일까요? 아니면 지상에

가톨릭교회와 결별하고 영국 국교회를 창설했다. 주로 아내와의 이혼 문제(교황청이 이혼을 허락하지 않음)에서 비롯된 정치적 · 사적인 연유에서였다. 헨리 8세가 교회를 자기 권력의 도구로 삼았다는 이유로 차다예프는 그를 폭군으로 규정한다. 토머스 크랜머(1489~1556)는 헨리 8세 시절 캔터베리 대주교로 임명된 인물이다. 차다예프가 위선적이라고 비판한 것은, 그가 종교적 신념보다는 정치권력에 크게 의존하며 행동했기 때문이다. 실제로 크랜머는 헨리 8세의 정치적 요구에 따라 교회 개혁을 추진했지만, 메리 1세가 즉위하자 처형당했다.

필요한 질서의 조건들을 벌 받지 않고 마음대로 거부할 수 있을 만큼 우리는 이미 천국에 와 있다는 말입니까? 그리고 이 질서는 이성적 존재의 순수한 사고와 그 존재가 살아가기 위해 필수적으로 요구되는 것들의 결합이 아니란 말입니까? 그러한 필요 가운데 첫째가는 것은 사회, 즉 마음의 접촉, 사상과 감정의 융합입니다. 이것이 실현될 때에만 진실은 살아 움직이고, 추론의 영역에서 현실의 영역으로 내려오며, 사고의 영역에서 행동의 영역으로 옮겨 갑니다. 그때에서야 마침내 진리는 자연의 힘과 같은 특성을 얻고 그 효과가 모든 자연력의 효과만큼 확실해집니다. 하지만 인간의 바람과 상상 속에서만 존재하는 이상사회에서 어떻게 이 모든 일이 실현될 수 있겠습니까? 이것이 프로테스탄트들이 말하는 보이지 않는 교회입니다. 그것은 실제로 보이지 않습니다. 마치 존재하지 않는 것처럼 말이죠.

모든 기독교 교파가 하나로 합쳐지는 날은, 떨어져 나간 교회들이 어머니 교회로부터 분리함으로써 구세주가 드린 숭고한 기도를 스스로 멀리 던져 버렸음을 머리에 재를 쓰고[112] 회개하고 겸손하게 인정하는 날이 될 것입니

112) '머리에 재를 쓴다'는 표현은 인간의 죄와 허무를 하느님 앞에 겸

다. 구세주의 기도는 이렇습니다. "거룩하신 아버지여, 당신께서 내게 주신 자들을 당신의 이름으로 보존하시어 우리가 하나인 것처럼 그들도 하나가 되게 하소서."113) 그들이 말하는 것처럼 교황권이 인간의 제도—마치 인간의 손으로 이러한 위엄을 만들어 낼 수 있는 것처럼—라 하더라도 그것이 문제의 본질입니까? 어떤 경우든 분명한 것은 당시 교황권은 그 본성상 참된 기독교 정신에서 비롯되었으며, 오늘날에도 교황권은 일치됨의 가시적이고 항구적 표징이자 재결합의 표상이라는 것입니다. 그렇다면 왜 모든 기독교 사회보다 교황권이 우선시되지 못한다는 말입니까? 누가 그 비범한 운명에 놀라지 않겠습니까? 자신이 저지른 모든 실수와 죄악, 불신앙의 공격과 듣도 보도 못한 승리에도 불구하고, 교황권이 그 어느 때보다 더 굳건

손하게 인정하는, 회개의 전통적인 상징 행위다. 예를 들면, 《구약성서》 〈욥기〉 42장 6절, "그러므로 내가 스스로 거두어들이고 티끌과 재 가운데에서 회개하나이다"를 보면 잘 드러난다.

113) 〈요한복음〉 17장 11절의 일부다. 전체 구절 원문은 "나는 세상에 더 있지 아니하오나 그들은 세상에 있사옵고 나는 아버지께로 가옵나니 거룩하신 아버지여 내게 주신 아버지의 이름으로 그들을 보전하사 우리와 같이 그들도 하나가 되게 하옵소서"이다. 예수가 십자가에 달리기 전날 밤 제자들을 위해 하느님께 드린 중보 기도다. 내용에서 보듯이 교회 공동체의 일치와 사랑의 근원을 신과의 일치됨에서 찾는다.

히 서 있는 모습에 누가 감동되지 않겠습니까? 인간적인 화려함을 벗어던지고 더욱 강해졌으며, 사람들의 무관심 속에서도 교황권은 더욱 공고해지고 오래 지속될 기반을 얻었습니다. 한때는 기독교 세계의 경외심과 신앙의 감정이 그것을 지탱하고 그 안에서 구원의 근원을 보았지만, 오늘날에는 오히려 세속 권력들 가운데서의 낮은 위치가 그것의 존속을 보증하고 있습니다. 그럼에도 교황권은 자신의 소명을 완벽하게 수행하고 있습니다. 오늘날에도 교황권은 기독교 사상을 하나로 집중시킵니다. 오늘날에도 그것은 여러 기독교 사상의 주장과 상관없이 이들을 서로 끌어당겨 줍니다. 통합을 잃어버린 사람들에게 신앙의 최고 원리를 상기시킵니다. 그 안에 스며들어 있는 천상의 부르심이라는 특성 덕분에 교황권은 세상의 세속적인 이해관계 위에 장엄하게 우뚝 서 있습니다. 지금 교황권에 관심 있는 사람들이 없어 보인다 하더라도, 어떤 불가능한 변덕으로 교황권이 갑자기 지상에서 사라지게 된다면, 위대한 공동체의 살아 있는 역사적 기념물이 더는 그들 앞에서 있지 않게 된다면, 모든 종교 공동체는 혼란에 빠지게 될 것입니다. 지금 그토록 가볍게 여기는 이 눈에 보이는 일치를 사람들은 어디에서건 되찾으려 애쓰겠지만, 어디에서도 찾을 수 없을 것입니다. 그러면 지금까지 기독교적 이성에 충만했던 자신들의 미래에 대한 고귀한 확신,

그로 인해 신앙의 이성이 세속적 이성과 구별되는 바로 그 확신이 필연적으로 흩어져 버릴 것이라는 점은 의심의 여지가 없습니다. 마치 활동적인 존재의 기억 위에 세워진 희망이 사라지는 것처럼 말입니다. 상상했던 활동이 결실을 맺지 못하고, 그리하여 과거에 대한 기억 자체가 불필요한 것처럼 영혼에서 빠져나가는 순간, 그 희망은 사라지는 것입니다.

[안녕히 계십시오, 부인. 이번에는 다음 편지를 기다리지 않으셔도 된다고 약속드립니다.][114)]

---

114) 나우카판의 편집자들이 지적한 바에 따르면, 대괄호로 처리된 이 부분은 가가린이나 게르센존 판본에는 존재하지 않는다. 반면 레이먼드 맥널리(Raymond T. Mcnally)와 프랑수아 룰로(François Rouleau)가 편집한 판본에는 들어 있다. 이 하나의 문장에도 《철학 서한》이 걸어온 고된 역사를 엿볼 수 있다.

제7서한[115]

부인,

제가 며칠 전에 말씀드린 내용을 곰곰이 생각해 보시면, 이 모든 말이 이런저런 경향성과 확신을 가진 사람들에 의해 이미 여러 번 언급되었음을 알게 되실 것입니다. 다만 저는 이전에는 눈여겨보지 않았던 의미를 첨가하고 있을 뿐입니다. 그런데도 저는 이 편지들이 우연히 세상에 공개된다면, 사람들이 그 안에서 역설을 반드시 찾아낼 것이라 확신합니다. 아무리 오래된 사상이라 할지라도 어느 정도 확신에 차서 옹호한다면, 그것들을 기묘한 새로움이라고 받아들이는 법이니까요. 하지만 저는 현실에 기반을 두지 않은 체계와 역설의 시대는 이미 지나갔고, 돌이킬 수 없다고 생각합니다. 인간 정신의 이 오래된 오류에 빠지는 사람은 바보들뿐입니다. 오늘날 인간의 이성은 영감과 계시의 위대한 세기들만큼 폭넓고, 고상하고, 풍성

---

115) 〈제7서한〉 원본에는 '두 번째 서한'이라는 부제가 달려 있다. 〈제6서한〉의 역주에서 밝혔듯이, 차다예프는 〈제6서한〉과 〈제7서한〉을 묶어 별도로 출간하려고 계획했다. 그래서 〈제7서한〉에 두 번째 서한이라는 부제가 붙게 된 것이다.

한 열매를 맺지는 않지만, 그 어느 때보다 훨씬 더 엄격하고, 더 냉정하고, 더 체계적이며, 과거 어느 때보다 더 공정합니다. 그리고 덧붙여 제가 진정 기쁘게 말씀드리자면, 인간 이성이 얼마 전부터 그 어느 때보다 비개인적이 되었다는 것입니다. 이는 개별 의견들의 오만을 막는 가장 확실한 보증입니다.

인간의 기억을 탐구하면서 일반적으로 받아들여지는 기존의 관념과는 다른 몇몇 결론에 도달했다면, 마치 지난 세기 자연과학이 그랬던 것처럼, 그것은 이 주제에 대한 자신의 견해를 솔직하게 밝혀야 한다는 확신 때문입니다. 인간이 자연과학을 모든 경험적 현실 속에서 이해해 왔듯이, 역사를 모든 합리적 활동 전체 속에서 이해해야 할 때가 왔다고 우리는 보았습니다. 역사라는 주제와 그 인식 수단은 항상 동일하기 때문에, 역사적 경험의 순환은 언젠가는 끝나게 마련입니다. 구체적 적용은 결코 고갈되지 않겠지만, 일단 일반 기준이 발견되면 더는 덧붙일 것이 없을 것입니다. 자연과학에서 새로운 발견은 지성에 새로운 길을 놓고, 관찰에 새로운 영역을 열어 줍니다. 사례를 들려고 너무 멀리 갈 필요도 없습니다. 최근 현미경 하나만 하더라도 고대 자연과학자들이 알지 못했던 전혀 새로운 세계를 보여 주지 않았습니까? 따라서 자연 연구의 진보는 필연적으로 끝이 없습니다. 그러나 역사에서는 언제나 똑같은 사람을 연구하고, 우리가 연구에 사용하는 도구 역시 언제나 똑같습니다. 따라서 만일 역사에 숨겨진 위대한 교훈이 있다면, 경험을 단번에 영원히 완결할 수 있는, 완전히 합리적인, 확정적인 뭔가에 필연적으로 도달할 것입니다. 저는 파스칼의 이 놀라운 생각, '인간의 연속적인 세대교체가 사실은 다른 어떤 것이 아니라 항구적으로 존재하는 동일한 한 사람'이라는 사고를 당신에게 이미 말씀드린 적이 있습니다.[116] 이 생각은 언젠가 추상적인 명제의 비유적 표현이기를 멈추고 인간 이성의 실제 사실이 되어야 합니다. 그러면 인간 이성은 그 모든 행위에서 인류의 모든 세기에 걸쳐 인간 사고의 무한한 사슬 전체를 뒤흔드는 듯한 체험을 하지 않을 수 없게 될 것입니다.

그렇다면 다음과 같은 질문이 제기됩니다. 인간은 지금 자신 안에 발견하는 지극히 개인적이고 철저하게 고립된 의식 대신에 자신을 끊임없이 위대한 도덕적 전체의 일부라고 느끼게 만드는 일반 인식을 획득할 수 있을까요? 그렇습니다. 의심할 여지가 없습니다. 생각해 보십시오. 우리는 개별적 인격체라는 감각과 더불어 조국, 가족, 그리고 같은 신념을 공유하는 사람들과의 유대의 감각을 마

---

116) 〈제5서한〉에서도 파스칼을 인용한 동일한 내용이 반복되어 있다.

음속에 가지고 있습니다. 이 감각은 때때로 다른 어떤 감각보다 더 고통스럽습니다. 생각해 보십시오, 우리 안에는 최고 인식의 씨앗이 의심의 여지 없이 자리하고 있습니다. 그것은 우리 본성의 본질 그 자체를 형성합니다. 현재의 '자아'는 어떤 불변의 법칙이 우리 안에 심어 놓은 것이 아닙니다. 우리 스스로 그것을 우리 안에 심어 놓은 것입니다. 그러면 인간의 본래 소명이 자신의 고립된 존재를 깨뜨리고 이것을 철저히 사회적이고 비개인적인 존재로 대체하는 데 있음이 분명해질 것입니다. 당신은 이것이 도덕철학의 유일한 기초임을 이미 보셨습니다.117) 이제 당신은 이것이 또한 역사 개념의 기초임을 보시고 있는 것입니다. 이러한 관점에서 보면, 인류 보편적 삶의 여러 시기를 흐리게 하거나 왜곡하는 온갖 환상은 냉정한 과학적 관심에 따라 조망될 것이 아니라 심오한 도덕적 진실의 감각으로 연구되어야만 합니다. 결코 존재한 적이 없는 것과 어떻게 동일시할 수 있겠습니까? 어떻게 '비존재'와 연결될 수 있겠습니까? 오직 진리 안에서만 두 가지 성격의 인력이 드러납니다. 역사를 연구할 때 우리는 상상의 몽상이나 기억의 습관에 매혹되지 않고, 항상 생생하고 재미

---

117) (지은이 주) 〈제2서한〉을 보십시오.

있는 것을 찾으려 애쓰는 것처럼, 긍정적인 지식과 확신을 향한 탐구에 더욱 매진해야 합니다. 기억을 얼마나 많은 사실로 채울 것이냐는 중요한 것이 아닙니다. 이미 사실들은 너무 많습니다. 사실이 얼마나 풍부한가가 역사의 신뢰성을 담보한다는 생각은 명백한 잘못입니다. 역사를 논란에 휩싸이게 하는 것은 사실의 부족이 아닙니다. 사실에 대한 무지가 역사에 대한 무지를 낳는 것도 아닙니다. 오히려 역사적 성찰과 추론이 부족하다는 점이 문제입니다. 만약 이 과학 분야에서 단순히 사실에 근거하여 확신을 얻고 긍정적인 지식에 도달하려고 한다면, 그것은 결단코 충족될 수 없습니다. 단 하나의 세부 사항이라도 그것이 제대로 파악된다면 연대기 전체보다 더 많은 것을 밝혀 주고 더 많은 것을 증명해 줍니다. 따라서 우리의 규칙은 이렇습니다. 우리에게 익숙한 사실들을 비판적으로 검토하고, 죽은 자료가 아니라 살아 있는 형상을 정신 속에 더 많이 품으려 노력해야 한다는 것입니다. 다른 사람들은 역사의 오래된 먼지를 마음껏 뒤지라고 내버려두세요. 우리에게는 다른 일이 있으니까요. 우리는 역사적 자료를 완벽하게 완전한 것으로 인정하면서도, 역사과학의 논리에는 거의 확신을 갖지 못합니다. 만약 다른 사람들처럼 우리도 역사의 흐름 속에서 인간적 충동, 완전한 자유의지만을 보았다고 한다면, 머릿속에 아무리 많은 사실을 축적하고, 하나로부터 다른 하나를 정말 놀라운 방식으로 추출한다 하더라도, 역사는 우리가 찾고자 하는 어떤 것도 우리에게 보여 주지 않을 것이며, 우리는 역사 안에서 다른 모든 사람[118)]이 보았던 인간적 유희 오직 그것만을 보게 될 것입니다. 그리고 그것은, 제가 앞서 말씀드린 것처럼, 동력학적이고 심리적인 역사입니다. 개인을 통해, 상상한 인과관계의 사슬을 통해, 인간의 환상과 이러한 환상의 필연적인 결과를 통해 모든 것을 설명하려는 역사 말입니다. 이는 인간 이성을 그 자체의 법칙에만 위임하는 것이며, 인간 이성이 자연의 나머지 부분을 압도적으로 초월한다는 것을 이해하지 못하는 것입니다. 그렇기에

---

118) (지은이 주) 인간사의 흐름 속에 섭리를 끌고 들어왔다는 이유로 헤로도토스나 티투스 리비우스, 또 투르의 그레고리우스를 비난해서는 안 됩니다. 여기서 지적하고 싶은 것은, 인간의 일상사에 신이 개입한다는 미신적 관념을 되살리고자 인간 이성을 불러내는 것은 안 된다는 점입니다[(옮긴이 주) 헤로도토스(BC 484?~BC 425?)는 그리스 역사학자로 역사의 아버지라 불리며, 페르시아 전쟁을 중심으로 인간의 운명과 신의 의지를 함께 서술했다. 대표작으로 《역사》가 있다. 티투스 리비우스(BC 59~AD 17)는 로마의 역사가로 로마의 건국에서 제국 형성까지의 도덕적 · 시민적 역사를 기술했다. 대표작으로 《로마사》가 있다. 투르의 그레고리우스(538~594)는 중세 초기의 교부적 역사관을 대표하는 인물로 평가된다. 대표작으로 《프랑크인의 역사》가 있다].

인간 이성의 영역에서야말로 최고 법칙이 더욱 분명하게 드러나야 한다는 사실을 이해하지 못한 것입니다.[119]

---

119) (지은이 주) 로마는 수많은 사람의 입에 오르내리고 수많은 사람이 찾아가지만 정작 제대로 이해하지 못하는 도시입니다. 바로 그 로마에 놀라운 기념물이 하나 있습니다. 그것은 과거의 작품이면서도 현재에도 살아 있는 듯한, 시간의 흐름을 가로막은 다른 시대의 걸작입니다. 바로 콜로세움이지요. 제가 보기에 이 폐허를 바라보는 것만큼 깊은 상념을 불러일으키고 인류사의 두 시대의 특징을 더 분명하게 드러내며 역사의 위대한 명제를 이보다 더 확실하게 증명하는 역사적 현상은 없습니다. 기독교가 등장하기 이전까지 사회에는 참된 진보도 없었고 참된 지속성도 없었습니다. 로마인들이 피를 탐닉하기 위해 물결처럼 밀려들던 경기장, 모든 이교적 세계가 소름 끼치는 경기 속에 투영되던 경기장, 그 시대의 삶 전체가 가장 생생한 쾌락과 가장 빛나는 승리 속에 펴져 나가던 이 경기장은 인간 본성에 내재된 모든 힘을 사회라는 건축물을 세우는데 쏟아부었는데도 사방에서 붕괴가 일어나고 새로운 야만의 시대가 도래하고 있음을 우리 앞에 명징하게 보여 주고 있지 않습니까? 그러나 바로 그곳에서 새로운 건축물의 기초를 적실 피가 처음으로 흘러나왔습니다. 이 기념물이 어찌 책 한 권의 가치에 비견되지 못하겠습니까? 그런데 놀랍게도 이 건축물은 위대한 진리를 담은 역사적 사고를 불러일으킨 적이 없습니다! 로마로 몰려드는 여행객들의 물결 가운데 한 사람이 있었습니다. 그는 이웃한 유명한 언덕에서 눈부신 풍경에 둘러싸여 이 기념물을 바라보며, 자기의 표현에 따르면, 시간이 눈앞에 펼쳐져 나가며 그 흐름의 수수께끼를 풀어 준다고 느꼈습니다. 그런데 그가 본 것은 무엇입니까? 개선 행진과 카푸친 수도사의 행렬뿐이었습니다! 마치 그곳에서는 개선이나 행렬 말고는 아무것도 없었던 듯이 말입니다. 이 보잘것없고 불쌍한 생각 덕분에 널리 알려진, 거짓 작품을 우리는 접하게 되었습니다. 이는 역사상 가장 위

부인, 바로 여기에 우리 시대를 지배하는 역사적 관념이 얼마나 거짓된 것인지를 가장 잘 보여 주는 한 사례가 있습니다. 당신도 아시다시피, 그리스인들은 예술을 통해 인간 정신의 가장 위대한 이념을 만들어 냈다고들 합니다. 그런데 헬레니즘 시대의 천재들이 낳은 위대한 창조물의 본질이 무엇인지 생각해 보세요. 인간 안에 있는 물질적인 면이 이상화되고, 고양되고, 신격화되었습니다. 자연스럽고 정당한 사물의 질서는 뒤집혔습니다. 정신세계의 하위 영역에 영원히 남아 있어야 했던 것이 사고의 가장 높은 영역으로 격상되었습니다. 정신에 미치는 감각의 영향은 무한히 증폭되었습니다. 이성 안에서 신적인 것과 인간적인 것을 구분하는 거대한 경계선이 무너졌습니다. 이로 인해 모든 도덕적 요소가 혼란스럽게 뒤섞였습니다. 정신은 전혀 주의를 기울일 가치가 없는 것들에 집착하게 되었습니다. 인간 본성 가운데 가장 추악한 측면이 전례 없는 매력을 끌게 되었습니다. 태초의 진리의 시를 대신해 거짓의 시가 상상력을 침범했습니다. 형상이 없이도 상상하고, 볼 수 없는 것을 꿰뚫는, 우리에게 주어진 강력한 능력은 그때부터 감각할 수 있는 것을 더욱 감

대한 천재에게서 나온 진정한 모욕입니다!

각적으로, 세속적인 것을 더욱 세속적으로 만드는 데에만 사용되었습니다. 그 결과, 우리의 육체적 존재는 성장하는 반면 정신적 존재는 축소되었습니다. 피타고라스나 플라톤과 같은 일부 현인들은 이런 시대정신의 해로운 경향에 맞서 싸웠지만, 그들의 노력은 아무런 성과를 거두지 못했습니다. 왜냐하면 그들 자신도 크든 작든 어느 정도 이 정신에 휩쓸려 있었기 때문입니다. 기독교가 인간의 사고를 회복시킨 후에야 그들의 가르침이 진정한 영향력을 얻게 되었습니다. 이것이 바로 그리스 예술이 이룬 것입니다. 그것은 물질의 신격화였고, 이 점은 누구도 부인할 수 없습니다. 그런데도 사람들은 그 시대가 남긴 기념물들을 보며, 그 의미를 이해하지도 못한 채, 다행히 지금은 존재하지 않는 천재의 놀라운 영감에 감탄하면서, 마음속에 자라나는 온갖 불순함과 정신 속에서 생겨나는 온갖 거짓됨을 수상히 여기지도 않습니다. 그것은 일종의 숭배요 도취며 매혹입니다. 그 안에서 도덕 감정은 완전히 사라지고 맙니다. 그러나 이렇듯 맹목적으로 찬사를 보내다가도 우리를 가득 채우는 감정에 냉정하게 응하기만 하면 그것이 우리 존재의 가장 추악한 부분에서 비롯된다는 것을 깨달을 수 있습니다. 굳이 표현하자면, 우리는 대리석과 청동으로 만들어진 이 형상들을 우리의 육신으로 지각한다고 말할 수 있겠습니다. 그리고 유의하셔야 합니다.

이 조각들의 아름다움과 완벽함은 그 안에 새겨져 있는 절대적으로 아무런 생각 없음(совершенное безмыслие)에서 비롯된 것입니다. 이성의 희미한 빛이 그곳을 비추는 순간 그 즉시 우리를 매혹하는 이상(理想)은 사라집니다. 그래서 우리가 보고 있는 것은 이성적 존재의 형상이 아니라, 어떤 조작된 존재의 형상, 다시 말해서 인간 정신이 가장 무질서하게 뒤틀려서 만들어지는, 본성상 괴물의 형상입니다. 우리를 끌어당기는 것이 아니라 우리가 밀쳐내야 할 모습이지요. 이처럼 현대의 역사 개념을 구성하는 편견, 학교 교육의 관행, 사고의 관성, 기만적 환영의 매혹이 역사철학에서 가장 중대한 대상들을 왜곡하고 있습니다. 아마도 당신은 제게 이렇게 물으실 것 같습니다. 선생께서는 예술의 이런 유혹에 항상 냉정하게 대했는가 하고 말입니다. 아닙니다, 부인, 오히려 그 반대입니다. 제가 그것을 알기 훨씬 이전에도 어떤 알 수 없는 본능이, 거기서 흘러나와 제 삶을 운명적으로 가득 채울 달콤한 기쁨을 미리 예감하게 해 주었습니다. 그러다가 세기의 가장 위대한 사건 가운데 하나가 저를 그 모든 보물이 한곳에 모인 지역으로 이끌었을 때,[120] 저 역시 다른 사람들처

---

120) '세기의 가장 위대한 사건'은 조국전쟁을 가리킨다. 차다예프는

럼, 아니 다른 이들보다 더 열심히 그 우상들의 제단에 향을 피웠습니다. 이후 본래의 태양 아래에서 그것들을 두 번째로 보았을 때,[121] 저는 다시 한번 큰 기쁨을 느꼈습니다. 그러나 이러한 기쁨의 밑바닥에는 항상 후회와 비슷한 쓰라림이 숨어 있었던 것도 사실입니다. 더욱이 진실을 깨달았을 때, 저는 그 결과 중 단 하나도 빼거나 회피하지 않고 모든 것을 단번에 받아들였습니다.

역사에 의해 정당한 평가를 받지 못했고, 사람들의 기억에서 지워졌던, 역사 속 위대한 인물들로 다시 돌아가 봅시다. 먼저 모세부터 시작해 보죠. 그는 모든 역사적 인물 중 가장 거대하고 위풍당당한 인물입니다.

다행히도 우리는 위대한 유대 입법자가 그를 진지하게 연구하고자 애쓰는 사람들에게조차, 환영 같은 세계에 속한 존재 중 하나로 여겨지던 시대에 살지는 않습니다. 그

나폴레옹의 러시아 침공 직전 군대에 자원입대했고, 이후 조국전쟁 기간 동안 여러 전투에서 용감하게 싸웠으며, 1814년 파리에 입성했다. 따라서 '모든 보물이 한곳에 모인 지역'은 프랑스 파리를 지시하는 것으로 이해하면 큰 무리가 없겠다.

121) 1823~1826년 차다예프는 장기간 유럽 여행을 한다. 이탈리아, 스위스, 독일, 프랑스 등을 돌아다녔다. 따라서 '본래의 태양 아래에서'를 고려할 때 유럽 여행 기간에 이탈리아를 방문했던 상황을 그리는 것으로 보는 것이 타당하겠다.

는 고대 민족들의 역사서 첫 페이지에 나오는 초자연적인 영웅, 반신, 예언자와 같았습니다. 또는 인간의 전통에 따라 그가 속한 시대의 유형, 상징 또는 표현으로서의 교훈적 가치라는 관점에서만 역사가 연구한 시적(詩的) 인물이었습니다. 그러나 오늘날에는 그 누구도 모세의 역사적 실체를 의심하지 않는 듯합니다. 그럼에도 불구하고, 그를 둘러싼 신성한 장엄함이 그에게 특별히 유리한 것이 아니며, 그가 역사에서 마땅히 누려야 할 자리를 차지하고 있지도 못합니다. 이 위대한 인물이 인류에게 미친 영향은 마땅히 그래야 했음에도 올바르게 이해되거나 정당하게 평가받지 못하고 있습니다. 그의 인격은 그를 둘러싼 신비로운 빛에 가려 너무 모호합니다. 그에 대해서는 충분한 연구가 이루어지지 않았기에, 우리가 역사 속 위대한 인물들과 만날 때면 흔히 얻던 교훈을 모세는 제공하지 못합니다. 어떤 공인(公人)도, 어떤 사인(私人)도, 어떤 사상가도, 어떤 행동가도 자신들이 발견할 수 있으리라 여긴 교훈들을 모세의 전기에서 발견하지 못하고 있습니다. 이는 종교가 정신 속에 심어 준 습관 때문입니다. 《성경》 속 인물들에게 초인적인 모습을 부여하는 이런 습관은 그들을 실제와는 전혀 다른 모습으로 그려 냅니다.[122] 모세의 인격에는 탁월함과 단순함, 강인함과 친절함, 강건함과 부드러움이 놀랍도록 뒤섞여 있습니다. 그리고 이에 대해 끝없이 묵상할 수 있습니다. 그처럼 다양한 특성과 재능을 모두 갖춘 인물은 역사상 아무도 없었다고 보아야 할 것입니다. 이 놀라운 존재와 그가 사람들에게 끼친 영향을 묵상해 보면서 저는 그가 불러일으킨 역사적 현상에 더 놀라야 하는지, 아니면 제가 그 안에서 발견한 도덕적 현상에 더 놀라야 하는지 알 수가 없습니다. 한편으로 그는 선택된 민족이라는 장엄한 개념, 곧 지상에서 유일신 사상을 보존할 더 높은 사명을 부여받은 민족이라는 관념을 제시했습니다. 그리고 이 사상이 그 민족 속에서 단순히 온전히 지켜지도록 하는 것에 그치지 않고, 마치 자연의 힘처럼 전능하고 반박될 수 없는 것으로 나타나게 하기 위해, 모든 인간적 힘을 무력하게 만들고 온 영적 세계를 순종하도록 하기 위해, 그는 상상할 수 없는 수단들을 사용

---

122) (지은이 주) 사실 《성서》 속 인물들이 우리에게 특별히 친숙하다는 점에 유의할 필요가 있습니다. 왜냐하면 그들의 특징이 거기에서는 가장 선명하게 그려지기 때문입니다. 바로 이것이 《성서》의 가장 강력한 측면 가운데 하나입니다. 우리가 그들과 동일시됨으로써 《성서》 속 인물들은 우리의 내적 감정에 직접적인 영향력을 행사하고 이를 통해 그리스도의 더 본질적인 영향력에 영혼을 순종하도록 준비케 했습니다. 《성서》는 이러한 인물들의 특성을 그토록 훌륭하게 그려 낼 방법을 발견했고, 이들 형상은 의식 속에 밀고 들어와 우리가 그들과 깊은 교제 속에서 살아가고 있다는 인상을 만들어 냅니다.

했습니다. 다른 한편으로 그는 나약할 정도로 단순한 인간, 확신 속에 녹여 내는 것 말고는 분노를 다른 식으로 표현할 줄 모르는 인간, 처음 마주친 사람의 명령에 순종하는 인간입니다. 그는 기이한 천재입니다! 가장 강하면서 동시에 가장 유순한 사람입니다! 그는 다가올 시대를 만들고, 자연의 베일을 쓰고 자기 앞에 등장하는 모든 것에 겸손하게 복종합니다. 그는 무서운 자연 현상 가운데서 인간에게 말을 걸고, 그의 목소리는 수 세기를 거쳐 울려 퍼지며, 운명처럼 여러 민족을 사로잡습니다. 예민한 마음의 첫 움직임과 그에게 제시된 정의로운 첫 논거에 순종합니다. 이것이야말로 놀라운 위대함이 아니겠으며, 유일무이한 가르침이 아니겠습니까?

사람들은 그의 위대함을 깎아내리려 했습니다. 그가 처음에는 단지 견딜 수 없는 멍에에서 국민을 구출하는 것 외에는 어떤 생각도 하지 않았다고 주장합니다. 물론 그 일에서 그는 놀랍도록 명예로운 영웅적 행위를 했습니다. 사람들은 그 안에서 오직 위대한 입법자의 모습만을 보려 합니다. 오늘날에는, 제가 실수하지 않는다면, 그의 법은 대단히 자유주의적인 것으로 여겨집니다. 게다가 그의 하느님은 단순한 민족적 신이었고, 그의 모든 신지학은 이집트인들로부터 물려받았다는 말도 있습니다. 그는 의심의 여지 없이 애국자였습니다. 지상에서의 사명이 무엇이든 위대한 영혼이 어떻게 애국자가 아닐 수 있겠습니까! 더욱이 이것은 보편 법칙입니다. 사람들에게 영향을 미치기 위해서는 자신이 있는 가정의 틀 안에 영향을 미쳐야 하고, 자신이 태어난 사회 환경에 영향을 미쳐야 합니다. 인류에게 명확하게 말하려면 자기 민족에게 호소해야 합니다. 그러지 않으면 아무에게도 들리지 않을 것이고, 아무것도 이룰 수 없을 것입니다. 가까운 사람들에게 미치는 도덕적 영향력이 더 직접적이고 실제적일수록, 그 영향력은 더 확실하고 강력해집니다. 말은 개인적일수록 더욱 강해집니다. 의도했던 목표를 달성하기 위해 그가 이용한 수단들은 완벽하게 현실적이고 확실했으며, 바로 이런 점만 보더라도 이 인물의 행동 이면에 '최고의 원칙'이 놓여 있음을 잘 확인할 수 있습니다. 물론 그가 자기 민족이나 다른 민족들 사이에서 민족적 신이라는 관념을 발견했을 가능성이 있으며, 자연스러운 선구자들로부터 얻은 많은 것들을 활용했듯이, 자신이 따르는 숭고한 유일신 사상을 인간의 사고 속에 각인하기 위해 이런 상황을 활용했을 수도 있습니다. 하지만 그렇다고 해서 여호와께서 기독교인들에게 그러하듯 그에게도 온 세상의 하느님이 아니라는 결론은 나오지 않습니다. 그가 이 위대한 교리를 자기 민족 내에 고립시키고 강화하려고 하면 할수록 그리고 이 목적을 달성하기 위해 엄청난 노력을 기울이면 기울일수록,

가장 고귀한 이성의 이런 작업을 통해 모든 세계와 그리고 앞으로 올 모든 세대를 위해 유일하신 하느님이라는 개념을 보존한다는 보편적 사고는 점점 더 잘 드러났습니다. 당시 온 땅에 다신교가 만연하던 가운데, 진리의 하느님께 바칠 불가침의 성소를 건설하는 데 신성한 기념물의 수호자인 민족에게 모든 우상 숭배자들에 대한 피의 원한을 불어넣는 방법 외에, 이 백성의 사회적 존재 전체, 그들의 운명, 기억, 그리고 희망을 이 단 하나의 원칙에 묶는 방법 외에 다른 어떤 방법이 있었겠습니까? 이 점을 염두에 두고 〈신명기〉 8장을 읽어 보십시오. 그러면 당신은 모세의 체계뿐 아니라 계시의 철학 전체에 흘러넘치는 빛에 놀라게 될 것입니다. 이 놀라운 책의 모든 단어는 초인적인 사상이 저자의 정신을 지배하고 있음을 드러냅니다. 이는 또한 모세가 명령한 이 무시무시한 학살들을 설명합니다. 이런 명령은 그의 온유한 성품과 극명하게 모순되며, 철학을 격분시켰습니다. 그러나 그런 철학은 불경스러움을 넘어 어리석기까지 합니다. 이 철학은, 섭리의 손 안에 있는 그토록 놀라운 도구로 그리고 비밀의 전달자로 선택된 사람은 오직 섭리처럼만 오직 자연처럼만 행동할 수 있음을 이해하지 못했습니다. 시간과 세대는 그에게 아무런 가치도 없었습니다. 그의 사명은 정의와 도덕적 완벽함의 모범을 제시하는 데 있는 것이 아니라, 이성이 스스로 만들어 낼 수 없는 가장 위대한 사상을 인간 이성에 부여하는 데 있었습니다. 그가 애정 어린 마음의 부르짖음을 억누르고, 민족들을 학살하도록 명령하고, 모든 민족을 하느님의 신성한 정의의 칼로 내리쳤을 때, 단지 그가 자신이 이끌고 있던 굼뜨고 불순종한 민족을 어떻게 정착시킬 것인가 하는 점만 생각했다고 믿는단 말입니까? 정말 훌륭한 심리학이 아닐 수 없습니다! 그런 현상의 참된 원인으로 거슬러 올라가기 위해 이런 유의 심리학은 어떻게 할까요? 이런 노고를 피하고 대신 하나의 영혼 안에 서로 양립할 수 없는 특성들을 무리하게 결합합니다. 그런 결합이 실제 인물에게서 관찰된 적은 단 한 번도 없는데도 말입니다! 그리고 어쨌든 모세가 이집트의 지혜에서 일부 지식을 빌려 왔다고 해서 문제가 됩니까? 그가 처음에 자기 민족을 노예의 굴레에서 해방하겠다는 단 하나의 생각만 했다고 문제가 됩니까? 어딘가에서 얻었거나 영혼 깊은 곳에서 끌어낸 생각을 자기 민족 안에 구현하고, 그것을 인간 본성에 내재된 불가침성과 불변성으로 감싼 다음, 이렇게 인간에게 참된 신을 주었습니다. 이 원칙으로부터 인류의 모든 지적 발전이 기원하며, 모든 지적 움직임은 여기에 빚지고 있습니다. 이것이 진실이 아니란 말입니까?

다윗은 우리에게 잘 전해진 역사적 인물 중 한 명입니다. 그의 역사만큼 생생하고 극적이며 진실한 것은 상상할 수 없으며, 그의 형상만큼 명료하게 그려진 것도 없습니다. 그의 삶에 대한 이야기와 현재가 미래 속으로 놀라울 정도로 투사된 그의 숭고한 노래는 그의 영혼의 내면을 우리에게 너무나 잘 묘사해 주어 사실상 그의 존재는 우리에게 숨겨진 것이 하나도 없습니다. 그럼에도 불구하고 그는 그리스나 로마의 영웅들 같은 인상을 줍니다. 그러나 온전한 신앙심을 가진 영혼에게는 깊은 인상을 줍니다. 왜냐하면 《성경》에 나오는 이 모든 위대한 인물들은, 되풀이하여 말하지만, 특별한 세상에 속하기 때문입니다. 그들의 머리 위로 빛나는 후광은 불행히도 마음이 여행하고 싶지 않은 영역, 완고한 복종을 요구하는 끈질긴 힘의 영역으로 그들을 내몰고 있습니다. 거기에서 인간은 끊임없이 무자비한 법을 대면합니다. 할 수 있는 일은 무릎을 꿇고 경배하는 것뿐입니다. 그러나 그 움직임을 만들어내는 원리가 가장 잘 드러나는 곳에서 연구하지 않는다면, 어떻게 역사적 움직임을 이해할 수 있겠습니까?

소크라테스와 마르쿠스 아우렐리우스를 《성경》 속 이 두 거인과 마주 세워 놓은 것은, 당신이 이처럼 서로 다른 형태의 위대함을 대조하여 그들이 표상하는 두 세계를 가늠해 보기를 바라기 때문입니다. 가능하다면 그에 대한 후대의 영광스러운 선입견 없이 크세노폰이 전하는 소크라테스에 관한 이야기를 먼저 읽어 보십시오. 죽음이 그의 명성을 얼마나 높였는지 생각해 보십시오. 그의 저 유명한 다이몬[123]에 대해서 생각해 보십시오. 놀라울 정도라고 인정할 수밖에 없는 악에 대한 그의 너무나 관대한 태도에 대해서 생각해 보십시오.[124] 동시대 사람들이 그에게 가한 온갖 비난을 생각해 보십시오. 그가 죽기 직전에 한 말이 후대에 그의 사상을 얼마나 불확실한 상태로 남겨 놓았는지 생각해 보십시오. 마지막으로 그의 학파에서 파생된, 때로는 서로 다르고, 때로는 터무니없고, 때로는 모순되는 모든 가르침에 대해서 생각해 보십시오. 마르쿠스 아우렐리우스에 대해서도 마찬가지입니다. 그에 대한 편견을 버리십시오. 그의 저작을 제대로 숙고해 보십시오. 리옹 학살[125]을 기억하십시오. 그가 온 우주의 운

---

123) 소크라테스가 믿었던 다이몬(Daimon), 또는 다이모니온(Daimonion)이란 내적인 신의 소리, 마음속으로부터의 경고를 의미한다. 다이몬, 다이모니온은 신과 인간들의 중간에 있는 어떤 영적인 것을 의미하며 인간을 넘어선 힘으로 인간에게 판단력을 제공한다. 소크라테스는 이를 '양심으로부터 오는 소리'라 여기며 이에 따라 행동했다고 한다. 그래서 다이몬은 소크라테스가 말한 일종의 양심, 신적 영감, 내적 음성 같은 것이다.

124) (지은이 주) 만약 여성에게 쓴 것이 아니라면 이 개념을 이해할 수 있게 플라톤의 《향연》을 읽어 보라고 독자에게 특별히 권했을 것입니다.

125) 리옹 순교 사건이라고도 불리는 리옹 학살은 177년 프랑스 갈리

명을 한 사람에게 맡겼음을 기억하십시오. 그가 살았던 시대, 세상에서 누렸던 그의 높은 지위, 그리고 그 지위가 그에게 안겨 주었던 모든 위대함의 기회를 기억하십시오. 그리고 이제 당신에게 바라건대, 모세의 종교가 남긴 결과와 소크라테스 철학이 남긴 결과를 비교해 보십시오. 목동에서 왕이자 시인이자 현자가 되신 분, 예언자와 입법자라는 광대하고 신비로운 사상을 구현하신 분, 인류의 운명이 실현될 기적의 세계에서 그 중심이 되신 다윗의 인격과 로마 황제의 인격을 비교해 보십시오. 그는 자기 민족 안에서 그들의 독자적이고 심오한 종교적 열망을 확고하게 다졌으며, 그 열망으로 자기 민족의 모든 존재를 충만케 했습니다. 이런 방식으로 그는 이 땅에 진리를 태동시킬 수 있는 유일한 지상의 질서를 창조했습니다. 저는 의심하지 않습니다. 당신도 인정할 테지만, 시적 사고가 모세나 다윗 같은 인물을 초인적인 존재로 묘사하고 그들을 비범한 후광으로 둘러싼다면, 건전하고 냉정한 상식 역시 그들에게서 단순히 위대한 사람들 혹은 뛰어난 사람들이 아닌 더 커다란 뭔가를 보게 되지 않을 수 없을 것입니다. 도

아 지방 리옹에서 있었던 기독교인 대박해를 말한다. 당시 로마 황제는 마르쿠스 아우렐리우스였다.

덕 세계의 발전 과정에서 이 인물들은 분명 세계를 지배하는 최고 법칙의 완전하고도 직접적인 현현이었으며, 그들의 출현은 때때로 자연을 변화시키거나 새롭게 하는 물리적 질서의 위대한 시대들과 상응한다는 사실을 당신도 분명하게 아실 것입니다.[126)]

다음은 에피쿠로스로 넘어가 보겠습니다. 당신은 제가 이 인물의 명성에 큰 의미를 두지 않는다는 것을 잘 알고 계십니다. 하지만 무엇보다 먼저 당신이 알아야 할 점은, 그의 유물론이 다른 고대 철학자들의 사상과 다르지 않다는 것입니다. 단지 에피쿠로스는 여타 많은 철학자와 달리 더 솔직하고 일관되게 판단함으로써 그들처럼 끝없는 모순에 붙들리지 않았을 뿐입니다. 이교적 이신론은, 실제 그것이 그러하듯이, 에피쿠로스에게는 부조리로, 허황된 정신주의로, 그리고 기만으로 여겨졌습니다. 그의 물리학은 데모크리토스의 물리학과 다르지 않습니다. 데모

---

126) (지은이 주) 그런데 소크라테스의 어마어마한 명성만큼이나 이해되지 않는 것도 없습니다. 그는 고대 세계가 목격할 수 있었던, 신념 때문에 죽음을 맞은 유일무이한 사람입니다. 신념을 지키려는 이 유일무이한 사례는 정말로 그 시대 사람들에게 강렬한 충격을 주었음이 분명합니다. 그런데 민족 전체가 진리를 위해 목숨을 바친 것을 본 우리가 그에 대해 그런 태도를 보여 주는 것은 어리석은 일이 아닐 수 없습니다.

크리토스는 베이컨이 고대 물리학자 중 유일하게 이성적인 인물이라고 불렀던 점을 고려한다면, 에피쿠로스의 물리학은 동시대 다른 자연과학자의 시각과 비교해도 열등하지 않았습니다. 그의 원자론도 형이상학적 요소만 빼면 분자론이 확고하게 자리 잡은 오늘날의 상황에서는 예전처럼 그렇게 터무니없는 이야기로 여겨지지는 않습니다. 하지만 당신도 아시다시피 그의 이름은 주로 도덕적 가르침과 연결되어 있으며, 그것이 그의 명성을 실추시켰습니다. 하지만 우리는 그의 도덕성을 이 종파의 방탕함과 그의 사후에 사람들이 내린 다소 자의적인 해석에 근거하여 판단할 뿐입니다. 아시다시피 그의 저작은 우리에게 전해지지 않았습니다. 물론 키케로는 쾌락이라는 이름 하나만으로도 공포를 느꼈을 테지만, 저는 당신께 이 모욕받은 가르침을 본래 있는 그대로 평가해 달라고 부탁드립니다. 다시 말해서 우리에게 잘 알려진 저자 자신의 인격에 근거하여 평가해 달라는 말입니다. 이때 이교 세계에 미쳤던 가르침의 결과는 배제해야 합니다. 왜냐하면 이 결과는 가르침 그 자체에서 야기된 것이 아니라 당시 인간 정신의 일반적 경향에서 비롯되었을 개연성이 크기 때문입니다. 이러한 사실은 고대의 여타 도덕 체계와 에피쿠로스의 가르침을 비교해 보면 금방 드러납니다. 이 가르침을 고대의 다른 도덕 체계들과 비교해 보면, 스토아학파의 가르침처럼 오만하고 딱딱하고 비현실적이지도 않고, 플라톤의 가르침처럼 모호하고 막연하고 무력하지도 않다는 것을 당신은 알게 될 것입니다. 이 도덕 교리는 사랑과 선과 인간애로 가득 차 있습니다. 어떤 면에서는 기독교 도덕의 원리와 어느 정도 유사하다고 말할 수 있겠습니다. 이 철학이, 고대의 실천적 사상과는 전혀 다르게, 인간 사이의 화합, 연대, 그리고 선의를 본질적인 요소로 담고 있었다는 사실은 부정될 수 없습니다. 특히 이 철학은 상식적이되 오만하지 않습니다. 이러한 특징은 당대 모든 철학 체계와는 완전히 변별되는 특징입니다. 게다가 에피쿠로스의 가르침은 영적 평온과 고요한 기쁨을 최고의 선으로 여겼으며, 이 땅에 신들이 누리는 천상의 행복을 가져다주었습니다. 에피쿠로스 자신이 이러한 고요한 모범을 보여주었습니다. 그는 사람들에게 거의 알려지지 않은 채 살았으며, 가장 따뜻한 애정 가운데 살았으며, 학문에 빠져 살았습니다. 만약 그의 도덕철학이 당시 세상을 지배하던 악덕의 원리에 의해 왜곡되지 않고 여러 민족의 의식 가운데 공고하게 뿌리를 내렸더라면, 그의 도덕철학은 사람들의 마음을, 스토아학파의 허풍스러운 도덕성과 아카데미학파의 몽상적인 사색으로는 결코 심어 줄 수 없었을, 온유함과 인간다움으로 가득 채웠을 것입니다. 에피쿠로스가 고대의 현자들 가운데 도덕적으로 나무랄 데가 없는 유일한 인물이었음에 주의를 기울이십시오. 제자들이 거의 숭배에 가까운 사랑과 존경으로 기억했던 유일한 사람[127)]이었음에 주의를 기울여야 합니다. 이제 당신은 제가 왜 이 인물에 대한 우리의 관념에서 몇 가지 부분을 바로 잡아야 했는지 이해하실 겁니다.

우리는 아리스토텔레스로 되돌아가지 않을 것입니다. 그는 현대 역사에서 가장 중요한 장 중 하나를 구성하지만, 이는 너무 광범위해서 단순히 피상적으로 다루면 안 됩니다. 다만 아리스토텔레스가 어떤 의미에서는 새로운 정신의 산물이라는 점에 유의하시기 바랍니다. 지식에 대한 거대한 그리고 고통스러운 욕구에 시달리던 청년기의 새로운 이성이 손잡이, 지렛대, 도르래를 사용하여 사고 능력을 엄청난 속도로 작동하게 만드는 정신의 기계공에게 전적으로 매료된 것은 당연한 일입니다. 아리스토텔레스를 처음으로 발견한 사람들인 아랍인들의 취향에 그가 그토록 잘 맞았던 것도 쉽게 이해됩니다. 갑자기 등장한 이 민족은 의지할 만한 역사적 배경을 아무것도 지니고 있지 못했습니다. 그러므로 이미 완비된 지혜는 그들에게

127) (지은이 주) 이 점에서 피타고라스는 예외입니다. 그는 상상할 수 있는 모든 것이 부여된 전설 같은 인물이지요.

너무나 유익할 수밖에 없었습니다. 마침내 그 모든 것이 지나갔습니다. 아랍인, 스콜라철학자, 그리고 그들의 공통된 스승까지, 그들 각자는 모두 자신의 사명을 완수했습니다. 지성에 관해 말하자면, 그것은 더 크게 안정되었으며, 자기를 더 확실하게 믿을 수 있게 되었습니다. 지성의 발전 속도는 점점 확실해졌습니다. 지성은 움직임을 원활하게 하고 작업 속도를 높일 수 있는 기법들을 숙지했습니다. 보시다시피 모든 것이 좋아졌습니다. 새로운 이성의 힘과 숨겨진 원천 덕분에 악은 선으로 바뀌었습니다. 지금 우리는 발걸음을 되돌려야 합니다. 지성이 자신의 천사적 본성에서 나온 황금빛과 푸른빛 날개 외에는 다른 도구를 가지지 못했던 지난날의 넓은 길로 다시 들어서야 합니다.

마호메트로 넘어가 봅시다. 그의 종교가 인간에게 얼마나 큰 선을 행하는지 생각해 보십시오. 첫째, 그의 종교는 다른 강력한 여러 원인과 더불어 다신교를 근절하는 데 공헌했습니다. 둘째, 지구의 광대한 영역에까지 퍼져 나갔습니다. 이성의 일반 운동이 영향력을 행사하지 못하는 지역들에까지 유일신 사상과 보편적 신앙을 전파했습니다. 이처럼 마호메트의 종교는 수많은 사람을 인류의 궁극적인 운명에 대비하게 했습니다. 이 위대한 인물이 자신의 시대와 자신의 조국에 바친 헌신에도 불구하고, 그가 무능한 현자들의 무리보다 훨씬 더 큰 존경을 받을 자격이 있음을 인정하지 않을 수 없습니다. 현자라 불리는 자들은 자신의 사상 중 한 조각도 구현하거나 활용할 줄 몰랐을 뿐만 아니라 인간 본성의 흩어진 요소들을 통합하려 애쓰기는커녕 오히려 인간 존재를 분열시켰을 뿐입니다. 이슬람주의는 일반 법칙의 가장 주목할 만한 현현 중 하나입니다. 만약 이것을 부정한다면 그것은 이슬람의 모태가 되는 기독교의 전 세계적 영향력을 이해하지 못했음을 뜻합니다. 우리 종교의 가장 본질적인 특징은 여러 다양한 형태의 종교적 사상을 받아들이고, 필요하다면 궁극적인 결과를 달성하기 위해 오류와도 조화를 이룰 수 있는 능력에 있습니다. 마호메트의 종교는 계시종교의 위대한 역사적 발전의 필연적인 한 갈래로 여겨져야 합니다. 가장 편협한 교조주의자라 할지라도 이 중요한 사실을 인정하는 데 어려움이 없을 것입니다. 우리가 이슬람교도들을 우리의 자연스러운 적으로 여기는 이유가 우리의 편견 때문임을 단 한 번이라도 이해하게 된다면 분명히 그렇게 할 것입니다.[128] 게다가 당신도 알다시피 코란에는 예수 그리

---

128) (지은이 주) 처음에 무슬림은 기독교인에 대해서 어떤 적대적 감정도 가지지 않았습니다. 단지 양자 사이의 계속된 전쟁의 결과 무슬림이 기독교인에 대해 증오와 멸시의 감정을 가지게 되었을 뿐입니다. 반

스도를 언급하지 않은 장이 거의 없습니다. 그리고 우리가 이미 동의했듯이, 구세주의 이름이 선포되는 모든 곳에서 기독교의 영향력을 보지 못하고, 어떻게든 그분의 가르침을 접하는 모든 영혼에 기독교가 영향을 미친다는 것을 깨닫지 못하는 한, 구원의 위대한 사역에 대한 명확한 개념도, 그리스도 통치의 신비에 대한 이해도 없습니다. 그렇지 않으면 기독교인이라는 이름으로 불리는 수많은 사람을 구원의 은사를 받은 사람들에서 제외해야 할 것입니다. 이는 예수 그리스도의 왕국을 아주 사소한 것으로, 기독교의 보편성을 터무니없는 허구로 전락시키는 것을 의미하지 않을까요? 이슬람교는 동방에서 새로운 신앙이 등장하면서 야기된 종교적 동요의 결과물입니다. 그리하여 첫눈에는 기독교와 무관한 것처럼 보입니다. 하지만 실제로는 기독교에서 유래한 현상 가운데 가장 중요한 위치를 차지합니다. 이슬람은 기독교 사회가 형성되는 데 부정적인 영향을 미쳤습니다. 그러나 여기저기 흩어져 있던 이해관계를 공동 구원이라는 하나의 과제에 통합하도록 해주었습니다. 아랍 문명이 우리 문명에 제공한 수많은 질

면 기독교인의 관점에서는 그들이 무슬림을 처음에는 이교도, 나중에는 자신들의 신앙의 적으로 간주한 것은 너무나 자연스러운 일이었습니다. 그리고 결국 그렇게 되었습니다.

료는, 섭리를 이용한, 인류의 부활을 완성할 수 있는 간접적 통로로 간주되어야 합니다. 정복한 민족들의 정신에 미친 이슬람의 직접적인 영향력은 그것이 유래한 가르침의 직접적이고 긍정적인 효과로 간주되어야 합니다. 더 넓은 지역에 진리의 씨앗을 뿌리는 수단을 획득하자는 지역적이고 시대적인 필요에 이슬람은 단지 적용되었을 뿐입니다. 주님을 의식적으로 그리고 확신에 차서 섬기는 자들은 복되도다! 하지만 세상에는 그들을 움직이는 최고의 힘에 대한 개념이 없이도 그리스도의 음성에 순종하는 세력이 무수히 많다는 사실을 잊지 말아야 합니다!

우리의 마지막 논의 주제는 호메로스입니다. 오늘날 인간 정신에 미친 호메로스의 영향에 대한 질문은 충분히 규명되었습니다. 이제 사람들은 호메로스의 시가 무엇인지 잘 알고 있습니다. 그의 시가 어떻게 그리스적 특성을 형성했고, 그 특성이 고대 세계 전체의 특성을 어떤 식으로 결정했는지도 잘 알고 있습니다. 이 시가, 단편적으로만 남아 있을 뿐인, 더 고상하고 순수한 다른 시를 대체했음을 알고 있습니다. 또한 호메로스의 시는 비(非)그리스 토양에서 자란 다른 사상들의 세계를 새로운 사상 체계로 대체했으며, 새로운 사상에 의해 뒷전으로 밀려난 이러한 원시 사상은 사모트라케의 신비 의식[129] 속이나 잃어버린 진실에 바쳐진 다른 성소(聖所)의 그늘에서 피난처를 찾았고, 그 이후로는 소수의 선출된 자나 입문자만이 그 존재를 알고 있었다[130]는 것을 오늘날 사람들은 잘 알고 있습니다. 그러나 저는 호메로스와 우리가 사는 시대 사이에 어떤 공통점이 있는지, 그리고 그에게서 비롯된 것이 지금까지 인류의 의식 속에 살아남아 있는지에 대해서는 사람들이 모르고 있다고 생각합니다. 진정한 역사철학의 의의가 바로 여기에 있습니다. 우리가 살펴본 바와 같이, 역사철학의 주요 연구 대상은, 다른 어떤 것이 아니라, 역

---

129) 사모트라케의 신비 의식은 고대 그리스의 비의 종교 가운데 하나다. 사모트라케는 에게해 북부의 작은 섬으로 이곳에서는 위대한 신들에 바쳐진 비밀 의식이 행해졌었다. 이 의식은 주로 안전 항해와 사후 구원을 보장한다고 믿어졌다. 차다예프는 사모트라케 신비 의식이라는 개념을 그리스 본토 사상이 아닌 더 오래되고 신비적인 종교 관념이 밀려나 피신한 곳의 의미로 사용하고 있다.

130) (지은이 주) 호메로스가 세계에 미친 도덕적 영향을 이해하고자 한다면 플루타르코스의 저작이나 이를 다루고 있는 막시무스 티르스키우스의 한 장(章)을 읽어 보면 됩니다. 헤렌의 저서에서 그리스 문명을 다룬 여러 장과 특히 이 주제와 관련하여 탁월한 연구 성과인 고대 종교에 관한 크로이처의 노작을 참고하면 됩니다[(옮긴이 주) 막시무스 티리우스는 2세기경 그리스에서 활동한 철학자로 예술, 특히 호메로스의 도덕적 역할을 강조했다. 아르놀트 헤렌(1760~1842)은 괴팅겐대학교의 교수로 그리스 문명이 윤리적으로 그리고 정치적으로 대단히 성숙한 문명이었음을 논했다. 프리드리히 크로이처(1771~1858)는 하이델베르크대학교 신화학, 종교사 교수로 재직하면서 고대 신화의 상징적, 도덕적 의미에 천착했다].

사적 사건들의 지속적 결과와 영원한 여파이기 때문입니다. 따라서 우리에게 호메로스란, 그가 창조한 세상에서 그가 그랬듯이, 현대의 티폰이나 하르피아[131] 같은 존재입니다. 우리가 보기에, 열정의 파괴적인 영웅심, 퇴색한 아름다움의 이상, 모든 세속적인 것에 대한 억제되지 않은 탐욕, 이 모든 것은 지금도 여전히 우리가 그에게서 빌려 오는 것들입니다.[132] 당신은 세계의 다른 어떤 문명사회에서도 이와 유사한 경우가 없었다는 점에 유의하셔야 합니다. 오직 그리스인들만이 악덕과 범죄를 이런 식으로 감히 이상화하고 신격화했습니다. 따라서 악의 시는 그들

---

131) 티폰(Typhon)은 그리스 신화 속 괴물로 가이아와 타르타로스 사이에서 태어났다고 전해진다. 불을 뿜는 괴물로 보통 혼돈, 파괴, 재앙의 상징이다. 하르피아(Harpies)는 단어 자체만 보면 납치하는 자들이라는 뜻으로 여인의 얼굴과 새의 몸을 가진 그리스 신화 속 괴물이다. 보통 탐욕, 오염, 불결의 상징이다.

132) (지은이 주) 호메로스의 시가 지닌 영향력은 당연히 그리스 예술의 영향력과 연결됩니다. 왜냐하면 그의 시는 그리스 예술의 전형적인 표상이기 때문입니다. 그리스 예술은 호메로스의 시에 의해 만들어졌고, 그의 시의 영향을 꾸준히 이어 갔습니다. 실제로 호메로스라는 사람이 존재했는지 아닌지는 중요하지 않습니다. 역사 비평은 인류의 삶에서 호메로스에 대한 기억을 사라지게 할 수 없습니다. 철학자가 관심을 가져야 할 것은 그에 대한 기억과 연결된 사상이지, 시인의 개성 그 자체가 아닙니다.

과 그들의 문명을 물려받은 민족들 사이에서만 자리를 잡았습니다. 중세 시대를 들여다보면 기독교 민족들이 그들을 인도하는 손에 전적으로 맡겨졌더라면 그들의 사상이 어떤 방향으로 발전했을지 분명히 알 수 있을 것입니다. 따라서 이 시는 북방 조상들로부터 우리에게 전해졌을 리는 절대로 없습니다. 북방인들의 정신은 완전히 다른 방식으로 형성되었고, 무엇보다 세속적인 것에 집착하지 않았습니다. 만약 그 정신이 오롯이 기독교와만 결합했다면, 지금의 모습 대신에 자신들의 몽환적 상상력의 희뿌연 불확실성 속에서 흩어져 버렸을 것입니다. 게다가 우리에게는 그들의 혈관 속에서 흐르던 피가 더는 흐르지 않으며, 지금 우리는 카이사르와 타키투스가 묘사한 민족들에게서가 아니라 호메로스의 세계를 구성하는 사람들 사이에서 삶의 교훈을 찾고 있습니다. 최근에야 우리 자신의 과거로 돌아가려는 움직임이 우리를 가족의 품으로 이끌기 시작했고, 우리는 조금씩 조금씩 우리 아버지들의 유산을 재발견하게 되었습니다. 북방 민족들에게서 우리는 오직 관습과 전통만을 물려받았습니다. 그런데 정신은 오직 지식에 의해서만 양육됩니다. 지식과 연결되지 않으면 가장 오래된 관습도 사라지고 가장 뿌리 깊은 전통도 사라져 버립니다. 한편 종교적 관념을 제외한 우리의 모든 사상은 그리스인과 로마인에게서 유래했습니다. 따라서 과거

서방 세계에서 호메로스의 시가 인간을 위대한 창조의 시대와 연결하던 사상의 흐름을 전혀 다른 길로 인도했듯이, 새로운 시대에서도 똑같은 일을 반복했습니다. 고대의 과학, 철학, 문학과 함께 우리에게 전해진 호메로스의 시는 우리를 그것과 완벽히 같게 만들었고, 그리하여 지금도 우리는 거짓의 세계와 진리의 세계 사이에서 흔들리고 있습니다. 오늘날 사람들이 호메로스에 관심을 거의 두지 않고, 그의 작품을 잘 읽지 않지만, 그의 신들과 영웅들은 여전히 기독교 사상의 토대와 논쟁을 벌이고 있습니다. 그리고 실제로 그의 시에는 물리칠 수 없는 매혹이 담겨 있습니다. 완전히 세속적이고 순수하게 물질적이며 우리 본성의 타락에 지나치게 관대합니다. 그의 시는 우리 이성의 근간을 약화시키고, 이성을 망상과 자기기만에 어리석게 묶어 두고는, 강력한 환상으로 달래서 이성을 잠들게 합니다. 그러나 고대에 대한 명확한 관점과 기독교 진리에 대한 완전한 정신적 몰입에서 비롯된 깊은 도덕 감각이, 이 시대의 기만과 어리석음에 대한, 곧 인류의 삶 속 광기의 사투르날리아[133]에 대한 경멸과 혐오로 우리 마음

---

133) 사투르날리아는 농경신 사투르누스를 기리는 고대 로마의 축제다. 우리나라에서는 사투르누스제(祭)라고 번역되기도 한다. 매년 12월 17일에서 23일까지 열렸으며, 사회 질서가 전도되는, 다시 말해서

을 가득 채우지 않는 한, 우리가 오랫동안 그 혐오스러운 위대함, 끔찍한 미덕, 불결한 아름다움 앞에 무의미한 숭배를 바쳐 왔음을 의식적인 회개의 마음으로 부끄러워하지 않는 한, 이 오래되고 해로운 인상들은 우리 정신 속에서 가장 생생하고 활동적인 요소로 남아 있을 것입니다. 계시의 이성에 부합하는 완전한 부활을 위해서는, 온 기독교 세계가 전적으로 공감하고 경험하는, 전 지구적 차원의 거대한 물리적 재앙과도 같은 엄청난 시련, 무시무시한 속죄가 아직 우리에게는 충분하지 않다고 저는 개인적으로 생각합니다. 그것이 없다면 우리 기억을 지금도 더럽히고 있는 진흙탕에서 어떻게 벗어날 수 있을지 저는 상상할 수 없습니다.[134] 이것이 바로 역사철학이 호메로스주의를

주인과 노예가 역할을 바꾸고, 제약 없이 먹고 마시며 쾌락을 즐기는 특징을 보였다. 차다예프는 방종, 도덕적 해이, 무절제한 쾌락의 의미로 이 용어를 사용하고 있다. 결국 사투르날리아는 단순한 축제명이 아니라 차다예프가 도덕이 붕괴된 상태, 신성의 전도된 모방을 비유적으로 나타내기 위해 사용한 표현이다. 그런데 똑같은 현상, 사투르누스를 기리는 축제를 미하일 바흐틴은 전혀 다르게 해석한다. 《프랑수아 라블레의 작품과 중세 및 르네상스 민중 문화》에서 바흐틴은 황금시대가 지상으로 실제적이고 완전하게 귀환한 것, 순수한 우주적 갱생의 축제로 파악한다. 차다예프 말대로 기준을 어디에 둘 것인가에 따라 동일한 역사적 사건도 해석과 평가가 달라진다.

134) (지은이 주) 우리 시대의 참된 행복은, 최근에야 역사적 사유를 위

이해하는 방식이어야 합니다. 그러니 역사철학이 호메로스를 어떻게 생각해야 할지 판단해 보십시오. 이를 근거로 역사철학은 양심에 따라 호메로스의 이마에 지워지지 않을 낙인을 찍어야 하지 않을까요!

부인, 이제 우리의 갤러리도 끝에 와 있습니다. 당신에게 드리고 싶었던 말을 다 하지는 못했지만, 이제 끝내야겠습니다. 하지만 그거 아십니까? 기본적으로 우리 러시아인들은 호메로스, 그리스인, 로마인, 독일인들에는 아무 관심이 없습니다. 이들 모두가 우리에게는 너무 낯섭니다. 하지만 어쩌겠습니까? 원치 않더라도 우리는 유럽의 언어로 말해야 합니다. 우리의 이국적인 문명이 우리를 유럽 안으로 깊숙이 끌어다 놓았습니다. 그래서 우리가 비록 유럽의 사상을 가지지는 못했지만, 우리에게는 유럽의 언어 외에 다른 언어는 없습니다. 그러니 그 언어를 사용할 수밖에 다른 도리가 없습니다. 우리가 지닌 지적 관습, 전통, 그리고 역사적 기억들은 얼마 되지 않습니다.

해 모습을 보이기 시작한, 호메로스주의라는 오물을 뒤집어쓰지 않은 새로운 영역이 있다는 점입니다. 인도 사상은 이미 철학의 발전에 상당히 유익하게 작동하고 있습니다. 지금까지 우리가 직접적인 길로는 도달하지 못했던 그 지점으로, 우회로를 통해서라도 가능하다면 좀 더 빠르게 도달할 수 있기를 바랄 뿐입니다.

우리의 과거에서 흘러나온 그 어떤 것도 우리를 지상의 다른 민족과 이어 주지 않습니다. 우리는 사실상 우주의 어떤 도덕 체계에도 속하지 않습니다. 그럼에도 우리의 사회적 기준은 서구 세계와 연결되어 있습니다. 이러한 연결성은 대단히 약하며 그것을 인정할 수밖에 없습니다. 상상하는 것처럼 우리는 유럽과 그렇게 강하게 이어져 있지 않습니다. 그 결과 우리는 그곳에서 일어나는 사건들의 본질을 감지할 수 없습니다. 그러나 연결 고리가 아무리 약하더라도, 그것은 우리의 미래 운명을 유럽 사회의 운명에 의존하게 만듭니다. 따라서 우리가 유럽 사회와 동일시하려고 노력하면 할수록 우리는 더욱더 좋아질 것입니다. 지금까지 우리는 완전히 고립된 채 살아왔습니다. 다른 사람들에게서 배운 것은 우리 영혼의 깊은 곳으로 침투하지 못했고, 그저 단순한 장식품처럼 우리의 바깥에 남아 있었습니다. 오늘날 '가장 지고한' 사회의 힘은 너무나 강력해졌고, 인류 전체에 미치는 영향력도 크게 성장했습니다. 그래서 우리의 몸과 마음은 머지않아 우주의 회오리바람에 휩쓸리게 될 것입니다. 이것은 의심의 여지가 없습니다. 우리는 홀로됨 속에 오래 머물 수 없을 것입니다. 그러니 우리는 최선을 다해서 우리 후손들을 위해 길을 닦아 줍시다. 우리가 갖지 못한 것－신념, 시간 속에서 형성된 이성, 명확하게 그려 볼 수 있는 뚜렷한 개성,

활기차고 활동적이며 풍부한 결과물을 가진 장구한 지적 삶의 과정에서 만들어진 신념—등을 후손들에게 물려주지 못할 수 있습니다. 그러나 적어도 몇 가지 사상이라도 남겨 주도록 합시다. 비록 우리가 스스로 그런 사상들을 발견하지 못했지만, 한 세대에서 다음 세대로 이어지다 보면, 최소한 그 사상들은 일종의 전통의 형식을 띨 터이고, 그로 인해 그 사상들이 지금 우리에게 주고 있는 것보다 훨씬 큰 결실을 가져다주게 될 것입니다. 이렇게 하는 것이야말로 우리가 후손들에게 봉사하는 것이며, 우리 또한 지상에서 헛되이 살지 않았다는 징표가 될 것입니다.

안녕히 계십시오, 부인. 원하시는 바대로 제가 다시 이 주제를 이야기하는 것은 전적으로 당신에게 달려 있습니다. 진심 어린 대화에서, 조금만 이야기하더라도 이야기하는 사람들끼리 바로 알아들을 수 있는 상황에서 굳이 모든 사고를 밑바닥까지 장황하게 파헤치는 데 힘을 소진할 필요가 있을까요? 제가 드린 말씀이 역사 연구에서 어떤 새로운 지침이 된다면, 일반적인 역사 연구에서 느끼는 것보다 좀 더 깊은 흥미를 불러일으킨다면, 저는 더 바랄 것이 없습니다.

모스크바, 1829년 2월 16일.

제8서한

네, 부인,

이제 이성의 단순한 언어로 말할 때가 되었습니다. 더 이상 맹목적인 신앙이나 가슴의 기대에만 국한되어서는 안 됩니다. 사고에 직접 호소할 때입니다. 감정만으로는 오늘날 우리의 삶을 지배하는 인위적인 욕구, 격렬한 이해관계, 그리고 고통스러운 걱정의 덩어리를 뚫고 나갈 길을 놓을 수 없습니다. 프랑스와 영국에서는 삶이 너무 복잡하고, 특정 이해관계에 너무 치우치고, 너무 개인적인 것이 되었습니다. 독일에서는 삶이 너무 추상적이고, 너무 괴이해서 마음의 호소력조차도 그곳에서 고유한 효과를 발휘하지 못합니다. 나머지 세계에 대해서는 지금 굳이 말할 필요도 없습니다. 지금 우리는 이 질문을 모든 가능성을 고려하면서 하나의 문제로 집약해야 합니다. 그리고 그 해결책은 어떤 정신도 감당할 수 있어야 하고, 어떤 기질에도 들어맞아야 하며, 어떤 사람의 현재 관심사도 해치지 않아야 합니다. 이런 식으로 그 해결책은 가장 반항적인 사람들까지도 사로잡을 수 있어야 합니다.

이것은 감정의 대상이 사고의 세계에서 영원히 배제된다는 것을 의미하지는 않습니다. 하느님이 허락하신다면 감정의 차례가 다시 올 것입니다. 그때 감정은 그 어느 때보다 더 강하고, 더 크고, 더 순수하게 다시 나타날 것입니다. 저는 이 순간이 곧 올 것이라는 점을 의심하지 않습니다. 하지만 우리 시대, 지금과 같은 상황에서는 감정이 영혼을 움직일 수 없습니다. 이 사실을 온전히 깨닫는 것이 매우 중요합니다. 지금 이 순간에도 인류의 청춘기에 특징적으로 나타나는 생기 있는 재능들이 조금씩 깨어나고 있는 것이 눈에 띕니다. 하지만 이는 아름다운 날의 여명일 뿐입니다. 평원은 아직 황혼의 그림자로 완전히 뒤덮여 있고, 몇몇 봉우리들만이 새벽의 첫 햇살로 빛나기 시작합니다.

진실에 관심 있는 사람들에게는 진실의 징표가 바로 눈앞에 놓여 있습니다. 부인, 제가 진실의 징표라고 부르는 것이 무엇인지 아십니까? 제대로 분석된 방대한 역사적 사실을 말하는 것입니다. 지금은 그것들을 체계적 전체로 모으고, 누구나 접근 가능한 형식으로 정비하며, 선에 가장 무관심한 사람들, 진실에 가장 열려 있지 않은 사람들, 다시 말해 모든 사람에게는 이미 지나가 버렸고 그래서 다시는 돌아오지 않을 과거, 하지만 게으른 마음과 저속한 영혼에게는 여전히 살아 있는 과거, 바로 그 과거에 빠져 허우적대는 사람들, 영원히 과거에 살면서 오늘을 지각하지 못하는 그 사람들마저 감동할 수 있게 그것들을 표현해야 합니다.

최종적인 깨달음은 역사의 전체적 의미에서 도출되어야 합니다. 그리고 이제부터 이 개념은 최고 심리학의 사상으로 귀결되어야 합니다. 다시 말해서 인간 존재는 추상적이고 이성적인 존재로 이해되어야 합니다. 인간 존재는 주어진 순간에 묶여 있는 고립된 개별자가 아닙니다. 태어난 날 죽음을 맞이하는 하루살이 같은, 단지 탄생과 죽음의 법칙에 의해 만물 전체와 연결된 존재로 이해되어서는 안 됩니다. 그렇습니다. 우리는 무엇이 인류를 진정으로 계속 존재하게 하는지 찾아내야 합니다. 우리는 정신적 본성의 저 밑바닥에 숨어 있어서 어떤 특별한 빛으로 비추어야만 보이는 신비로운 실체를 모든 사람에게 보여주어야 합니다. 다만 너무 배타적이거나, 너무 몽상적이거나, 너무 도식적이어서는 안 됩니다. 중요한 것은, 이제는 알아들을 수 없게 된 고루한 교리의 언어가 아닌, 우리 시대의 언어로 우리 시대와 이야기를 해야 한다는 것입니다. 그러면 어떤 의심의 여지도 없이 성공은 보장되겠지요. 왜냐하면 우리 시대는 이성, 과학, 심지어 예술까지도 새로운 도덕적 전환을 열렬하게 바라고 있기 때문입니다. 마치 세상을 구하신 구세주의 위대한 시대처럼 말입니다.

저는 당신께 기독교 진리가 사회에 미친 영향에 대해 여러 번 말씀드렸습니다. 그러나 모든 것을 말씀드린 것은 아닙니다. 믿기 어려우시겠지만, 제가 하려는 말은 완전히 새로운 사고입니다. 사람들은 기독교의 도덕적 의의에 대해서는 충분히 그 가치를 인정합니다. 그러나 기독교의 순수한 정신적 작용에 대해서는, 곧 기독교 논리의 강력한 힘에 대해서는 거의 생각하지 않았습니다. 기독교가 현대 사상의 형성과 발전에 미친 의의에 대해서는 전혀 이야기조차 되고 있지 않습니다. 사람들은 여전히 우리의 모든 주장이 기독교적이라는 사실을 인식하지 못합니다. 지금도 여전히 우리는 모두 아리스토텔레스의 범주와 삼단논법의 왕국 안에서 생각하고 있습니다. 철학자들과 분열주의자들[135]이 그 세기들[136]을 미신, 무지, 광신만이 맹

---

135) 차다예프 전집의 편집자들은 분열주의자들을 계몽주의 사상가를 말하는 것으로 이해한다. 그러나 옮긴이가 보기에 계몽주의 사상가 역시 철학자들의 범주에 들어가기 때문에 분열주의자들은 다른 인물이나 집단을 가리키는 것으로 이해하는 것이 더 타당해 보인다. 차다예프가 《철학 서한》에서 줄기차게 기독교의 정신적 통일성을 깨뜨린 사건으로 지목하고 있는 것이 종교 개혁이다. 따라서 분열주의자라는 개념을 통해 전체적으로 보면 도덕적 · 영적 연속성을 상실한 인간 집단 전체를 문제 삼았겠지만, 좁혀서 보면 〈제6서한〉에서 밝혔듯이 종교 개혁과 그 이후 등장한 프로테스탄트를 가리킨다고 보아도 크게 잘못된 견해는 아닐 것으로 판단된다. 이것은 이후 이어지는 문단에서 "300년 넘게 지속되어 온 기독교적 오류"나 "갈라져 나온 자들"이라는 개념을 이해할 때도 그대로 적용된다. 왜냐하면 차다예프가 글을 쓰던 당시가 1820~1830년대라고 한다면, 300년 전은 16세기이고 이는 종교 개혁

위를 떨쳤던 시대라고 하면서 오랫동안 불평해 온 탓에, 우리는 신앙이 얼마나 은혜로운 작용을 하는지 완전히 잊어버렸습니다. 그래서 불신앙의 열기가 식었을 때, 가장 의롭고 겸손한 사람들조차도 자기 땅에서 낯선 자들로 여겨졌으며, 엄청난 노력을 기울인 끝에야 모든 사상을 제자리에 다시금 돌려놓을 수 있었습니다. 사실 이러한 정신은 순수하게 인간적인 현실을 연구하는 데에 꼭 필요한 만큼의 관심도 보이지 않습니다. 그들은 이를 너무 소홀히 대합니다. 초인적인 활동을 관조하는 데 익숙해져 있다 보니 그들은 세상에서 작동하는 자연의 힘을 보지 못했고, 정신적 활동의 물질적 조건을 거의 간과합니다. 어쨌든 현대 이성은 자신의 모든 힘이 기독교에서 기인한다는 것을 인정해야 합니다. 계시가 부여한 놀라운 수단들의 도

의 시기와 맞물리기 때문이다. 이뿐만 아니라 이어진 다음 문단의 내용과도 연결된다. 차다예프는 성서중심주의를 비판하고 있다. 차다예프에 따르면, 하느님의 말씀을《성서》에 기록된 바 그대로 받아들이자는 논리는 애초에 불가능하고, 인간의 정신을 제약하고 정신의 유동성을 박탈하는 것이자, 자의적 해석의 빌미를 제공하는 것이다. 이는《성경》이 신앙과 도덕 판단의 최종 기준이라는 프로테스탄트의 성경중심주의(Sola Scriptura)를 정면으로 반박하는 것으로 해석된다. 그리고 가장 확실하게는 마지막 단락에서 프로테스탄트가 직접 호명된다.

136) 중세를 말한다.

움으로만, 계시가 인간 사유의 대상들에 불어넣은 생생한 명료성을 통해서만 현대 과학의 장엄한 건축물이 세워졌음을 인식해야 합니다. 이 오만한 과학 역시 엄정한 규율, 확고한 원칙, 그리고 무엇보다도 과학이 그리스도의 가르침에서 발견한 진리를 향한 본능과 열정적 탐구 덕분에 그토록 높은 위치에 오를 수 있었음을 스스로 인정해야 합니다.

다행히 우리는 당파적 완고함이 신념으로, 종파적 공격이 경건한 열정으로 받아들여지던 시대에 살고 있지는 않습니다. 이러한 이유로 합의에 도달할 수 있기를 기대할 수 있습니다. 하지만 물론 당신도 인정하실 테지만, 진리에 대해서는 양보할 수 없습니다. 그리고 이것은 단순히 예의범절의 문제가 아닙니다. 합법적인 권위[137]에게 양보란 모든 권한과 모든 능동적 역할의 포기를 의미하는 것으로, 양보란 곧 자기 파괴를 의미하기 때문입니다. 문제는 체면을 유지하는 것도 아니며 외부에 인상을 남기는 것도 아닙니다. 체면 따위는 영원히 그 가치를 잃었고, 모든 환상도 영원히 사라졌습니다. 가장 사실적인 것, 사실적이라는 단어가 표현할 수 있는 것보다 더 사실적인 것이

137) 교회의 권위를 말한다.

문제의 핵심입니다. 흘러간 것이 앞으로 올 것을 결정합니다. 이것이 삶의 법칙입니다. 자신의 과거를 부정한다는 것은 미래를 스스로 박탈하는 것입니다. 그러나 그 대단한 기독교적 오류가 이미 300년 넘게 지속되어 온 이상, 지워 버리고 싶다고 지울 수 있는 그런 기억이 아닙니다. 이러한 이유로, 갈라져 나온 자들은 자기들이 원하는 바에 따라 자신들의 미래를 건설할 수밖에 없습니다. 반면 원래의 공동체는 처음부터 그들에게 약속된 소명을 향한 희망과 믿음으로만 호흡해 왔습니다. 그러나 갈라져 나온 자들은 미래에 대한 아무런 생각 없이 오늘날까지 살아왔습니다.

무엇보다도 먼저 명확히 해야 할 중요한 문제가 있습니다. 지상에서 진리를 보존하는 데 공헌한 대상 가운데 가장 본질적인 것은, 의심의 여지 없이, 《신약성서》라는 성스러운 책입니다. 《신약성서》는 지상에 새로운 질서를 확립하기 위한 참된 행위를 담고 있습니다. 그래서 사람들은 이 책에 특별하고 깊은 존경심을 표합니다. 기록된 말씀은 발화된 말과는 달리 사라지지 않습니다. 기록된 말씀은 이성에 자신의 흔적을 남깁니다. 그 불변성과 오랜 세월 인정받아 온 성스러움을 통해 이성을 엄격하게 종속시킵니다. 그러나 정신을 체계화하면서도 동시에 기록된 말씀은 정신의 유동성을 박탈하고 기록이라는 좁은 틀에 가두어 온갖 방식으로 정신을 옭아맵니다. 종교적 사고가 드높게 분출되지 못하고 중단 없이 앞으로 나아가지 못하는 것은 책이라는 제약 때문입니다. 인간 영혼 속에서 종교적 사고가 굳건하게 자라 잡지 못하는 것 역시 책이라는 제약 때문입니다. 오늘날 종교적 삶은 모두 문자에 기반을 두고 있으며, 성육신한 이성의 참된 목소리는 침묵합니다. 진리의 설교단에는 힘과 권위가 없는 말만 울려 퍼집니다. 설교는 이제 구원 사역에서 우연한 현상처럼 되어 버렸습니다. 그런데 이제는 솔직하게 인정해야만 하는데, 《성서》에 기록되어 우리에게 전달된 설교는, 당연한 추론이겠지만, 당시 그 자리에 참석했던 청중들에게만 전달되었던 것입니다. 따라서 《성경》은 모든 시대와 모든 장소의 사람들에게 똑같은 모습으로 이해될 수는 없었습니다. 필연적으로 《성경》은 시대적이고 지역적인 색채를 띨 수밖에 없습니다. 그것 때문에 《성서》는 일정한 한계를 가지게 됩니다. 이를 벗어던지기 위해 해석은 어느 정도 자의적이고 그리고 전적으로 인간적일 수밖에 없습니다. 그렇다면 이 오래된 말씀이 어떻게 그 말씀이 선포되던 당시의 참된 발화이자 그 순간의 살아 있는 힘이었던 때와 똑같은 능력의 말씀으로 항상 변함없이 세상에 선포될 수 있겠습니까? 역사의 흐름과 연결된 새로운 목소리가 세상에 울려야 하지 않겠습니까? 누구에게도 낯설지 않고, 세상 모든 곳에서 고르게 울려 퍼지며, 오늘의 세기가 그 반향을 받아들여 우주 끝에서 끝까지 전할 수 있는 목소리가 말입니다!

말씀－모든 시대를 향한 말씀－은 그저 구세주께서 하신 말만을 가리키는 것이 아닙니다. 그분의 빛으로 빛나며 그분의 피로 덮인, 십자가에 못 박히신 그분의 모습 전체를 가리킵니다. 하느님께서 단 한 번 인간의 기억 속에 영원히 새겨 두신 바로 그 모습입니다. 하느님의 아들이 사람들에게 성령을 보내시고 친히 그들 가운데 영원히 거하겠다고 말씀하셨을 때, 그분이 당신 사후에 출간된, 좋든 나쁘든 그분의 삶과 말씀을 기록하고 그분의 제자들이 남긴 몇몇 글귀들이 수록되어 있을 뿐인 이 책을 정말 염두에 두셨을까요? 그분은 이 책이 지상에서 당신의 가르침을 영구히 지속할 것이라고 생각하셨을까요? 분명히 이것은 그분의 생각이 아니었습니다. 그러나 그분은 훗날 그의 완전성을 깊이 묵상하고 탐구하며, 그의 가르침으로 충만하고, 그의 삶을 모본으로 삼아 살아가며, 도덕적으로 그와 하나 된 전체로 묶일 사람이 출현하리라는 점을 말하고 싶으셨으며, 이 사람들이 한 사람이 다른 한 사람을 대체하고 한 세대가 다른 세대로 이어지면서 그의 모든 생각과 그의 전 존재를 손에서 손으로 전달할 것임을 말하고 싶으셨습니다. 그런데 그분이 말하고 싶으셨던 바로 이 점을 사람들은 이해하지 못하고 있습니다. 사람들은 그분의 모든 유산을 책에서 발견할 수 있으리라 생각합니다. 그 책은 수없이 많은 해석자에 의해 왜곡되고 자의적으로 뒤틀렸는데도 말입니다.

아시다시피 기독교는 다른 책의 어떤 도움도 없이 굳건해졌습니다. 이미 2세기부터 기독교는 세상을 정복했습니다. 그리고 그 이후로 인간의 정신은 비가역적으로 기독교에 예속되었습니다. 인류는 돌이킬 수 없이 기독교에 예속되었습니다.

사람들은《성경》을 온 세상에 퍼뜨리기만 하면 세상이 진리로 다시 돌아올 것이라고 상상합니다. 그러나 그것은 분파주의자들이 열렬히 매달리는 가련한 꿈일 뿐입니다. 그분의 신적인 이성은 우리와 같은 그리고 그분과 같은 사람들 사이에 살아 있는 것이지, 교회가 편찬한 책 속에 있는 것이 아닙니다. 바로 그러한 이유로 신자들이 성체성사 안에 그 몸이 실제로 존재한다는 놀라운 교리에 그렇듯 집착하는 것이며, 구세주의 육신에 한없는 경배를 올리는 태도가 그토록 존중받는 것입니다. 이것보다 기독교 진리의 근원을 더 잘 이해하는 데 도움이 되는 것은 없습니다. 그리고 모든 수단을 통해 신인(Богочеловек)[138]이 우리 가운데 현존하심을 실감하게 하고, 그분의 육체적 형상을 끊임없이 환기함으로써, 그분의 육체적 형상을 새로운 인류를 위한 영원한 본보기이자 교훈으로 끊임없이 우리 눈 앞에 두어야 할 필요성을 이보다 더 명확하게 깨닫도록 돕는 것도 없습니다. 제가 보기에 이 사실은 가장 깊은 성찰을 요구하는 것입니다. 이 기이한 성체성사 교리는 조롱과 비웃음의 대상이었으며, 사방에서 달려드는 사악한 인간들의 논거로 공격을 받기도 했습니다. 그럼에도 이 성체성사의 교리는 일부 사람들의 마음속에 파괴되지 않고 순수하게 보존되어 있습니다. 왜 그럴까요? 언젠가 그것이 서로 다른 기독교 가르침을 하나로 모으는 매개의 역할을 하도록 하기 위함이 아닐까요? 그래서 적절한 때가 도래하면 지금은 비밀스러운 운명 속에 감춰져 있는 새로운 빛을 세상에 내보이기 위함이 아닐까요? 저는 이 점을 의심하지 않습니다.

따라서 인간 사고가 찍어 놓은 표식이 도덕 세계의 필수 구성 요소라는 점은 인정하지만, 의식들의 융합과 이성적 존재의 세계사적 발전의 진정한 토대는 사실 다른 곳에 있습니다. 바로 살아 있는 말씀 안에 있습니다. 이 말씀은 시대와 국가, 그리고 사람에 따라 외양이 변하면서도 언제나 본래의 모습 그대로 존재하며, 주석이나 해석이 필요

---

138) 예수 그리스도를 가리킨다.

없고, 그 진정성을 확인하기 위해 어떤 정경(正經)에도 의존할 필요 없으며, 그리하여 우리 사유의 자연스러운 도구가 됩니다. 따라서 프로테스탄트들이 주장하듯이, 모든 지혜가 한 권의 책에 담겨 있다고 가정하는 것을 저는 이단이라고 부르지는 않겠습니다. 하지만 이러한 주장은 철학과는 분명 아무런 관련이 없습니다. 반면에 법만을 추종하는 사람들에게 순수한 진리의 근원, 세속의 것보다 훨씬 순수한 또 다른 권위를 인정하도록 종용하는, 이처럼 굳건한 믿음들 안에 더 높은 철학이 담겨 있습니다. 이것은 의심의 여지가 없습니다.

사람들 사이에서 그토록 확신에 차 있고, 그토록 정확하며, 그토록 명료한 기독교적 이성을 우리는 정당하게 평가해야만 합니다. 그것은 진실에 대한 본능이며, 행위의 영역에서 인식의 영역으로 옮겨진 도덕 원칙의 결과입니다. 그것은 완벽하게 훈련된 사고가 무의식적으로 따르는 논리입니다. 그것은 기독교의 창시자가 세상에 가져온 삶에 대한 놀라운 이해, 자기 부정의 정신, 분열에 대한 혐오, 그리고 융합에 대한 열렬한 갈망입니다. 바로 이것이 어떤 상황에서도 기독교인들을 순수하게 지켜 줍니다. 이렇게 하여 위로부터 계시된 사상이 보존되고, 이 세계의 여러 영혼과 가지각색의 도덕적 힘들을 하나의 영혼, 하나의 힘으로 융합하는 위대한 역사가 이 사상을 통해 완성됩니다. 이 융합이 바로 기독교 전체의 사명입니다. 진리는 하나입니다. 하느님의 나라, 지상 천국, 모든 복음의 약속 등 이 모든 것은 다른 어떤 것이 아니라, 인류의 모든 사상을 하나의 사상으로 통합하고 실현해 가자는 통찰입니다. 그리고 이 유일한 사상이 바로 하느님 자신의 사상, 다시 말해 '실현된 도덕 법칙'입니다. 의식 있는 세대의 모든 작업은 이 최후의 행동을 호명하도록 운명 지워져 있습니다. 그 행동은 모든 것의 끝이자 목표이며, 인간 본성의 마지막 단계이고, 우주적 드라마의 해결이자, 위대한 묵시론적 종합입니다.

해 설

표트르 야코블레비치 차다예프는 1829년에서 1831년 무렵 여덟 통의 철학적 서한을 집필했다. 그리고 친한 지인들에게만 개인적으로 보여 주었다. 비밀리에 사교계에 원고가 돌아다녔다. 그러다 〈제1서한〉이 1836년 《망원경(Телескоп)》에 발표되었다. 파장은 컸다. 그 여파로 차다예프는 써 놓은 나머지 일곱 통의 서한을 발표하지도 못했거니와 이후 집필한 다른 저작들 역시 생전에는 출간하지 못했다.

《철학 서한》의 판본은 일관된 형태로 존재하지 않았다. 저자 자신이 완전한 형태로 출간하지 못함에 따라 텍스트가 공식적 종결 선언 없이 남게 되었기 때문이다. 독자나 연구자들이 믿고 따를 수 있는 공인된 판본이 애초부터 없는 셈이다. 게다가 더 큰 문제가 있다. 책으로 출간하지 못했다 하더라도 차다예프가 쓴 원고라도 남아 있어야 하지 않겠는가. 그런데 그러지 못했다. 〈제1서한〉이 문예지에 실리고 사회적으로 문제가 되자마자 경찰은 차다예프의 가택을 대대적으로 수색했다(차다예프는 1820년 레프 근위기병연대 반란 사건으로 가택수색을 당했었다. 그러나 그때는 철학자로서의 차다예프가 아니라 전도유망한 군인으로서의 차다예프였다). 이 과정을 거쳤으니 원고가 온전하게 남아 있기를 바라는 것 자체가 무리다. 원고 중 일부는 비밀경찰, 일명 제3부의 비밀문서 보관소로 옮겨졌고, 또 문예지에 보내져 출판을 희망하고 있던 일부 원고는 종적이 묘연해졌다. 이렇듯 차다예프의 원고는 여러 장소에 이 모양 저 모양으로 산재해 있었다. 지금 우리가 읽고 있는 《철학 서한》이 있기까지 수많은 연구자의 많은 노고가 있었음은 당연하다. 1935년에 출간된 《문학 유산》 시리즈 중 22~24권은 '차다예프, 레온티예프, 오도옙스키'에 헌정되었다. 이 중에서 차다예프 항목에 드미트리 이바노비치 샤홉스코이의 서론 겸 논문 〈П. Я. 차다예프—《철학 서한》의 저자〉가 실려 있다. 샤홉스코이는 1991년 나우카판의 편집자들도 인정한 최고의 차다예프 전문가 중 한 명이다. 그리고 차다예프와는 외가 쪽으로 증손자뻘이 되기도 한다. 샤홉스코이의 논문을 중심으로 지금의 《철학 서한》이 본 모습을 갖추기까지의 과정을 간단히 정리해 보자.

1860년 가가린이 〈제1서한〉의 프랑스어본을 프랑스 저널에 실었다. 《망원경》에 러시아어로 실린 〈제1서한〉은 상당 부분 생략된 것이었다.

1862년 가가린이 파리에서 《차다예프 선집》을 프랑스어로 출판했다. 《철학 서한》은 총 네 편의 서한이 수록되었다(그러나 그중 한 편은 연작에 포함되어서는 안 되는 것이다).

1905년 비로소 M. O. 게르센존이 가가린 판본 전체를 번역했다.

1906년 위 번역본이 《철학과 심리학의 문제》 제92 · 94호에 실렸다. 같은 해 카잔대학의 이바놉스키 교수의 편집본(번역자 Б. П. 데니케)이 나왔다.

1908년 《러시아 생활》에 익명의 번역본이 실렸다.

그런데 가가린, 게르센존, 이바놉스키 판본은 서한들 사이의 순서 배정 문제와 서한 자체의 완결성 문제를 드러내고 있다. 이후 게르센존과 M. K. 렘케 등을 비롯한 많은 연구자가 여러 문서 보관소의 자료를 검토했다. 이 과정에서 러시아 과학아카데미 산하 문서 보관소에서 차다예프의 원고가 발견되었다. 〈제3서한〉, 〈제4서한〉, 〈제5서한〉, 〈제8서한〉은 차다예프 자필 원고이며, 〈제1서한〉은 완전한 필사본, 〈제6서한〉, 〈제7서한〉은 1832년 11월에 별도 출판을 위해 검열에 제출된 인쇄용 정서본(차다예프의 자필 수정이 다수 포함되었다)이고, 〈제2서한〉만이 문법적으로 서툴고 글씨도 좋지 않은 필사본 형태였다. 그리고 〈제2서한〉에는 첫 부분이 빠져 있었는데, 다행히 1871년에 M. И. 지하레프가 《유럽의 전령》의 편집부에 넘긴 문서 속에서 그 누락된 시작 부분이 발견되었다. 지하레프 사본의 마지막 문장과 불완전한 원고의 첫 문장이 정확히 이어지므로, 이로써 〈제2서한〉도 완전한 형태로 복원되었다. 그리고 발견된 문서를 차다예프가 주고받았던 편지들을 토대로 교차검증하면서 《철학 서한》의 본래 모습을 복원했다.

《철학 서한》은 쓰인 지 100년 만에 온전한(?) 모습을 갖추었다. 이 저작의 운명이 어떻게 보면 19세기 러시아 전체의 모습을 집약해 놓은 축약본인 셈이다. 본 번역은 1991년 나우카 출판사에서 나온 전 2권 《П. Я. 차다예프 : 작품 전집과 서한선》을 기준으로 삼고, 1935년 《문학 유산》 22~24권을 일정 부분 참고했다. 그리고 레이먼드 맥널리(Raymond T. Mcnally)가 편집한 《철학 서한》의 영어 번역본 《PHILOSOPHICAL WORKS OF PETER CHAADAEV》(1991)를 상당 부분 활용했다.

이제 《철학 서한》의 전체적인 구성과 내용을 이야기하기에 앞서 각 서한의 주요 내용을 살펴보자. 이렇듯 여덟 편의 서한을 정리해 놓으면 개별 서한의 내용, 서한들 사이의 논리적 관계, 《철학 서한》의 논리 전개 과정을 조금

더 쉽게 파악할 수 있지 않을까 싶다.

〈제1서한〉

• 인류의 역사는 그리스도의 대속으로 새롭게 시작하여 계시와 섭리에 따라 하느님의 가르침을 현실에 구현하고 그리스도의 재림을 통해 완전한 질서를 구축함으로써 완성된다. 이것이 인류의 보편적 역사, 인류 보편사다.

• 유럽의 여러 민족은 각자 독자적인 역사와 전통을 가지고 있지만, 기독교 세계라는 하나의 가족 유사성으로 묶인다. 유럽을 연결하는 기독교 가치는 한 사람 한 사람에게 생득적으로 전달되어 의무, 정의, 법, 질서의 형태로 구현되면서 참다운 문명을 만들고 있다.

• 러시아는 콘스탄티노플에서 그리스 정교를 받아들였다. 이것이 기독교 가족의 보편적 형제애에서 러시아가 분리된 이유다. 몽골 타타르의 지배 이후 이러한 분리는 고착되었고, 러시아는 이방인에게 굴종한 경험을 내면화했다. 그 결과 현재의 러시아는 사악한 행동과 노예적 굴종만이 판친다. 러시아는 죽은 자의 도시가 되었다.

• 러시아는 인류 보편 역사를 경험한 적도 여기에 도움이 된 적도 없다. 이것은 그리스 정교를 선택한 러시아에 부과된 신의 섭리다.

• 러시아는 기독교 공동체인 유럽식 모델에 따라서만 문

명화될 수 있다.

〈제2서한〉

• 러시아 사회가 안고 있는 모든 문제의 근원은 농노제다. 유럽은 종교의 선한 영향력으로 농노제를 벗어났으나, 러시아는 정교를 도입하면서 농노제가 강화되었다.

• 인간의 인식은 감각적 경험과 자연 관찰에서 출발한다. 그러나 인식은 감각으로 파악 가능한 범위로 한정된다. 따라서 감각 너머에 있는 정신적, 도덕적 세계 법칙은 인간의 이성으로 파악할 수 없다. 오직 계시에 의해서만 알려질 수 있다.

• 인간이라는 정신적 존재의 삶은 두 세계(현세와 내세)를 포괄한다. 모든 순간은 전체 생의 연속과 불가분하게 연결되어 있다. 그러나 인간은 그중 하나의 세계(현세)만을 앎의 대상으로 인식할 수 있다. 그러므로 인간은 자신의 힘으로는 두 세계를 아우르는 법칙, 즉 궁극적 도덕 법칙을 인식할 수 없다. 따라서 그 법칙은 두 세계를 하나의 질서로 보는 이성, 신적 이성에 의해 주어져야 한다.

〈제3서한〉

• 인간 정신은 마음-감정과 이성-사유의 결합체다. 마음은 주어진 것이지만 이성은 우리가 자각하고 단련할 수

있다. 그래서 인간의 이성은 자칫 스스로를 자율적이라 착각할 수 있는데, 바로 그때 인간 이성은 본래의 신의 이성에서 떨어져 나와 악한 이성이 된다. 나만의 의지로 작동하는 이성, 즉 악한 이성을 벗어던지고, 신적 이성, 즉 보편 이성을 깨달을 때 비로소 이성의 본질이 드러난다. 이렇듯 이성은 스스로 부정하는 능력, 다시 말해 자기 부정을 통해 절대법칙의 존재를 능동적으로 자각하고 신적 질서에 종속된다. 그리하여 최종적이고 완전한 인식에 도달한다.

• 이성은 자유롭게 활동할 때보다 법칙에 복종할 때 더 위대해진다. 수학은 완전한 규칙 복종의 학문이기에 이성의 가장 높은 형태를 보여 준다. 물리학의 관찰 역시 이성이 자연 앞에서 겸손히 복종할 때 진리에 도달할 수 있음을 보여 준다. 자연철학(즉 과학)은 이성을 수동적 · 부정적 도구로 낮추었기에 신뢰성을 얻었다. 논리학은 이성을 보편적 질서의 멍에 아래 묶음으로써 그 힘을 얻는다. 따라서 진정한 지식과 진리는 복종(순응)의 태도, 즉 겸손에서 비롯된다.

• 인간의 의지, 즉 나의 의지는 우주적 질서와의 분리를 낳는다. 그러나 이성을 초월한 차원, 다시 말해 이성의 자기 부정 차원에서 진정한 자유는 자아의 소멸을 통한 신적 의지와의 일치다. 복종은 자유의 부정이 아니라, 자유의

궁극적 형태다. 왜냐하면 그것은 개인적 자의의 폐기를 통해, 보편적 이성과의 합일을 가능하게 하기 때문이다.

• 사랑과 공감은 신의 질서에 대한 복종을 현실에서 실천하는 행위다. 사랑과 공감, 그리고 연민은 나의 의지, 즉 자기 규칙에서 벗어나 타자에게로 나아가는 보편적 인류의식의 발로이자 인간이 보편 이성의 일부로 살아가는 형태로서 신적 이성에 대한 복종의 표현이다.

〈제4서한〉

• 자연과학의 위대함은 자신이 탐구할 수 있는 영역만을 대상으로 삼는 자기 절제에 있다(〈제3서한〉의 내용). 이렇듯 과학은 양적이고 유한한 사물만을 다루기 때문에 확실성을 가질 수 있지만, 그 확실성은 오직 외부에 한정된 세계에서만 성립한다. 반면 도덕적 · 정신적 세계는 한계가 없으며, 그 작용은 인간 내부에서 이루어진다. 그리고 도덕적 행위는 자유의지의 결과이지, 물리적 법칙처럼 필연적 인과로 연결되지 않는다. 따라서 과학적 방법(측정, 계산, 실험)은 정신세계에는 적용될 수 없다.

• 과학의 핵심 법칙인 만유인력만으로는 세계를 설명할 수 없다. 만약 인력만 존재한다면 세계는 무형의 덩어리로 붕괴될 것이다. 따라서 반발력(초기 충격)이 함께 작용해야만 운동과 질서가 생긴다. 여기서 인력은 명확히 관

찰되고 측정 가능하며 확실한 지식의 대상이다. 반면 반발력은 직접 관찰할 수 없지만 그 절대적 필요성만은 확실히 인식된다. 이 두 물리적 원리는 정신세계에도 대응한다. 즉 인간의 자유의지(의식된 힘)와 외부로부터 영향을 미치는 초월적 힘(무의식적 작용)이 상호 작용하면서 인간 정신의 운동과 역사를 이룬다.

• 만유인력이 작동하는 것을 관찰할 수 있는 것처럼, 인간은 자유를 자각할 수 있다. 그런데 인력만 강조하면 자연 질서를 설명할 수 없듯이, 곧 자유의지만 강조하게 되면 바로 그 자유가 악의 가능성을 내포한다. 만약 우주 질서 속의 한 입자라도 임의로 움직인다면 질서 전체가 무너지는 것처럼, 인간의 의지적 일탈은 우주적 혼돈을 초래한다. 그러나 하느님은 그런 자유를 의도적으로 부여하셨다. 그 이유는 인간이 하느님의 형상, 곧 자유를 지닌 존재로 창조되었기 때문이다. 하느님은 인간에게 자유를 주셨을 뿐 아니라, 그 자유가 어떻게 쓰여야 하는지를 계시로 가르치셨다. 따라서 자유는 인간이 전횡적으로 사용하는 도구가 아니라 인간 밖에 있는 근원적 존재, 즉 행위를 능동적으로 지향하는 것으로서 의미를 지닌다. 하느님이 주신 인간의 이성 또한 교만을 버리면 진리를 깨달을 수 있다. 다시 말해 신의 끊임없는 교훈과 인도 없이는 세계는 존재할 수 없다.

〈제5서한〉

• 데카르트와 흄에서 칸트에 이르는 근대 철학 전체는 이성을 자기 자신의 근거로 세우려는 시도다. 도덕 영역에서 보자면, 철학은 먼저 스스로 어떤 도덕 법칙을 설정하고, 이후 그 법칙에 자기 자신이 복종해야 한다고 말한다. 그러나 왜 그 법칙이 의무가 되는지 근거는 설명되지 않는다. 인식론의 영역에서 보자면, 철학은 하나의 근본 원리를 세우고, 그로부터 세계 전체를 도출한다고 주장한다. 하지만 그 근본 원리 자체는 철학이 스스로 설정한 가정일 뿐이다. 경험론적 영역에서 보자면, 먼저 이성을 연구해야 한다고 주장하지만, 그 연구 자체를 이성의 도구로 활용하여 수행한다. 아직 사용법을 모르는 도구로 그 도구를 해부하는 셈이다. 이렇듯 근대 철학은 이성을 자율적이고 독립적인 실체로 파악하여 자연물처럼 분석하고 대상화한다. 그 결과 악순환에 빠진 세속적이고 교조적인 강단 철학이 되었다.

• 쇠구슬 실험을 생각해 보자. 쇠구슬이 잇닿아 있다. 그리고 여기에 최초 충격이 가해진다. 그러면 각 쇠구슬은 최초 충격의 힘을 이어받고 전달한다. 그 결과 전체 쇠구슬의 움직임이 만들어진다. 당연히 각 쇠구슬의 움직임은 최초 충격의 성격에 의해서 결정되어 있다. 이렇듯 도덕

적 세계와 물리적 세계의 움직임은 처음의 원초적 충격에서 비롯된 연속적 과정이다. 여기로부터 중요한 몇 가지 사실이 드러난다. 첫째, 모든 개별 의식(각 쇠구슬)은 단일 의식(최초 충격)의 한 부분이다. 둘째, 인간과 인간의 사상, 역사적 사건, 사회적 행위 또한 시간을 초월해 서로 연결되어 있다. 셋째, 인간 이성은 독자적으로 형성되는 것이 아니라 사고의 계승을 통해 만들어진다. 인식에서의 전통이 중요하다. 넷째, 인간의 정신과 이성은 자율적인 것이 아니라 최초 충격, 모든 움직임의 근원인 보편적 인식과 연결되어 있을 때만 유의미하다. 다섯째, 창조는 한 번으로 끝난 사건이 아니라, 매번 새로운 사유적 존재가 태어날 때 반복되는 신적 행위다. 전통은 따라서 단순한 사회적 관습이 아니라, 신적 창조의 연속적 형태, 곧 신의 말씀의 역사적 형식이다(모든 쇠구슬은 각자 움직인다. 그러면서도 최초 충격의 속성을 반복한다. 그런 반복이 계속되면서 쇠구슬 전체의 움직임이 만들어진다).

〈제6서한〉

• 독일 관념론에서 보듯이 역사철학은 작금의 중요한 학문 분야다. 여기서 요점은 역사를 이끌어 가는 핵심 인자이자 역사를 이해하는 수단인 인간의 이성을 어떻게 이해하는가다. 인간을 중심으로 놓고 이성-인간 정신이 자율

적으로 발전하면서 진보를 이끌어 간다고 보는 계몽주의적이고 합리주의적인 역사 이해는 문제가 있다. 왜냐하면 인간의 진보는 무한하지 않기 때문이다. 현대 유럽 문명은 기독교라는 단 하나의 영적인 힘에 의해 결집해 있다. 따라서 현대 유럽 국가는 분쟁은 있으나 국가가 소멸하지 않으면서 공고하게 미래를 준비하고 있다. 반면 현대 유럽과 다른 시간대의 고대 문명(이집트, 로마)이나 동일 시간대이지만 이념적 지역이 다른 아시아 문명(중국, 인도)은 사라지거나 정체되어 굴종의 시간을 보내고 있다. 역사의 진보를 과학과 이성에 맡겨 놓으면 물질적 가치만 추구하다가 인간은 결국 타락하여 몰락한다.

• 이성은 그 자체로 진보의 동력이 아니다. 이성의 한계를 인정하고 신의 계시에 능동적으로 복종할 때 참다운 진보가 가능하다. 기독교 가족 공동체야말로 안정성과 참된 진보의 요소를 가졌다. 기독교 국가나 기독교 문명이 멸망하지 않는 이유는 하느님의 의를 구하는 작업을 선행하기 때문이다. 그러면 하느님의 복이 더해질 것이다. 이렇듯 기독교 국가도 세속적인 물질에서 벗어난 것이 아니지만 그것을 구하는 방법이 다르다.

• 역사의 신뢰성이나 진보는 사실이 얼마나 풍부한가, 다시 말해서 사실의 외적 축적에 있지 않다. 그것은 역사를 어떤 기준과 관점에서 바라볼 것인가, 곧 역사 해석의 영

역이다. 신의 계시에 따른 도덕적 구원을 진보의 기준으로 설정할 경우 역사적 사건과 역사적 인물에 대한 평가는 달라질 것이다. 모세, 다윗, 에피쿠로스, 플라톤은 긍정적으로 평가될 것이고, 소크라테스, 아우렐리우스, 카토, 아리스토텔레스, 호메로스는 부정적으로 판단될 것이다. 중세는 정신적 통일을 형성했다는 점에서 긍정적으로, 종교개혁은 정신적 통일성을 깨뜨렸다는 점에서 부정적으로 판단될 것이다. 이뿐만 아니라 현재와 미래도 도덕적 대전환을 맞게 될 것이다.

〈제7서한〉

• 자연과학은 경험적 현실을 관찰하고 법칙화하면서 발전하기에 무한하다. 반면 역사는 그 해석에 확정적 도구가 사용된다. 이때 역사 이해의 기준이자 도구는 진리에 기초한 도덕 법칙, 즉 신의 섭리다. 이를 이해하기 위해서는 인간적 동기나 개인 심리에 머무는 것이 아니라 자기 안의 보편적 자아를 발견함으로써, 자기중심적 의식에서 도덕적 전체의식으로 나아가야 한다.

• 모세와 다윗은 유일한 지상의 질서, 최고 도덕 법칙을 구축하려 했다는 점에서 긍정적이다. 에피쿠로스가 주장한 평온, 인간애, 겸손의 미덕은 기독교 도덕과 유사하다. 마호메트 이슬람은 넓은 영토를 점령하여 다신교를 척결

하고 유일신 사상, 섭리, 진리의 씨앗을 더 넓은 지역에 퍼뜨렸다는 점에서 긍정적이다. 반면 소크라테스와 마르쿠스 아우렐리우스의 명성은 후대의 선입견에서 비롯된 것일 뿐이다. 아리스토텔레스는 도구적 이성 개념을 확신시킨 인물이다. 호메로스는 퇴색한 아름다움에 대한 집착, 세속적인 것에 대한 절제되지 않은 탐욕, 열정의 파괴적 영웅심 등을 우리에게 물려준 괴물 같은 존재다. 이처럼 호메로스로 대변되는 그리스 문명은 악덕과 범죄를 미화한 타락한 문명이었다.

• 러시아 문화는 철저히 고립되어 있으며 뿌리가 없다. 러시아인은 유럽의 언어와 형식을 사용할 뿐, 그 정신적·도덕적 내용은 흡수하지 못했다. 그럼에도 러시아의 미래는 유럽과의 관계 속에서만 전개될 수 있다. 전통이 없는 민족은 생각을 남겨야 한다. 비록 러시아가 신앙·이성·역사적 정체성을 아직 갖추지 못했지만, 사유만큼은 후대에 유산으로 남길 수 있다.

〈제8서한〉

• 역사적 사실은 단순한 과거의 집적물이 아니다. 진리를 드러내는 징표다. 올바른 형식으로 정리하고 해석하고 전달해야 한다. 인류의 실재, 즉 영적 본질을 밝히고, 시대적 언어로 대중과 소통해야 한다. 공상적·도식적 접근을

피하고, 실제적 · 보편적 관점으로 역사와 인류를 이해해야 한다. 이것이 이성이 강조되는 현대 사회에서 필요한 이성적 논리다.

• 예수의 가르침은 문자 자체가 아니라, 사람들의 삶 속에서 도덕적 · 영적 전통으로 살아 전달된다. 《성경》은 이를 기록한 자료일 뿐, 모든 세대에 동일한 힘을 지니지는 않는다. 글자는 정신을 경직시키고 사고의 자유를 억압하기 때문에 프로테스탄트가 주창하는 성서중심주의는 분명한 한계가 있다. 종교 개혁과 그 이후 등장한 프로테스탄트는 종교적 통일성을 훼손했다.

• 기독교적 이성은 분열을 거부하고 하나로 통합되려는 힘이다. 기독교는 단순한 교리 체계가 아니라, 인류의 모든 도덕적 · 정신적 에너지를 하나의 통일된 의식으로 이끌어 가는 운동이다. 따라서 기독교의 목적은 영혼들의 융합, 곧 전 인류적 일치이며, 이것이 인류 역사의 종말적 완성(묵시록적 종합)이다.

이상의 내용을 바탕으로 할 때 《철학 서한》은 크게 네 부분으로 구분된다. 하나는 〈제1서한〉이다. 〈제1서한〉은 러시아의 현재를 진단한다. 차다예프에 따르면, 유럽은 기독교를 중심으로 놓고 상호 연결된 국가들이 연대하면서 문명의 발전을 주도하는 반면, 러시아는 노예적 굴종과 타락이 판치는 죽은 자의 도시가 되었다. 러시아가 그렇게 된 이유는 유럽과 다른 선택을 했으며, 그 선택에 따라 다른 역사의 길을 걸었기 때문이다. 유럽은 로마 가톨릭을 매개로 진보의 길을 걸었다. 그런데 러시아는 그리스 정교를 선택하면서 유럽에서 배제되었고, 여기에 몽골 타타르라는 이교의 지배하에서 굴종을 내면화했다. 결국 러시아가 현재의 타락에 직면한 이유는 두 가지다. 하나는 종교의 문제로 그리스 정교 때문이며, 다른 하나는 역사의 문제로 잘못된 길을 걸었기 때문이다. 따라서 러시아가 현재의 문제적 상황을 타파하기 위해서는 그리스 정교에 기반한 인식을 포기하고 유럽적 사고와 유럽적 문명 모델을 채택해야 한다. 그리고 이를 바탕으로 과거를 바로잡고 올바른 진보의 길을 설정해야 한다. 이것이 〈제1서한〉의 핵심 내용이다. 그러니까 〈제1서한〉은 러시아가 현재 이러이러한 상황에 있다는 문제의식이자 주장의 글이다. 따라서 이런 문제의식, 이런 주장을 증명할 수 있는 논리가 따라와야 한다. 그러지 않으면 그것은 울분의 서한, 주관적 글이지 철학의 서한, 객관적 글이 될 수 없다. 그리고 바로 이 점이 《철학 서한》이 러시아 사상사에서 특별한 위치와 성격을 갖게 해 준다. 만약 《철학 서한》이 〈제1서한〉으로 종결되었다면 그것은 그저 그런 누군가의 현실 한탄을 담은 글로 남았을 것이며, 차다예프는 언젠가 황제에게

한 방을 먹인 괴짜 댄디로 기억되었을 것이다. 《철학 서한》은 러시아 지성의 역사에서 처음으로 러시아 현실 문제를 그 원인부터 조밀하게 따져 보겠다는 의도와 그것을 논리적 서술로 풀어내겠다는 의지를 실천한 글이다.

이렇듯 《철학 서한》은 러시아의 고민을 감정의 층위에서 당위적으로 풀어낸 것이 아니라 철학적 담론을 통해 꼼꼼하게 증명하는 글이다. 이 증명의 과정은 다시 크게 두 부분으로 나뉜다. 〈제2서한〉에서 〈제5서한〉까지가 증명의 첫 번째 부분이자 앞서 내용상 크게 네 부분으로 나눈 두 번째 부분이다. 〈제1서한〉은 러시아의 문제를 종교와 역사의 문제로 정리했다. 따라서 이제 종교란 무엇이고, 역사란 무엇이며, 인간은 종교와 역사를 어떻게 인식할 수 있으며, 인식했다면 (러시아는 이를) 어떻게 실천해 갈 수 있는가, 다시 말해서 어떻게 살아가야 하는가 등이 문제로 남는다. 이를 이해하기 위해서는 〈제5서한〉의 주요 내용, 쇠구슬 실험으로 돌아가 보자. 우리도 잘 알고 있는 내용이므로 가볍게 상상하면 된다. 먼저 동그란 쇠구슬이 연이어 촘촘하게 죽 늘어서 있는 모습을 가정해 보자. 상당히 여러 개의 쇠구슬이 따닥따닥 붙어 있다. 우리는 쇠구슬이 어떻게 움직이는지를 알아볼 요량이다. 그러기 위해서는 쇠구슬을 움직이게 만들어야 하는데, 쇠구슬은 불활동체이므로 스스로 움직일 수 없다. 따라서 쇠구슬을 움직이게 만들어 그 운동 양태를 살펴보기 위해서는 누군가가 충격을 가해야 한다. 이를 최초 충격이라고 하자. 이렇게 충격이 가해지면 그때 가서야 비로소 쇠구슬들은 움직이기 시작한다. 최초 충격을 받은 쇠구슬은 자기가 받았던 크기와 모양 그대로 최초 충격의 힘을 다음 쇠구슬에게 전달한다. 옆에 있던 쇠구슬 역시 전달받은 힘의 크기와 모양 그대로 바로 옆 쇠구슬에게 전달한다. 이런 식으로 쇠구슬은 움직이고, 전체 쇠구슬 운동의 크기와 형태가 결정된다.

정리하자. 먼저 쇠구슬의 움직임은 최초 충격으로부터 시작된다. 그런데 최초 충격이 어디에서 어떻게 어떤 의도로 가해졌는지 쇠구슬들은 알 수 없다. 다만 쇠구슬들이 움직이기 위해서는 최초 충격이 있어야 한다는 사실만을 알 뿐이다. 최초 충격은 그 필연성이 합리적으로 추론될 뿐이지 전체의 모습을 알 수는 없다. 둘째, 최초 충격의 크기와 양태에 따라 각 쇠구슬은 움직인다. 각 쇠구슬은 독립된 실체들이다. 각 쇠구슬은 조밀하게 연이어 나열되어 있으므로 자기들은 각자 개별적으로 존재하면서 자기에게 전달된 힘의 크기와 내용을 능동적으로 옆 쇠구슬에 전달한다고 생각할 수 있다. 그러나 그것은 착각이다. 개별적으로 존재한다는 것은 맞는 말이다. 그러나 각 쇠구슬의 움직임은 이미 최초 충격의 영향력 아래에 놓여 있다. 각 쇠구슬이 하는 일은 옆 쇠구슬에게 주어진 힘을 전달하는 일이다. 개별적으로 존재하고 능동적으로 행동하는 것처럼 보이지만, 통일적으로 존재하고 주어진 힘에 복종하는 것이 쇠구슬의 본래 모습이다. 만약 쇠구슬들이 각자 움직인다면(그럴 수도 없겠지만) 전체의 통일성은 유지되지 못하고, 힘은 이어지지 못할 것이며 운동은 소멸할 것이다. 셋째, 쇠구슬 하나하나의 움직임이 유기적으로 연결되어 운동의 조화로운 전체가 만들어진다. 그것이 운동의 힘이 소멸하지 않고 끝까지 유지될 수 있는 유일한 방법이 된다.

정리된 내용을 인식과 도덕의 층위에 접목해 보면, 차다예프 철학의 중요 내용을 어느 정도를 엿볼 수 있다. 각 쇠구슬을 개별 인간이라고 해 보자. 다시 말해서 역사를 구성하는 최소 단위쯤으로 여기면 되겠다. 개별 인간은, 쇠구슬이 각자 개별적으로 존재한다고 여길 수 있었듯이, 자신들이 독립적으로 존재한다고 생각할 수 있다. 그리고 쇠구슬들이 자기에게 주어진 힘을 능동적으로 옆으로 전달한다고 여겼듯이, 개별 인간은 사회의 움직임을 능동적으로 인식하고 반응한다고 생각할 수 있다. 여기서 두 가지 점을 지적해야 한다. 하나는 개별 인간들이 '생각'할 수 있다는 것이다. 그렇다면 생각의 힘은 어디에서 나오는 것인가? 차다예프에 따르면, 이성이다. 이성은 자기에게 주어진 사회적 움직임을 파악하고 반응하게 만드는 힘이다. 그런 면에서 차다예프는 근대적 기획 내에 있었던 인물이다. 데카르트는 방법적 회의를 통해 중세의 세계관을 대체할 근대적 사유를 만들었다. 확고부동한 진리의 기원이자 기준이었던 신이 사라지자 인간은 모든 것을 의심할 수밖에 없었다. 주지하다시피, 모든 것을 의심하고 회의하는 도중에 의심할 수 없는, 회의할 수 없는, 확실한 사실에 데카르트는 다다른다. 그것은 의심하고 있다는 사실이었다. 의심하고 있다는 사실만큼은 의심할 수 없다는 것이다. 그렇다면 인간은 무엇을 가지고 의심했는가? 그것은 생각하는 능력, 곧 이성이었다. 따라서 이성은 무엇보다 자명한 확실성의 기준이 된다. 이렇듯 근대적 기획물인 이성, 생각하는 능력을 차다예프는 개별 인간에게 부여하고, 개별 인간으로 하여금 자기를 둘러싼 현실을 직시하고 인지하고 반응하게 만드는 원천이 되게 했다. 그러나 데카르트와 차다예프의 공통점은 여기까지다. 데카르트의 확실성의 기준으로서 이성은 칸트로 이어지면서 정언명령과 보편적 도덕률을 만드는 기초가 된다. 자율적 이성이다. 그러나 차다예프에게 이성은 애초부터 그럴 수 없다. 바로 이 점이 앞서 언급한, 여기서 주목해야 할 두 번째 항목이다. 쇠구슬은 자기에게 전달된 힘의 크기와 모양을 인지하고 이를 옆 쇠구슬에게 그대로 전달했다.

이 과정에서 쇠구슬은 자기에게 전달된 힘이 있기 위해서는 최초의 충격이 있어야 한다는 것, 그것도 필연적으로 있어야 한다는 것을 인지했다. 그러나 최초 충격이 누구/무엇에게서 왔으며, 누구/무엇이 왜 자기들에게 충격을 가했는지는 알 수 없었다. 바람일 수도 있고, 진동일 수도 있고, 사람일 수도 있으며, 그 이유가 심심해서일 수도 있다. 운동이 끝나 봐야 누가, 왜 그랬는지를 포착할 수 있으리라 여겨진다. 이처럼 개별 인간도 자기를 둘러싼 움직임을 포착할 수는 있다. 이성이 있기 때문이다. 그러나 그 움직임이 왜 자기를 둘러싸고 있는지, 누가 자기에게 그런 움직임을 안겨 주었는지는 모른다. 오로지 최초 충격이 있다는 것만 자신들이 가진 생각하는 능력, 이성으로 알아챈 정도다. 그리고 자신들의 움직임이 최초 충격의 크기와 모양에 따라 결정되어 있음도 알아차린다.

차다에프에게 이성은 두 가지 성격을 지닌다. 하나는 세상을 인식하는 수단 혹은 능력이다. 인간은 이성을 활용하여 자연 상태를 관찰하고 분석한 다음, 그 결과물을 활용하여 자연법칙으로 수식화한다. 다시 말해서 자신을 둘러싼 가시적 영역, 지각적 영역을 이해할 수 있게 된다. 화학, 물리학, 수학의 발전은 모두 이성의 이러한 능력 덕분이다. 그러나 이성은 최초 충격처럼 논리적 필연성은 인정되지만 지각의 영역 너머에 위치하는 관계로 감각으로 포착할 수 없는 비가시적 영역에 대해서는 무지하다. 바로 이것을 인정하자는 것이 차다예프 철학의 핵심이다. 근대 철학의 흐름 위에서 이성의 능력을 인정하지만, 근대 철학과 달리 이성의 자율성으로 나아가지 않고 이성의 한계로 옮겨 간 것이 차다예프 철학의 특징이다. 이성으로 설명할 수 없는 영역이 있다는 것, 이성을 활용하여 그 영역을 논리적으로 구축하는 행위는 처음부터 불가능하다는 것, 그런데 그 영역이 이성의 움직임을 결정하고 있다는 것, 바로 그것들을 이성으로 하여금 알게 했다는 것이 차다예프 철학의 중심 줄기다. 그렇다면 이성은 이제 무엇을 해야 하는가? 이성은 자신의 한계를 깨닫고 자신을 규정하고 있는 최초 충격에 공손히 복종해야 한다. 왜냐하면 최초 충격이 이성 자신을 있게 해 주었기 때문이며, 이성 자신의 움직임이 최종적으로 '누구에 의해, 왜 행해졌는가'를 알아볼 기회를 제공하기 때문이다. 차다예프는 이성이 스스로의 한계를 인지하는 것을 '이성의 논리적 자기 부정(логическое самоотрицание разума)'이라고 불렀다. 이성은 모든 것을 파악하고 이해할 수 있다는 자기 긍정을 포기하고, 다시 말해서 자기를 부정함으로써 최초 충격에 다가갈 수 있는 길이 마련된다는 것이다.

이성은 자기를 부정함으로써 최초 충격에 다가갈 길을 마련한다고 차다예프는 말한다. 그렇다면 최초 충격이란 무엇인가? 찰스 다윈은 진화론을 통해 지구 생명체가 어떻게 지금에 이르렀는가를 과학적으로 설명했다. 어느 날 다윈에게 누군가 이런 질문을 던졌다고 한다. “생명이 어떻게 변화해 왔고, 그 변화를 일으키는 메커니즘도 알겠습니다. 묻겠습니다. 생명이 있어야 변화를 할 터인데 그 생명은 어디에서 왔습니까?” 그러자 다윈은 이렇게 말했다고 한다. “그것은 과학의 영역이 아닙니다.” 찰스 다윈은 과학의 영역이 아니라고 에둘러 말했지만, 차다예프는 직접 진술한다. 그것은 ‘신’이다. 그런데 최초 충격이 존재한다는 것은 알겠고, 그것이 인간의 힘 너머에 있다는 것도 알겠지만, 구체적으로 그 내용이 무엇인지는 알 수 없었듯이, 인간 이성은 신이 왜 인간에게 그런 움직임을 지시했는지 그 목적과 이유를 알 수 없다. 그래서 계시(啓示, откровение)가 필요하다. 진리는 진리이되 이성으로 도달할 수 없는 차원의 진리이므로 하느님이 구체적 방식으로 자신을 드러내는 행위와 말씀을 통해 진리를 전하는 것, 즉 계시가 절대적으로 요구되는 것이다.

쇠구슬은 최초 충격의 내용을 이어받아 다음 쇠구슬에게 전달한다. 개별자이되 전체적 통일성을 유지한다는 기준 위에서만 개별자다. 그리고 이런 전체적 움직임은 최초 충격의 여파 위에서 움직이고, 끝나 봐야 그 운동의 힘과 모양을 정확하게 포착할 수 있고, 이를 바탕으로 운동의 목적과 이유를 납득할 수 있다. 이처럼 신의 계시가 개별 인간의 움직임을 결정하고, 인류 전체의 움직임, 곧 역사를 결정한다. 따라서 역사란 신의 계시로 시작했고, 신의 계시에 따라 움직였으며, 신이 나타나 움직임을 멈췄을 때, 다시 말해서 하느님이 재림했을 때 역사는 묵시론적으로 종합된다. 이 과정에 동참하기 위해서 이성은 자기의 한계를 인정해야 하며, 인간은 자기를 뽐내지 않으며 스스로 법칙을 세우지 않고 도덕적으로 신의 말씀에 순종해야 한다. 이성은 논리적 자기 부정으로, 인간은 '도덕적 자기 부정'으로 신의 말씀에 복종할 때 참된 역사, 참된 진보의 역사에 함께할 수 있다.

차다예프에게 역사는 기독교의 계시를 받아들이고 순종하는 과정이다. 이렇듯 역사의 기준을 기독교의 가르침에 두었다면 이제 사례를 들어 가며 구체적으로 과거를 재평가하는 작업이 있어야 한다. 그것이 앞서 《철학 서한》의 내용을 크게 네 부분으로 구분한 것 중에서 세 번째 부분이자, 〈제2서한〉에서 〈제5서한〉에 이어 〈제1서한〉의 주장을 뒷받침하는 두 번째 부분인 〈제6서한〉과 〈제7서한〉의 중반부까지의 내용이다. 앞서 내용 요약에서 언급했듯이, 신의 계시에 따른 도덕적 구원을 역사 진보의 기준으로 설정할 경우 역사적 사건과 역사적 인물에 대한 평가는 실제적으로 달라진다. 모세, 다윗, 에피쿠로스 등은 긍정적으로 평가될 것이고, 소크라테스, 마르쿠스 아우렐리우스, 아리스토텔레스, 호메로스는 부정적으로 판단될 것이다. 중세는 정신적 통일을 형성했다는 점에서 긍정적으로, 종교 개혁은 정신적 통일성을 깨뜨렸다는 점에서 부정적으로 판단된다. 이처럼 역사를 이끄는 힘은 역사적 사건을 얼마나 많이 모았는가가 아니라 어떻게 역사를 이해할 것인가에 따라 달라진다.

〈제7서한〉의 마지막 부분과 〈제8서한〉은 《철학 서한》의 결론이다. 통상 결론에서는 앞선 논의를 정리하거나 미래의 전망을 타진한다. 차다예프 역시 이전까지의 논의를 간결하게 정리한다. 예수의 가르침을 역사 진보의 기준으로 삼아야 함을 반복적으로 강조한다. 그리고 시대의 언어, 공감할 수 있는 언어로 예수의 가르침을 대중들에게 전달하라고 촉구한다. 이런 논리는 자연스럽게 기독교의 분리를 초래한 프로테스탄트에 대한 비난을 내포하고 있다. 역사 진보와 예수의 가르침은 〈제2서한〉에서 〈제7서한〉 중반부까지의 내용을 정리한 것이다. 반면 〈제7서한〉의 마지막 문단과 〈제8서한〉은 〈제1서한〉에서 했던 주장을 되풀이하면서 최종적으로 결론에 다가선다. 차다예프에 따르면, 러시아는 기독교 문명으로부터 유리되어 있으며 그리하여 그들과는 다른 독자적인 도덕 체계를 가지고 있다. 과거 역사에 보탬이 된 적도 없다. 그러나 〈제1서한〉에서 들렸던 분노의 목소리는 많이 사그라들어 있다. 전통이 없다면 이제부터 기독교의 가르침을 사유(思惟)하자고 말한다. 그 사유가 후대에 교훈이 될 수 있다는 것이다. 기독교의 가르침으로 돌아가기 위한 사유와 행동이 러시아가 지금 역사에 줄 수 있는 선물이라고 차다예프는 당부하고 있다.

《철학 서한》은 종교와 철학을 결합하여 러시아의 현재와 미래를 진단하고자 했다. 기독교의 가르침을 중심에 놓고, 왜 기독교 가르침이어야 하는가, 그리고 우리는 어떻게 기독교 가르침을 인지할 수 있는가 하는 논리를 구축했다. 그리고 이를 바탕으로 러시아의 현실을 비판하고 앞으로 러시아가 걸어갈 길을 모색했다. 근대 철학의 여러 결과물을 활용하면서 논리적 냉정함을 유지했고, 여기에 종교적 가르침을 쌓았다. 이후 러시아 지성사에서 전개되는 슬라브주의-서구주의 논쟁, 즉 러시아 정체성과 러시아 미래의 향방에 관한 논쟁은 모두 《철학 서한》이 어둠 속에서 울린 단 한 발의 총성이 남긴 결과물과 어떻게든 연결된다. 《철학 서한》이 러시아에 쏘아 올린 작은 울림이 구체적으로 어떻게 흘러갔는가에 대해서는 차후 연구로 남긴다.

지 은 이 에 대 해

차다예프에게

사랑과 희망, 고요한 영광이
우리를 잠시 속였을 뿐,
젊은 날의 즐거움은
꿈처럼, 아침 안개처럼 사라졌다.
그러나 우리 안에는 아직 불타는 열망이 있다.
숙명의 권력에 짓눌리면서도
조급한 영혼으로
조국의 부름을 듣는다.
우리는 애타는 희망 속에 기다린다,
성스러운 자유의 순간을,
마치 젊은 연인이
믿음직한 만남의 때를 기다리듯.
자유로움에 불타는 동안,
명예를 향한 심장이 살아 있는 동안,
나의 친구여, 조국에 바치자,
영혼의 고귀한 비상을!

벗이여, 믿어라, 반드시 떠오르리라,
매혹적인 행복의 별이.
러시아는 잠에서 깨어나리라.
그리고 전제 권력의 폐허 위에
우리 이름이 쓰이리라!

1818년, 푸시킨.

러시아 국민시인 알렉산드르 푸시킨(1799~1837)은 〈차다예프에게〉라는 시를 헌정하면서 '잠자는 조국 러시아를 깨우고, 전제 권력의 폐허 위에 우리의 이름을 새길, 매혹적인 행복한 별이 반드시 떠오르리라'라고 예언했다. 이때 푸시킨이 말한 매혹적인 행복한 별이 바로 표트르 야코블레비치 차다예프(Пётр Яковлевич Чаадаев, 1794~1856)다.

표트르 차다예프는 1794년 모스크바에서 태어났다. 그의 출생 연도를 두고 1792년 설부터 1796년 설까지 말들이 많지만 대체로 1794년을 탄생 연도로 보는 시각이 지배적이다. 그의 부계인 차다예프 가문은 부유하고 유서 깊은 러시아의 명문 귀족이다. 리투아니아에서 이주해 온 차다예프 가문은 20세기 초까지 러시아를 통치한 로마노프 왕조가 출현하던 17세기 초엽에 이미 왕가를 뒷받침하는 중요 가문 중 하나로 자리 잡았다. 차다예프의 할아버지는 육군 소장이었으며, 아버지 역시 장교였다. 차다예프의 모계 역시 귀족 가문이다. 차다예프의 외할아버지는 러시아 계몽주의를 이끌던 주요 인물이자 원로원 의원이었던 미하일 미하일로비치 셰르바토프 공작이다. 미하일 셰르바토프는 전 7권 분량의 《고대 러시아사》를 집필한 역사학 교수이기도 하다.

표트르 차다예프는 어려서 부모를 여의었다. 아버지 야코프 페트로비치 차다예프는 그가 태어난 다음 해인 1795년에 사망했고, 어머니인 공작 부인 나탈리야 미하일로브나 셰르바토바는 1797년 사망했다. 이모인 공작 부인 안나 미하일로브나 셰르바토바는 표트르와 그의 형 미하일을 니즈니노브고로드에서 모스크바로 데려와 돌보기 시작했다. 그의 공식적인 법정 후견인은 5촌 당숙인 니콜라이 톨스토이 백작이었으나, 실질적인 후견인은 외삼촌 드미트리 셰르바토프 공작이었다. 표트르 차다예프는 외삼촌네 집에서 귀족식 교육을 받았다. 어린 시절부터 표트르는 책에 관심이 많았고, 자신의 장서를 모으기 시작했다.

표트르 차다예프는 1807년부터 형 미하일과 함께 모스크바대학에서 강의를 들었다. 1808년 6월에 모스크바대학 학생으로 정식으로 등록하여 1811년 중반까지 학업을 이어 갔다. 자기가 들었던 수업 가운데 차다예프는 크리스티안 아우구스트 폰 슐뢰처와 요한 테오필 불레의 법철학 분야의 강의를 높이 평가했다. 그의 대학 친구들로는 《철학 서한》의 〈제1서한〉에 암시적으로 등장하는 이반 드미트리예비치 야쿠시킨, 러시아 문학사에서 《지혜의 슬픔》으로 유명세를 떨치게 되는 알렉산드르 세르게예비치 그리보예도프, 니콜라이 이바노비치 투르게네프와 미하일 니콜라예비치 무라비요프-빌렌스키 등이 있다. 그가 대학에서 들었던 강의와 그가 대학에서 맺었던 친교는 표트르 차다예프가 자신의 사상을 형성하고 행동 방식을 결정하는 데 중요한 역할을 하게 된다. 제임스 빌링턴이 《이콘과 도끼》에서 지적했듯이, 슐뢰처와 불레의 강의는 독일 사상이 러시아에서 맹위를 떨치는 데 한몫했다. 차다예프도 독일 사상, 특히 칸트에서부터 피히테, 셸링, 헤겔로 이어지는 독일 관념론 철학의 주요 내용을 직간접으로 인용하고 반박하고 수긍하면서 《철학 서한》의 뼈대를 만들어 간다. 칸트는 제빵 이론을 통해 인식론의 양대 산맥인 영국의 경험론과 대륙의 합리론을 하나의 틀로 결합하고, 이를 전제로 이후 이어지는 독일 관념론은 역사철학으로까지 그 논의의 범위를 확장해 나아간다. 《철학 서한》 역시 러시아의 과거와 현재, 그리고 미래를 이야기하고 있다는 점에서 궁극적으로는 역사철학의 범주에 속하며, 이는 독일 관념론과의 친연성을 보여 주는 증거가 된다. 물론 독일 관념론만이 《철학 서한》의 유일한 철학적 체계라는 뜻은 아니다. 러시아의 현실에 대한 고민과 치열한 행동 및 토의의 결과들, 그리고 러시아의 지적 유산, 여기에 더해 차다예프에게 영향력을 행사했던 당시의 사회 환경과 사회적 담론 역시 《철학 서한》에서 뺄 수 없는 논의의 중심축 가운데 하나이기 때문이다.

1812년 5월, 표트르는 형 미하일과 같이 후견인이자 외삼촌인 드미트리 셰르바토프가 근무했던 세묘노프 근위보병연대에 소위보로 입대한다. 1813년 중위로 진급한 뒤 차다예프는 세묘노프 연대를 떠나 아흐티르 기병연대로 자리를 옮긴다(마트베이 무라비요프-아포스톨이 증언한 바에 따르면, 차다예프가 형과 헤어지면서까지 부대를 옮긴 이유는 단 하나, 기병 제복의 아름다움에 매혹되었기 때문이다). 1812년 6월 12일(구력 6월 24일) 나폴레옹이 이끌던 프랑스군이 러시아 국경을 넘어 네만강(江)을 도강하면서 조국전쟁이 발발한다. 조국전쟁 동안 표트르 차다예프는 보로디노 전투, 타루티노 전투 등 주요 전투에 참여했으며, 쿨름 전투와 파리 점령에도 참전한다. 그 공로로 차다예프는 성 안나 4급 훈장, 프로이센 공훈 훈장, 쿨름 십자장을 받았다. 동료들의 증언에 따르면, 차다예프는 대단히 용감했으며, 엄정하고 공정했다고 한다. 차다예프는 대학 친구 야쿠시킨과 전쟁터도 함께 누볐다.

조국전쟁이 끝난 후 1816년 차다예프는 예카테리나 여제의 명령으로 부대가 편성된 이후 차르스코예 셀로에 주둔하고 있던 레프 근위기병연대에 전속된다. 이곳에서 그는 카람진의 저택에 드나들면서 여러 문인과 접촉하게 되는데 눈에 띄는 인물이 푸시킨이었다. 푸시킨은 차다예프를 만나 상당한 감명을 받았다고 전해진다. 그 감명의 결과물 중 하나가 앞서 전문을 인용한 〈차다예프에게〉다. 푸시킨에게 차다예프는 조국을 밝힐 '별'이었다. 그런데 승승장구할 것만 같았던 차다예프의 군 경력이 갑자기 끝난다. 1817년 23세의 차다예프는 근위대 사령관의 부관으로 임명되고, 1819년에는 기병대장으로 진급한다. 그런데 1820년 10월 차다예프가 근무하던 기병연대에서 반란이 발생한 것이다. 이때 사령관은 차다예프를 황제에게 보내 연대 상황을 보고하도록 명령한다. 알렉산드르 1세는 1820년 7월, 이탈리아 나폴리에서 발생한 혁명을 진압하기 위한 유럽 열강들의 모임인 트로파우 회의에 참석차 당시 체코 오파바에 머물고 있었다. 그런데 어찌 된 영문인지 알렉산드르 1세에게 보고가 늦게 올라가고 차다예프는 심한 질책을 당한다. 그렇게 1820년 12월 차다예프는 사직서를 제출하고, 1821년 2월 불명예제대를 한다.

황제에게 보고서를 늦게 전달한 이유[139]에 대해서 억측이 난무하지만, 그중 하나가 차다예프가 복장을 너무 멋지게 차려입기 위해서였다는 설도 있다. 그 말이 지나치게 허무맹랑한 소리로 들리지 않는 것은 차다예프에 대한 당시 사교계의 평가 때문이다. 차다예프는《철학 서한》을 발표하기 이전에 이미 상트페테르부르크 사교계에서 주목받는 인물이었다. 학식과 세련된 에티켓뿐만 아니라 그를 유명하게 만든 것은 바로 옷차림이었다. 그는 옷차림을 거의 예술의 경지로 끌어올린 인물로 평가받았다. 차다예프는 한마디로 멋쟁이, 푸시킨의 용어 사용법에 따르면, 댄디였다. 조국전쟁에서의 빛나는 전훈 그리고 유럽을 직접 목도한 인물, 거기다 더해 예술적 옷차림과 학식, 당시 사교계 사람들은 차다예프를 두려움 섞인 존경으로 바라보았다.

1822년 완전히 조국을 떠날 결심을 굳힌 표트르 차다예프는 형 미하일과 유산을 나눈다. 1823년에는 나빠진 건강을 치료하기 위해 외국 여행길에 오른다. 영국, 프랑

---

139) 알렉산드르 1세와 차다예프의 만남에서 황제가 진노하고 화려한 군 경력을 쌓던 차다예프가 갑자기 불명예제대를 선택한 상황에 대해서 유리 로트만은《러시아 문화에 관한 담론 2》의 〈일상생활 속의 데카브리스트〉에서 흥미롭게 분석하고 있다. 로트만은 차다예프의 행동을 낭만주의 문학의 문법을 현실 텍스트로 옮겨 놓은 좋은 사례로 판단한다.

스, 스위스, 이탈리아를 거쳐 독일에도 머문다. 그러나 그의 건강은 더욱 나빠져 결국 차다예프는 1826년 다시 러시아로 돌아온다. 1823년부터 1826년까지 수 년 동안의 외국 여행 가운데 많은 만남이 있었겠으나 《철학 서한》과 관련하여 특히 주목할 만남이 있다. 1825년 카를스바트에서 셸링과의 만남이 그것이다. 셸링과 1825년에 만났다는 사실은 알겠으나 정확히 언제, 얼마나 자주, 구체적으로 어디서, 누구랑 같이였는지는 명확하지 않다. 출처마다 다르고 그것도 객관적 증거로 확실하게 뒷받침되지도 않는다. 그러나 1825년 카를스바트에서 표트르 차다예프가 셸링과 만났다는 사실만큼은 분명하다. 왜냐하면 1832년 셸링에게 보낸 차다예프의 편지가 남아 있기 때문이다. 이 편지는 셸링에게 던지는 차다예프의 질문으로 시작한다. "1825년 카를스바트에서 만났던 러시아 젊은이를 기억하시는지요?" 그럼 여기서 이런 질문이 가능하다. 《철학 서한》을 이해하는 데에, 그리고 전반적으로 차다예프의 철학적 인식을 이해하는 데에 왜 이 만남이 중요한가? 셸링에게 보낸 1832년 차다예프의 편지를 좀 더 살펴보면 그 이유를 조금은 엿볼 수 있다. 그리고 이 편지에 대한 답장으로 차다예프에게는 대학 친구이면서 자신에게도 친구가 되는 니콜라이 투르게네프 편에 전해 준 1833년 셸링의 편지를 더불어 살펴보면 교차검증의 기회가 된다.

두 편지의 주요 내용을 편지의 내용 순으로 정리하면 다음과 같다.

셸링에게 보내는 차다예프의 편지

철학 문제에 대해 저는 당신과 이야기를 나누었습니다. 당신과 만남을 기대하면서 저는 당신의 책을 모두 읽었습니다. 당신의 저작은 저에게는 성찰의 계기가 되었고, 당신의 지성 덕분에 닫혀 있던 사고가 열렸습니다. 당신의 체계에서 종교철학이 나올 것으로 저는 예측합니다. 당신은 철학과 종교를 결합한 위대한 발상에 도달했습니다. 제가 철학을 시작했던 첫 순간부터 이 생각은 제 모든 지적 작업의 목표가 되었지요. 사고를 거듭할수록 인류사의 문제도 바로 여기로 수렴된다고 여겨집니다. 모든 활동가를 이끌 단 한 명의 활동가, 우리 모두를 밝혀 줄 새로운 빛, 세상 최고의 도덕, 인간 사고의 서로 다른 원리들을 조화시키신 분을 상정해 봅니다. 종교적 원리와 철학적 원리의 융합, 숨겨진 진보의 원리, 천상의 과학, 인간 이성의 진보에 대해 저는 열망합니다. 러시아가 당신 철학에 관심을 가지기를 기원합니다. 최고의 경의를 표합니다.

차다예프에게 보내는 셸링의 답장

투르게네프가 저의 철학을 당신에게 소개하면서 쓴 계시

철학이란 개념, 이 체계 자체가 이전의 모든 체계와 다른 점은 철학과 기독교를 침해하지 않으면서도 이 영역을 진정으로 관통할 수 있는 철학을 담고 있다는 것입니다. 보편적이고 지속적인 확신, 세속적인 것들이 범접할 수 없는 영원한 가치에 저는 주의를 기울이고 있습니다.

셸링에게 보내는 차다예프의 편지는 내용상 크게 몇 부분으로 나뉜다. 첫째는 1825년 카를스바트에서 두 사람이 나누었던 대화의 주제가 철학이었다는 점이다. 둘째는 두 사람이 나누었던 철학적 논의가 종교철학에 맞추어져 있었다는 사실이다. 철학과 종교를 결합한 위대한 발상이 두 사람을 묶어 주는 핵심 요소였다. 이는 차다예프에게 보내는 셸링의 답장에서도 확인된다. 흔히 셸링 철학을 동일성의 철학, 특히 후기를 계시철학이라고 한다. 답장에서 셸링은 계시철학의 특징을 스스로 정의하고 있다. 그것은 철학과 기독교를 관통할 수 있는 철학, 보편적이고 영원히 지속하는 가치에 대한 천착이다. 셋째는 종교철학, 즉 철학과 종교를 융합하려는 지적 노력을 통해 차다예프가 모든 것의 원인으로 설정할 수 있는 유일한 가치에 도달한다는 점이다. 차다예프가 정신과 물질을 아우르는 모든 대상과 속성의 시작점으로 설정한 것, 아리스토텔레스의 개념을 빌리자면, 모든 것의 제1운동 원인은 하느님이다. 《철학 서한》에서 하느님은 여러 이름으로 지칭된다. 모든 활동가를 이끌 단 한 명의 활동가, 우리 모두의 삶을 밝혀 주었고 밝혀 주고 있으며 앞으로도 밝혀 줄 빛, 최고 이성, 최초 충격, 보편적 일자(всеобщее единство), 새로운 시작, 최고 도덕, 인간 사고를 조화시키시는 분 등이다. 넷째, 차다예프가 최초 충격으로서 하느님을 설정한 다음 이를 통해 천상의 과학을 규명하고, 진보의 본질과 인간 이성의 진보를 통찰하며, 종교적 원리와 철학적 원리를 융합하려는 평생의 목표를 설정했다는 점이다. 그 결과물 중 하나가 《철학 서한》이다. 마지막으로, 철학, 종교철학, 하느님, 진보로 이어지는 차다예프의 사고 과정이 셸링과의 대화, 셸링 저작의 독해 속에서 이루어졌다는 점이다. 그래서 차다예프의 철학 체계, 최소한 《철학 서한》을 이해하는 데 셸링의 사유는 중요하다. 필요충분조건이라고는 말할 수 없더라도 최소한 필요조건은 된다. 《철학 서한》의 〈제5서한〉에서 차다예프는 '숨 쉬기조차 어려운 저 높은 곳에 있다'는 단서를 붙여, 셸링 철학을 기존의 철학적 편견을 부술 새로운 빛이라 명명한다. 1825년 카를스바트에서 이루어진 셸링과의 만남이 차다예프에게 중요한 이유다.

그런데 철학이라는 학문적 엄밀성과 종교라는 영적 신비주의(물론 차다예프에게 종교는 신비주의가 아니다. 하느님과 섭리는 비가시적인 속성을 지니지만 차다예프에게 그것은 이성으로 합리적으로 추론되는 객관적 실재다. 따라서 종교를 신비주의로 규정하는 옮긴이의 논리는 차다예프의 견해가 아니라 주변에서 흔히 마주하게 되는 일상의 견해를 빌린 것이다)를 결합하여 자신의 인식 체계를 구축하려는 차다예프의 노력과 결실은 제3자가 중립적인 견지에서 보면 대단히 이상하다. 마치 객관적 증명과 맹목적 믿음을 섞어 놓은 것처럼, 섞일 수 없는, 심지어 서로 대척되는 것처럼 보이는 두 견해가 하나로 묶여 있기 때문이다. 1991년 나우카 출판사에서 전체 2권으로 출간된 《П. Я. 차다예프 : 작품 전집과 서한선》의 편집자들이 "차다예프의 역설"을 거의 80페이지에 이르는 서론 겸 논문의 제목으로 사용한 것은 의미심장하다. 그렇다. 차다예프 전문가들이 보기에도 차다예프의 철학은 역설적이다. 서론 겸 논문에서 사용된 개념을 빌리자면, '견해의 이중성'이자 '이념의 중간 상태'다. 그런데 처음부터 차다예프의 철학이 이념적 중간 상태에 있었던 것일까? 여기서 오해하지 않기를 바란다. 앞서 정리한 셸링에게 보낸 편지에서 차다예프는 철학을 시작하던 첫 순간부터 종교철학에 심취했다고 말한다. 그렇다면 차다예프가 말하는 철학을 시작하던 첫 순간은 언제인가? 그것은 통상 군대를 나와 해외여행을 준비하던 1820년대 중반을 가리킨다. 그렇다면 1810년대, 대학에 다니고 군대에 복무하던 10대 후반에서 20대 초반에 차다예프는 어떤 생각을 했을까? 그것을 보여 줄 수 있는 단서가 있다. 1821년 데카브리스트의 북부결사에 가입한 사건이다. 전제 정치를 무너뜨리고 러시아를 공화정으로 변혁하기 위해 혁명과 무장봉기도 불사하겠다던 남부결사에 비해 북부결사는 입헌군주제를 통해 법의 지배를 확립하자는 비교적 온건한 주장을 했다. 우리에게 중요한 것은 데카브리스트의 여러 비밀결사 가운데 가장 강력한 모임이었던 남부결사와 북부결사의 이념적 차이가 아니다. 북부결사에 가입한 것이 당시 차다예프가 가지고 있던 사고의 어떤 측면을 보여 주느냐 하는 점이 우리에게 중요하다. 북부결사를 이끌었던 핵심 멤버인 니키타 미하일로비치 무라비요프가 초안을 잡은, 북부결사의 이념적 좌표인 《헌법(Конституция)》은 총 3장 16조로 구성되어 있다. 1장은 러시아 국민과 정부에 대한 것이고, 2장은 토지 문제를, 3장은 기타 사항을 담고 있다. 러시아 국민은 자유롭고 독립적이며, 언론과 종교 그리고 집회의 자유가 보장되고, 농노제는 폐지되고, 헌법은 국민의 승인을 받아 시행된다 등이 주요 골자다. 명시적으로 언급된 것은 아니나 계몽주의, 합리주의, 이성을 중시하는 태도를 데카브리스트들이 공유하고 있음을 분명히 알 수 있다. 따라서 퇴역하고 해외여행을 준비하기 전까지 차다예프는 이성에 기반한 합리주의적 성향을 일정 정도 지니고 있었음을 추론 가능하다.

1820년대 중반 서유럽으로의 여행을 기점으로 차다예프의 사고는 계몽주의적 성격에서 종교철학적 세계관으로 전환된다. 결과는 분명한데 그 이유에 대해서는 말들이 많다. 그리고 명확하게 규명하기가 쉽지 않다. 앞서 언급한 차다예프 전집의 편집자들은 서론 겸 논문에서 사상 전환의 이유로 세 가지를 지적한다. 첫째, 데카브리스트들이 패배하면서 자유주의적 동력이 상실되었다는 점이다. 1826년 러시아로 돌아오던 차에 차다예프는 데카브리스트들과 연루되었다는 혐의로 국경선 근처에서 체포된다. 친구 야쿠시킨이 데카브리스트 봉기 실패 후 열린 심문에서 차다예프를 자신이 포섭한 비밀 결사 회원 중 한 사람이라고 아주 태연하게 진술했기 때문이다. 니콜라이 1세의 명령으로 차다예프는 엄중한 심문을 받았다. 그는 어떤 비밀 결사에도 참여하지 않겠다는 서약서를 썼으며, 북부결사에 참여했다는 의혹을 완강히 거부했다. 이후 《철학 서한》의 〈제1서한〉에서 "세계에서 가장 계몽된 나라들을 통과하며 승리의 행진을 펼치면서 집으로 돌아왔을 때, 우리는 나쁜 생각과 파멸의 망상만을 가져왔고, 그 결과 우리는 반세기 전으로 후퇴하는 측량할 길 없는 재앙에 직면했습니다"라고 공개적으로 밝히며 데카브리스트들의 무모함과 문제점을 직격했다. 전집 편집자들이 밝힌 차다예프 사상 전환의 두 번째 원인은 셸링과의 만남이다. 이것은 앞서 이야기했으므로 넘어가자. 세 번째 이유는 프리메이슨의 영향이다. 차다예프는 군 복무 중이던 1814년 크라쿠프에서 프리메이슨 로지(lodge)에 입문했다. 로지란 입문 의식과 철학적 가르침이 이루어지는 프리메이슨의 최소 공동체를 말한다. 그는 프리메이슨 활동에는 적극적으로 가담했다. 1818~1819년에는 제1감독을 맡기도 했다. 제1감독은 프리메이슨에서 마스터 바로 아래 위치한 핵심 보직이다. 프리메이슨에서 차다예프는 대단히 중요한 인물이었던 셈이다. 프리메이슨의 중요 사상은 인격 도야와 자기 수양, 형제애와 평등, 계몽주의적 합리성, 종교적 관용과 신앙 등으로 집약된다. 차다예프 전집의 편집자들이 설명한 바에 따르면, 신비주의와 급진적 합리주의가 결합한 형태다. 정리하자. 데카브리스트들의 실패는 차다예프가 기존의 계몽주의와 합리주의를 포기하게 만드는 역할을 했다면, 셸링과 프리메이슨 사상은 그 빈자리를 메꾼 요소가 된다. 차다예프 철학은 이제 종교적 사유와 철학적 사유가 융합된 형태로 자리 잡는다.

1826년 7월에 국경선 근처에서 체포되어 심문을 받고 40일 만에 풀려난 차다예프는 9월 초에 모스크바에 도착한다. 그리고 그해 10월 4일 이모의 영지가 있는 드미트로

프현으로 이주한다. 이때부터 사망할 때까지 모스크바의 노바야 바스만나야 거리에 있는 레바세프 가문의 저택과 드미트로프 영지 사이를 오가며 생활한다. 표트르 야코블레비치 차다예프의 별칭(또는 때에 따라서는 비칭)이 '바스만의 철학자'다. 그가 모스크바에서 거주하던 저택이 노바야 바스만나야 거리에 있었기 때문이다.

차다예프는 시골 영지와 모스크바를 오가며 생활하면서 1829년에서 1831년 사이 《철학 서한》을 집필했다. 1830년 봄부터 러시아 사교계에서는 이 서한의 필사본이 비밀리에 돌기 시작했다. 1826년 10월부터 드미트로프 영지에 거의 칩거하다시피 하던 차다예프가 1831년 여름 무렵 다시 사교계에 모습을 나타냈다. 1836년 《철학 서한》의 〈제1서한〉이 문예지에 등장하자마자 엄청난 사회적 파장이 몰아쳤다. 1836년 〈모 부인에게 보내는 철학 서한. 제1서한(ФИЛОСОФИЧЕСКIЯ ПИСЬМА КЪ Гжъ 000. письмо первое)〉이 《망원경》 15호에 35쪽 분량으로 게재되자 이 글을 읽은 니콜라이 1세는 직접 "이 글을 읽고 보니 내용이 대담한 허튼소리의 뒤섞임이며, 정신병자에게나 어울리는 것이다"라는 메모를 남겼다. 어찌 보면 당연한 반응이다. '러시아는 과거 그 어디에서도 교훈을 찾을 수 없고, 인류 발전에 눈곱만큼도 기여하지 않았으며, 현재도 무질서하고 비합리적이다'라는 차다예프의 현실 진단은 그 현실의 최정점에 있는 황제의 분노를 사기에 부족함이 전혀 없다. 당대 회고록이나 문서, 그리고 여러 학술논문을 통해 검증된, 분노한 니콜라이 1세의 반응은 곧바로 강력한 후속 조치를 몰고 왔음은 굳이 따질 필요가 없겠다. 《망원경》은 폐간[140]되었으며, 편집자 니콜라이 이바노비치 나제즈딘에게는 러시아 북부로의 유배형이 떨어지고, 모스크바대학교 동양어대학 학장이자 검열관이었던 알렉세이 바실리예비치 볼디레프는 출판을 허가한 책임을 지고 대학에서 면직되었을 뿐만 아니라, 1년 징역형에 사망 시까지 연금을 한 푼도 받을 수 없는 중징계에 처해졌다. 이렇듯 글을 실었다는 이유로 당시 유명한 문예지 하나가 풍비박산이 났는데 실제 글을 쓴 저자는 어떻게 되었겠는가? 니콜라이 1세의 메모가 즉각적으로 차다예프에게 적용되었다. 정신병자라는 니콜라이 1세의 진단에 따라 당국은 차다예프를 '정신이상자'로 공식적으로 규정했고, 차다예프는 모스크바 경찰 당국에 출석하여 그 결과를 공식적으로 통보받는다. 그 후 매일 의사

140) 러시아국립문학예술문서 보관소(РГАЛИ, Российский государственный архив литературы и искусства)의 〈ф.546 оп.1 ед. хр.1〉 문서는 상트페테르부르크 교육관구장이 교육부에 보내는 문건으로 차다예프의 글을 실은 것을 계기로 《망원경》 폐간을 건의하고 있다.

가 찾아와 정신 상태를 검진했고, 산책은 하루에 한 번만 허용되는 등 사실상 가택 연금에 놓인다. 이 조치는 1837년에 일부 완화되었으나 더는 글을 쓰지 말 것이라는 조건이 붙었다.

글을 실은 문예지는 폐간되고, 글을 쓴 저자는 정신이상자로 규정되는 등 강력한 규제가 뒤따랐다는 것은 거꾸로 이 글이 얼마나 사회적으로 울림이 강했는지를 알려 주는 증거다. 게르첸은 회고록《과거와 사고(Былое и думы)》 제4부 30장 슬라브주의와 범슬라브주의를 다루는 부분에서 그때 상황을 다음과 같이 정리했다. "차다예프의 '편지'는 일종의 마지막 말이자 경계선과 같았다. 그것은 어두운 밤에 울린 총성과 같았으며, 무엇인가가 가라앉으며 멸망을 알리는 소리였는지, 신호였는지, 구조를 요청하는 외침이었는지, 새벽의 소식이었는지, 혹은 새벽이 오지 않을 것이라는 알림이었는지, 그건 중요하지 않았다. 중요한 것은 사람들이 깨어나야 했다는 것이다." 여기서 사용된 '어두운 밤에 울린 한 발의 총성(выстрел, раздавшийся в темную ночь)'이라는 표현은 '누구의 죄인가'나 '무엇을 할 것인가'처럼 러시아 문학과 문화를 설명할 때 마치 경구처럼 너무나 익숙한 말로 자리 잡게 된다.

차다예프는 《철학 서한》의 〈제1서한〉을 통해 1830년대 어두운 러시아에 총성을 울렸다. 그러나 그 총성은 단

한 발에 그쳤다(그래서 게르첸도 총성이라고 표현했지 여러 발의 총성이라는 복수형을 사용하지 않았다). 《철학 서한》의 나머지 일곱 편의 서한은 그의 생전에는 출간되지 못했다. 니콜라이 1세는 그를 정신병자로 낙인을 찍었고, 당국은 재빠르게 그를 정신이상자로 세상에 공표하면서 재차 낙인을 찍었다. 마치 낙인이론의 설득력을 증명이라도 하는 것처럼, 차다예프도 비아냥거리듯이 스스로를 미치광이라고 불렀다. 그런데 이듬해에 쓴 《미치광이의 변명(Апология сумасшедшего)》(1837)도 세상의 빛을 보지 못했다(차다예프의 원고는 1860년이 되어서야 《동시대인》을 이끌던 체르니솁스키의 손에 들어간다).

차다예프는 글을 쓸 수 없고, 글을 쓰더라도 출간할 수 없고, 그리하여 독자들과 호흡할 수 없는 철학가가 되었다. 옮긴이는 처음 차다예프의 전집을 보고 달랑 두 권뿐이라는 점에 놀랐다. 그것도 러시아 과학아카데미와 관련이 있는 나우카 출판사에서 간행되었는데도 말이다. 생각했던 것보다 저작의 분량이 너무 적었다. 보고 있는 두 권이 선집(選集)인지 전집(全集)인지 다시 확인했을 정도다. 1820년대 중반부터 철학의 길로 들어섰고 1856년에 사망했으니 30년 넘는 시간 동안 고민하고 사유했을 터인데, 그 결과치고는 분량이 너무 적지 않은가. 그것도 전집 두 번째 권은 편지를 모아 놓은 것이고, 전집 첫 번째 권에 실린 저작들은《철학 서한》을 제외하고 모두 열 쪽이 넘지 않는 짧은 단편적인 글들이었다. 총성은 울렸으되, 그것은 한 발에 그쳤고, 러시아는 여전히 어두웠다. 최소한 차다예프에게는 그랬다. 차다예프는 계속 모스크바에 머물렀고, 말쑥한 옷차림으로 사교계에 출입했고, 여러 모임에 참석했다. 호먀코프, 게르첸, 키레옙스키, 악사코프 등과 친교를 나누었다. 그러나 그는 여전히 당국의 감시를 받았고, 주변 사람들은 그를 불편해했다. 자기 생각을 드러내지 못하는 사상가는, 게르첸의 표현에 따르면, 항상 슬픈 비웃음을 달고 살았다. 크림 전쟁(1853~1856) 이후에는 자살을 결심했다고도 전해진다. 1856년 폐렴으로 사망했다. 도네스코이 수도원 내 공동묘역에 안장되었다. 평생 독신으로 살았다.

옮긴이에 대해

안동진은 새마을운동이 한창이던 시기에 전북 고창 산골 마을에서 태어났다. 어릴 적부터 문학을 참 좋아했다. 세계문학 전집과 위인전, 그리고 《삼국지》를 읽으며 어린 시절을 보냈다. 국문과를 가고자 했으나 아버지의 반대로 한국외국어대학교 노어과를 선택했다. 노태우 대통령의 북방 정책이 한창이던 시절이라 한국과 러시아의 관계 설정에 한몫을 단단히 하길 원했던 아버지의 바람과는 달리, 노어과를 선택했지만 문학의 길을 고집했다. 대학을 졸업하고 동대학원에서 석사와 박사 학위를 받았다. 박사 학위 논문은 〈투르게네프의 주관의 미학〉이다. 19세기 러시아 리얼리즘 문학의 한 축을 담당했던 투르게네프를 연구 주제로 삼았다.

이후 한국외국어대학교, 청주대학교, 호서대학교 등에서 러시아 문화와 문학을 가르쳤다. 청주대 한국문화연구소, 한국외대 러시아연구소, 한국외대 디지털인문한국학연구소 등에서 연구원으로 일했다. 지금은 국민대학교 유라시아연구소 비상임연구원으로 있다.

옮긴 책으로는 《러시아문서보관소 자료집 1, 2》(공

역), 《북아시아 설화집 2》, 《체호프 아동소설선》 등이 있다.

철학 서한

지은이 표트르 차다예프
옮긴이 안동진
펴낸이 박영률

초판 1쇄 펴낸날 2026년 1월 30일

커뮤니케이션북스(주)
출판등록 제313-2007-000166호(2007년 8월 17일)
02880 서울시 성북구 성북로 5-11
전화 (02) 7474 001, 팩스 (02) 736 5047
commbooks@commbooks.com
commbooks.com

ISBN 979-11-430-1625-6 03160

책값은 뒤표지에 있습니다.